CIP-Titelaufnahme der Deutschen Bibliothek

Europäische Integration: Aufgaben für Raumforschung und Raumplanung/
Akademie für Raumforschung und Landesplanung. - Hannover: ARL, 1990
    (Forschungs- und Sitzungsberichte / Akademie für Raumforschung
    und Landesplanung; 184: Wissenschaftliche Plenarsitzung; 1989)
    ISBN 3-88838-010-3
NE: Akademie für Raumforschung und Landesplanung <Hannover>:
    Forschungs- und Sitzungsberichte/Wissenschaftliche Plenarsitzung

FORSCHUNGS- UND
SITZUNGSBERICHTE 184

Europäische Integration

Aufgaben für Raumforschung und Raumplanung

Wissenschaftliche Plenarsitzung 1989

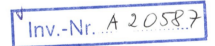

AKADEMIE FÜR RAUMFORSCHUNG UND LANDESPLANUNG

Best.-Nr. 010
ISBN 3-88838-010-3
ISSN 0935-0780

Alle Rechte vorbehalten · Verlag der ARL · Hannover 1990
© Akademie für Raumforschung und Landesplanung
Druck: poppdruck, 3012 Langenhagen
Auslieferung
VSB-Verlagsservice Braunschweig

Inhaltsverzeichnis

Verfasser der Arbeitsgruppen-Papiere

ARBEITSGRUPPE   REGIONALPOLITIK UND RAUMORDNUNG

Dr. Viktor Frhr. von Malchus
Prof. Karin Peschel
Dr. Bernd Spiekermann
Prof. Dr. Rainer Thoss (Leiter)
Dr. Volker Wille

ARBEITSGRUPPE   GROSSRÄUMIGE VERKEHRSERSCHLIESSUNG

Prof. Dr. Gerd Aberle
Prof. Dr. Herbert Baum
Dr. Heinz Durgeloh
Prof. Dr. Werner Köhl
Dipl.-Geogr. Stefan Köhler
Prof. Dr.-Ing. Rolf Kracke (Leiter)
Dipl.-Vw. Burkhard Lange
Prof. Dr. Joachim Masuhr
Dr.-Ing. Hans-Gustav Nüßer
Prof. Dr. Gerd Turowski
Prof. Dr. Manfred Zachcial

ARBEITSGRUPPE   AGRARPOLITIK UND FLÄCHENNUTZUNG

Prof. Dr. Eckhart Neander
Prof. Dr. Günter Reinken
Dr. Günther Thiede
Prof. Dr. Carsten S. Thoroe
Dr. Gerd Tönnies
Prof. Dr. Winfried von Urff (Leiter)

ARBEITSGRUPPE   ENTSCHEIDUNGSSTRUKTUREN UND PLANUNGSINSTRUMENTARIUM

Min.Rat Dieter Berkefeld
Prof. Dr. Carl-Heinz David
Prof. Dr. Dietrich Fürst (Leiter)
Prof. Dr. Heinrich Mäding
Dr. Gottfried Schmitz
Dr.-Ing. Dietmar Scholich
Dr. Eberhard Thiel

Verfasser

Gerd Aberle, Dr., Prof., Lehrstuhl Volkswirtschaftslehre I, Justus-Liebig- Universität Gießen, Korrespondierendes Mitglied der Akademie für Raumforschung und Landesplanung

Herbert Baum, Dr., Prof., Fachgebiet Wirtschaftspolitik, Universität - GH - Essen, Korrespondierendes Mitglied der Akademie für Raumforschung und Landesplanung

Dieter Berkefeld, Ministerialrat, Bundesministerium für Raumordnung, Bauwesen und Städtebau, Bonn, Korrespondierendes Mitglied der Akademie für Raumforschung und Landesplanung

Carl-Heinz David, Dr., Prof., Fachgebiet Rechtsgrundlagen der Raumplanung, Universität Dortmund, Korrespondierendes Mitglied der Akademie für Raumforschung und Landesplanung

Heinz Durgeloh, Dr., Bundesverband der deutschen Binnenschiffahrt e. V., Duisburg

Dietrich Fürst, Dr., Prof., Institut für Landesplanung und Raumforschung, Universität Hannover, Korrespondierendes Mitglied der Akademie für Raumforschung und Landesplanung

Hans-Jürgen von der Heide, Dr., Erster Beigeordneter, Deutscher Landkreistag, Bonn, Präsident und Ordentliches Mitglied der Akademie für Raumforschung und Landesplanung

Hans Kistenmacher, Dr., Prof., Lehr- und Forschungsgebiet Regional- und Landesplanung, Universität Kaiserslautern, Altpräsident und Ordentliches Mitglied der Akademie für Raumforschung und Landesplanung

Stefan Köhler, Dipl.-Geogr., Institut für Städtebau und Landesplanung, Universität Karlsruhe

Werner Köhl, Dr.-Ing., Prof., Institut für Städtebau und Landesplanung, Universität Karlsruhe, Korrespondierendes Mitglied der Akademie für Raumforschung und Landesplanung

Rolf Kracke, Dr.-Ing., Prof., Institut für Verkehrswesen, Eisenbahnbau und -betrieb (IVE), Universität Hannover, Korrespondierendes Mitglied der Akademie für Raumforschung und Landesplanung

Burkhard Lange, Dipl.-Vw., Hannover, Wissenschaftlicher Referent der Akademie für Raumforschung und Landesplanung

Gerhard von Loewenich, Staatssekretär, Bundesministerium für Raumordnung, Bauwesen und Städtebau, Bonn

Heinrich Mäding, Dr., Prof., Sozialwissenschaftliche Fakultät, Universität Konstanz, Korrespondierendes Mitglied der Akademie für Raumforschung und Landesplanung

Viktor Frhr. von Malchus, Dr., Direktor des Instituts für Landes- und Stadtentwicklungsforschung des Landes Nordrhein-Westfalen, Dortmund, Ordentliches Mitglied der Akademie für Raumforschung und Landesplanung

Joachim Masuhr, Dr., Prof., Ltd. Ministerialrat a.D., Hannover, Ordentliches Mitglied der Akademie für Raumforschung und Landesplanung

Eckhart Neander, Dr., Prof., Ltd. Direktor, Institut für Strukturforschung der Bundesanstalt für Landwirtschaft, Braunschweig, Korrespondierendes Mitglied der Akademie für Raumforschung und Landesplanung

Hans-Gustav Nüßer, Dr.-Ing., Deutsche Forschungsanstalt für Luft- und Raumfahrt e.V., Köln

Karin Peschel, Dr., Prof., Direktorin, Institut für Theoretische Volkswirtschaftslehre und Institut für Regionalforschung, Universität Kiel, Korrespondierendes Mitglied der Akademie für Raumforschung und Landesplanung

Günter Reinken, Dr., Prof., Abteilungsdirektor, Landwirtschaftskammer Rheinland, Bonn, Ordentliches Mitglied der Akademie für Raumforschung und Landesplanung

Gottfried Schmitz, Dr., Verbandsdirektor, Raumordnungsverband Rhein-Neckar, Mannheim, Ordentliches Mitglied der Akademie für Raumforschung und Landesplanung

Dietmar Scholich, Dr.-Ing., Hannover, Wissenschaftlicher Referent der Akademie für Raumforschung und Landesplanung

Bernd Spiekermann, Dr., Regierungsdirektor, Bundesministerium der Finanzen, Bonn, Korrespondierendes Mitglied der Akademie für Raumforschung und Landesplanung

Günther Thiede, Dr., Ministerialrat a.D., Berater der EG-Kommission a.D., Luxembourg, Ordentliches Mitglied der Akademie für Raumforschung und Landesplanung

Eberhard Thiel, Dr., Ltd. Wissenschaftlicher Direktor, HWWA-Institut für Wirtschaftsforschung-Hamburg, Ordentliches Mitglied der Akademie für Raumforschung und Landesplanung

Carsten S. Thoroe, Dr., Prof., Institut für Ökonomie, Bundesforschungsanstalt für Forst- und Holzwirtschaft, Hamburg

Rainer Thoss, Dr., Prof., Institut für Siedlungs- und Wohnungswesen, Universität Münster, Altpräsident und Ordentliches Mitglied der Akademie für Raumforschung und Landesplanung

Gerd Tönnies, Dr., Hannover, Wissenschaftlicher Referent der Akademie für Raumforschung und Landesplanung

Gerd Turowski, Dr.-Ing., Prof., Baudirektor, Referent für Raumordnung und Landesplanung beim Senator für Umweltschutz und Stadtentwicklung, Bremen, Ordentliches Mitglied der Akademie für Raumforschung und Landesplanung

Winfried von Urff, Dr., Prof., Lehrstuhl für Agrarpolitik, Technische Universität München, Freising-Weihenstephan, Korrespondierendes Mitglied der Akademie für Raumforschung und Landesplanung

Volker Wille, Dr., Hannover, Wissenschaftlicher Referent der Akademie für Raumforschung und Landesplanung

Manfred Zachcial, Dr., Prof., Institut für Seeverkehrswirtschaft und Logistik, Universität Bremen

HANS-JÜRGEN VON DER HEIDE

Begrüßung und Eröffnung

Meine sehr verehrten Damen und Herren,

ich eröffne die Wissenschaftliche Plenarsitzung 1989. Sie findet statt an einem Tage, von dem ich annehme, daß er in die deutsche Geschichte eingetragen wird. Seit heute nacht sind die Grenzen offen, Deutsche können wieder zu Deutschen. Das hat für unsere jetzige Sitzung allerdings die Konsequenz, daß Frau Bundesminister Hasselfeldt, die noch vor einer halben Stunde entschlossen war, zu uns zu kommen, ihren Besuch hat absagen müssen. Ihre Fraktion tritt in diesen Minuten zu einer Sondersitzung zusammen. Mein herzlicher Gruß und Dank gilt deshalb Ihnen, Herr Staatssekretär von Loewenich, der Sie so kurzfristig bereit waren, die Auffassungen Ihres Hauses zum Tagungsthema vorzutragen.

Wir haben für die heutige Veranstaltung ein Thema gewählt, von dem ich sagen muß, daß es zeitnäher nicht sein kann. Als wir uns für das Thema "Europa" entschieden, ließ sich allerdings nicht vorhersehen, daß der Kreis der dabei zu erörternden Fragen sehr viel größer sein würde, als wir es uns zunächst vorgestellt hatten, da das Schwergewicht der Debatte ja eben doch auf der kleinen Europäischen Gemeinschaft, auf dem kleinen Europäischen Haus liegen sollte. Wir haben gestern beim Internationalen Kolloquium der ARL eine, wie ich meine, außerordentlich eindrucksvolle Zusammenkunft von Wissenschaftlern und Planungsfachleuten aus fast allen europäischen Staaten gehabt, unter ihnen zahlreiche Korrespondierende Mitglieder unserer Akademie; wir haben angefangen, die Probleme, die heute im Mittelpunkt der Tagung stehen, zu diskutieren, nämlich Fragen zur Zukunft Europas. Es waren Ost und West in dieser Veranstaltung gleichermaßen vertreten, und es ist mir eigentlich niemals so deutlich geworden, wie sehr in Europa der Wunsch nach dem großen Europäischen Haus besteht. In dieser Stunde läßt sich nicht sehr viel zu diesem Thema sagen, aber ich möchte doch der Hoffnung Ausdruck geben, daß die Entwicklung, die nun so schnell in Gang gekommen ist, ein gutes Ende nehmen möge, ein Ende, das allen Menschen in Europa das bringt, was sie sich von dieser Entwicklung erhoffen. Ich meine, es schließt sich jetzt ein Kreis, der nach dem bitteren Ende des Krieges 1945 begann. Ein Abschnitt der Zeitgeschichte, scheint mir, ist nun vorüber.

Sie werden Verständnis dafür haben, daß wir uns im Ablauf dieser Tagung an das halten werden, was das Programm vorsieht. Es wird im Mittelpunkt der Erörterung der konkrete Bereich stehen, in dem es schon wirklich enge Kooperation zwischen den europäischen Staaten gibt; im Vordergrund stehen die besonderen räumlichen Probleme, die sich im Rahmen der Europäischen Gemeinschaft ergeben. Wir werden dabei den Blick über die Gemeinschaft hinaus ausweiten müssen. Zur Veranstaltung selbst darf ich einige ganz wenige einleitende Bemerkungen machen: Wir sind dieses Mal von der üblichen Art unserer Wissenschaftlichen Plenarsitzung abgewichen, wir haben sie bewußt auf einen Tag beschränkt. Wir kommen also heute mit dieser Veranstaltung zu Ende und verzichten auf die sonst übliche abschließende Diskussion nach den Sitzungen der Arbeitsgruppen. Dafür werden wir uns, und ich meine, daß das den Ereignissen des heutigen Tages besonders gerecht wird, nach den Arbeitskreisen noch einmal zu einem informellen Gespräch in zwangloser Runde zusammenfinden.

GERHARD VON LOEWENICH

Grundsätzliche Anmerkungen zu den räumlichen Auswirkungen der europäischen Integration

Herr Präsident,
meine sehr verehrten Damen und Herren,

die dramatischen Ereignisse, die Sie, Herr Präsident, gerade schon angesprochen haben, die dramatischen Ereignisse in der DDR, in Berlin, sie finden ihren Reflex heute sogar in diesem Raum. Wie Sie schon gerade gesagt haben, bis noch vor weniger als einer Stunde hat Frau Ministerin Hasselfeldt fest vorgehabt, hier heute zu Ihnen zu sprechen. Die Dinge überstürzen sich. Sie muß zu einer Fraktionssondersitzung, die in diesen Minuten beginnt, und sie hat mich gebeten, nun im wahrsten Sinne des Wortes einzuspringen. Ich tue das natürlich gern, einmal, weil ich meiner Ministerin immer sehr gern helfe, aber auch deswegen gern, weil ich bei der Gelegenheit wieder mal in diesen Kreis kommen kann. Ich mache zwei Vorbehalte: der erste Vorbehalt, den werden Sie verstehen; das, was ich Ihnen heute zu sagen habe, ist keine originelle Leistung von mir, sondern ich werde das vortragen, was die Ministerin vorzutragen beabsichtigt hat.

Und zum zweiten, dem Vorbehalt, den Sie, Herr Präsident, gerade auch schon genannt haben: in diesem Vortrag wird natürlich die allerneueste Entwicklung, die uns alle bewegt, nicht berücksichtigt sein können.

Die Akademie für Raumforschung und Landesplanung ist seit langem nicht nur für den Bundesminister für Raumordnung, Bauwesen und Städtebau ein anerkanntes Forum für die fachliche und politische Diskussion grundsätzlicher Fragen regionaler Planungen. Ihre nun schon traditionellen wissenschaftlichen Plenarsitzungen finden darüber hinaus bundesweit Anerkennung und Beachtung. Sie greifen immer wieder aktuelle Themen auf, und Sie orientieren sich dabei auch am Erkenntnisbedarf der politischen Praxis: In jüngster Vergangenheit denke ich dabei vor allem an Ihre wertvolle wissenschaftliche Unterstützung bei der Novellierung des Bundesraumordnungsgesetzes. Dafür danke ich Ihnen auch im Namen der Frau Ministerin.

Ihre diesjährige Plenarsitzung steht unter dem Thema "Europäische Integration - Aufgaben für Raumplanung und Raumforschung".

Daß man dabei wie selbstverständlich Europa sagt, aber bisher jedenfalls nur Westeuropa gemeint hat, sollte uns gerade angesichts der eben schon erwähnten dramatischen Ereignisse in unseren osteuropäischen Nachbarländern, besonders in der DDR, nachdenklich stimmen. Erst gestern hat die Akademie ein Internationales Kolloquium - wie Sie es gerade gesagt haben, Herr Präsident - mit vielen ausländischen Gästen auch aus Osteuropa durchgeführt. Ich hoffe, daß diese internationalen Kontakte Ausgangspunkt für einen dauerhaften Gedankenaustausch, für eine dauerhafte Zusammenarbeit sein mögen.

Der 1. Januar 1993 ist zwar ein wichtiges Datum der europäischen Integration, der EG-Integration, aber man muß sehen, daß die Vollendung des Binnenmarktes ein fortlaufender Prozeß ist, der längst begonnen hat und der weit über den 1. Januar 1993 hinaus fortdauern wird. Dieser Binnenmarkt stellt sich auch nicht etwa automatisch ein, sondern er bedarf der aktiven Gestaltung. Es gilt - und hierin liegt auch die große Chance und Aufgabe der Raumordnung - diese Gestaltungsmöglichkeiten zu nutzen.

Zu den Chancen und Risiken der Vollendung des Binnenmarktes für die deutsche Wirtschaft ist bereits sehr viel gesprochen, analysiert und veröffentlicht worden. Die Frage der räumlichen Auswirkungen der europäischen Integration hat dazu bisher vergleichsweise wenig Beachtung gefunden. Das mag damit zusammenhängen, daß die gesamtwirtschaftlichen Daten so überaus positiv sind, daß sich die Frage nach der unterschiedlichen Betroffenheit der Regionen gar nicht stellte.

Die Bundesrepublik Deutschland weist ein starkes Wirtschaftswachstum, eine hohe Exportquote aus. Nach fast einhelliger Auffassung ist die deutsche Wirtschaft insgesamt für den weiteren Ausbau des Binnenmarktes gut gerüstet, und die Rahmenbedingungen, nicht zuletzt die infrastrukturellen Voraussetzungen bieten eine hervorragende Ausgangsbasis.

Der Bundesraumordnungsminister stellt sich dabei allerdings die Frage, ob die vom Binnenmarkt ausgehenden Wachstumsimpulse nur den ohnehin prosperierenden Regionen zugute kommen oder ob auch strukturschwächere und ländliche Räume an der positiven Entwicklung teilhaben können - ob also unsere insgesamt ausgewogene Siedlungs- und Wirtschaftsstruktur erhalten bleiben kann. Ich denke, daß es deshalb unter raumordnungspolitischen Perspektiven vorrangig um die Klärung folgender Fragen geht:

- Werden sich die Tendenzen zu räumlichen Ungleichgewichten wieder verstärken?
- Beeinflussen diese Tendenzen das sog. Süd-Nord-Gefälle oder den Strukturwandel in den sog. altindustrialisierten Regionen?
- Ergeben sich neue Anforderungen für eine ausgeglichene Entwicklung von Verdichtungsregionen und ländlichen Regionen?
- Welche Strategien und welche Maßnahmen sind erforderlich, damit unsere insgesamt dezentrale und günstige Siedlungsstruktur erhalten werden kann?
- Sind spezielle Rückwirkungen sektoraler EG-Politiken auf unsere Raumstruktur zu erwarten? Ich deute hier nur an, daß möglicherweise die künftige Verkehrsentwicklung eine kritische Größe darstellen könnte.
- Müssen bisherige Ausgleichsinstrumente (ich denke z. B. an die Gemeinschaftsaufgaben) neugewichtet oder gar durch andere Instrumente ergänzt oder ersetzt werden?

Wir sind sicher, daß Sie diese und andere Fragen, die im Laufe dieser Plenartagung auftreten, in bewährter Art in den Arbeitskreisen der Akademie vertieft behandeln. Wir halten es für sehr wichtig und fruchtbar, daß Wissenschaft und Politik bei diesem Thema sehr eng zusammenarbeiten.

Lassen Sie mich jetzt zwei Bereiche etwas näher ansprechen, die in nächster Zeit besondere Aufmerksamkeit erfordern werden. Ich meine einmal

- die Ansätze für eine europäische Raumordnungspolitik und ihre möglichen Auswirkungen auf die Raumordnung in der Bundesrepublik Deutschland
- und zum anderen die konkreten Probleme, die mit der Neuorientierung der EG-Regional- und EG-Strukturpolitik aus deutscher Sicht verbunden sind.

Zunächst zu den Ansätzen für eine europäische Raumordnungspolitik:

Hier liegen die ersten Bemühungen um Ansätze für eine europäische Zusammenarbeit schon weit zurück. Die Europäische Raumordnungsministerkonferenz wurde bereits vor fast zwei Jahrzehnten auf deutsche Initiative als Fachministerkonferenz in Kooperation mit dem Europarat gegründet. Sie bemüht sich um eine Verständigung der Europaratsstaaten über Grundzüge für eine europäische Raumordnungspolitik, und sie formuliert ihre Ergebnisse in Resolutionen. Die Bundesrepublik Deutschland hat sich immer maßgeblich an diesen Arbeiten beteiligt. Ich verweise auf die Europäische Raumordnungscharta.

Gerade für die Bundesrepublik Deutschland in ihrer zentraleuropäischen Lage mit neun Nachbarstaaten ist die grenzüberschreitende Verständigung in der räumlichen Planung von besonderer Bedeutung. Auf der Grundlage mehrerer Abkommen mit den Nachbarstaaten sind bilaterale Raumordnungs- und trilaterale Regierungskommissionen eingerichtet worden, in denen eine gegenseitige Information und Abstimmung der Planungen und Maßnahmen über die Grenzen hinweg angestrebt wird.

Die Arbeitsergebnisse der Kommissionen sind ganz wesentlich davon abhängig, inwieweit es der Raumordnung gelingt, den einzelnen Fachpolitiken die jeweiligen regionalen Bezüge zu vermitteln. Und wie schwierig dies zuweilen bereits auf nationaler Ebene ist, werden mir sicherlich alle hier anwesenden Wissenschaftler wie auch alle Praktiker bestätigen.

Mit dem EG-Binnenmarkt nun erreicht die Entwicklung der europäischen Zusammenarbeit eine neue Dimension, die auch auf die räumlichen Strukturen nicht ohne Einfluß bleiben wird.

Unsere Informationen hierüber sind noch relativ unbestimmt, so daß verstärkte Forschungsaktivitäten notwendig sind. Das wird einerseits über die Ressortforschung meines Ministeriums geschehen, zugleich möchte ich aber auch die Akademie ermuntern, sich weiter in diesem Problemfeld zu engagieren. Aus den Vorgesprächen mit dem Präsidium wissen wir, daß diese Bereitschaft vorhanden ist, und ich möchte mich dafür ganz herzlich bedanken.

Folgende Tendenzen und Perspektiven der räumlichen Entwicklung zeichnen sich bereits jetzt in Umrissen ab:

- Da der Binnenmarkt den Strukturwandel beschleunigen wird, werden auch die Regionen je nach ihrer Anpassungsfähigkeit mit unterschiedlicher Intensität hiervon betroffen sein.
- Durch den verschärften Wettbewerb nunmehr auf europäischer Ebene wird die Konkurrenz zwischen den regionalen Standorten um Investitionen und Subventionen immer größer.
- In der Bundesrepublik Deutschland werden vorrangig einige wenige Verdichtungsräume begünstigt. Auch einigen Grenzregionen im Westen unseres Landes wird eine Aufwertung vorausgesagt.

- Insgesamt werden sich die Disparitäten zwischen strukturstarken und strukturschwachen Regionen vermutlich tendenziell verstärken.

Die Entwicklungschancen strukturschwacher Regionen werden daher im wesentlichen davon abhängen, inwieweit es gelingt, einer Konzentration von Wirtschaft und Wissenschaft auf wenige Regionen und Standorte mit besonders günstigen Voraussetzungen durch eine durchdachte regionale Strukturpolitik entgegenzuwirken.

Eine solche Strukturpolitik muß vor allem die Standortbedingungen und deren Qualitäten anheben und die regionalen Möglichkeiten zu einer optimalen Entfaltung bringen. Eine ganz entscheidende Bedeutung kommt dabei auch der Städtebaupolitik zu.

Es hat sich nämlich gezeigt, daß städtebauliche Erneuerung - in den Verdichtungsräumen und auf dem Lande - nicht nur faktisch die Attraktivität einer Gemeinde verbessert, sondern ein ganz entscheidender Anstoß ist, um sich vor Ort mit den vorhandenen Entwicklungspotentialen und Gestaltungsmöglichkeiten auseinanderzusetzen.

Lassen Sie mich nun auf das Verhältnis von EG-Regionalpolitik und nationaler Regionalförderung eingehen. In dem Paket von Maßnahmen, die zur Verwirklichung des gemeinsamen Binnenmarktes bis 1992 von der EG-Kommission und den Mitgliedsstaaten durchzuführen sind, nimmt die Neuorientierung der Strukturfonds von Anfang an eine hervorragende Rolle ein.

Mit der einheitlichen europäischen Akte und der damit verbundenen Änderung des EG-Vertrages wurde die Stellung der Kommission bei der Ausgestaltung und Durchführung der Fonds gestärkt. Die tragende politische Grundlage für diese Reform war die Überzeugung, daß für die weitere Entwicklung der EG der Abbau von Wohlstandsunterschieden unter den Mitgliedsstaaten eine wichtige Voraussetzung ist. Nach der Reform der Strukturfonds vom 24. Juni 1988 sollen sich die strukturpolitischen Interventionen nicht zuletzt auf drei Ziele von höchster raumordnerischer Bedeutung konzentrieren:

1. Die Förderung der Entwicklung und der strukturellen Anpassung der Regionen mit Entwicklungsrückstand,

2. die Umstellung der Regionen, Grenzregionen oder Teilregionen, die von der rückläufigen industriellen Entwicklung schwer betroffen sind und

3. die beschleunigte Anpassung der Agrarstrukturen und damit die allgemeine Förderung der Entwicklung ländlicher Räume.

Die Bedeutung der Strukturfonds wird auch dadurch unterstrichen, daß sie in ihrer finanziellen Ausstattung von 1987 bis 1992 von 7 Mrd. ECU auf rd. 14 Mrd. ECU verdoppelt werden sollen. Dabei werden allerdings etwa 80 % Mittel in die Gebiete mit den schwersten Entwicklungsproblemen - also insbesondere die Regionen in südlicher und westlicher peripherer Randlage der EG - fließen. Damit soll dem Hauptziel der Strukturfonds, den Abstand nämlich zwischen den verschiedenen Regionen und den Rückstand der am wenigsten begünstigten Gebiete zu verringern, Rechnung getragen werden. Nach unserer Überzeugung ist diese Politik der Stärkung des wirtschaftlichen und sozialen Zusammenhalts der einzige erfolgversprechende Weg, die harmonische Entwicklung der Gemeinschaft zu gewährleisten.

Die Wachstumsimpulse des Binnenmarktes müssen in allen Gebieten und Regionen der EG wirken können, sonst könnte die politische und wirtschaftliche Unzufriedenheit der einzelnen Regionen leicht zu einer Gefahr für den europäischen Einigungsprozeß werden. Die Bundesregierung hat seit Jahren eine Konzentration der Fondsmittel auf diese strukturschwächsten Regionen unterstützt.

Aber so sehr die Bundesregierung die Ziele der neuen EG-Regionalpolitik auch begrüßt, läßt sich doch nicht leugnen, daß hiermit auch Probleme für die Regional- und Strukturpolitik in unserem Land verbunden sind. Wir müssen diese Probleme, wir müssen unsere Erwartungen und Forderungen auch weiterhin deutlich aussprechen und offen miteinander diskutieren können, ohne daß damit der Integrationsprozeß in Frage gestellt wird.

Zum einen muß man realistisch sehen, daß die Entwicklungsrückstände in Portugal oder Irland z. B. ganz andere Lösungsansätze erfordern als die in der Bundesrepublik Deutschland. Zum anderen bereitet es immer wieder Mühe, auf EG-Ebene Verständnis für unsere historisch gewachsene und tief verwurzelte föderale Struktur und für die Bedeutung der kommunalen Selbständigkeit zu finden. Auf diesen wichtigen Aspekt müssen wir immer wieder hinweisen; eine Gelegenheit dafür wird auch die Raumordnungsministerkonferenz der EG-Staaten am 24. November in Nantes sein, auf der mein Ministerium unsere deutschen Belange vertreten wird.

Die Bundesrepublik Deutschland ist beispielsweise nur in dem relativ bescheidenen Umfang von etwa 178 Mio. ECU für den Zeitraum 1989 - 1991 an dem EG-Programm in Höhe von insgesamt 2,0 Mrd. ECU beteiligt, das zur Umstrukturierung von Alt-Industrieregionen vorgesehen ist.

Bei der Auswahl der Fördergebiete wie auch bei der Wahl der Förderungsinstrumente durch die EG ist eine Übereinstimmung mit den national definierten Fördergebieten nicht immer sichergestellt.

Es könnte daher die Situation entstehen, daß ein Gebiet zwar nach EG-Maßstäben förderungswürdig ist, aber nicht zu den Gebieten der Gemeinschaftsaufgabe ''Verbesserung der regionalen Wirtschaftsstruktur'' gehört. Mittel- und langfristig wäre es ein großer Schaden, wenn sich daraus ergeben würde, daß deutsche Länder und Regionen eher um EG-Fördermittel konkurrieren, als die im Rahmen der Gemeinschaftsaufgabe bewährte Zusammenarbeit von Bund und Ländern fortzuführen, welche die beste Basis für eine angemessene Ausgleichspolitik innerhalb unseres Landes darstellt.

Ein weiteres wichtiges Problem sehe ich in diesem Zusammenhang in der Handhabung der Beihilfekontrolle der EG-Kommission nach Art. 92 und 93 des EWG-Vertrages. Sie führte zu einer Reduktion der deutschen Regionalförderung auf einen Gebietsumfang mit insgesamt 38 v. H. der Bevölkerung der Bundesrepublik Deutschland; zudem wurden die deutschen Fördersätze abgesenkt.

Eine weitere Einschränkung der deutschen Regionalförderung durch Kontrollmaßnahmen der Kommission ist, das muß man realistisch sehen, nicht auszuschließen. Wie bisher wird die

Bundesregierung sich auch hier um eine Lösung im gegenseitigen Einvernehmen bemühen. Bei den beihilferechtlichen Prüfungen hat die EG-Kommission zunehmend eine sehr extensive Auslegung vorgenommen, was nicht unbedenklich ist. Wir meinen, die Kommission sollte sich strikt auf die wettbewerbsrechtlichen Aspekte konzentrieren.

Aus raumordnerischer Sicht jedenfalls könnten sich aus diesem Prozeß Gefahren für die Gleichwertigkeit der Lebensverhältnisse in allen Teilräumen des Bundesgebietes ergeben, der zentralen Leitvorstellung unserer Raumordnung. Eine wesentliche Aufgabe der künftigen Raumordnungspolitik wird es daher sein, dies auszugleichen und das Instrumentarium einer nationalen regionalen Ausgleichspolitik zu stärken, anzupassen, zu verbessern. Nur so können wir dem Postulat der gleichwertigen Lebensbedingungen gerecht werden, das wir sehr bewußt gerade in die Novelle des Raumordnungsgesetzes hineingenommen und dort festgeschrieben haben.

Dabei gehe ich davon aus, daß das nationale Anliegen eines Abbaus binnenstaatlicher Disparitäten nicht als Hemmschuh zum europäischen Einigungsprozeß, sondern als eine damit übereinstimmende Zielvorstellung verstanden werden kann und muß.

Raumordnungspolitische Strukturpolitik muß dabei weiter von uns so angelegt werden, daß die Wachstumspotentiale in den einzelnen Regionen sich noch besser entfalten können und die regionalen Standortvorteile so zur Geltung gelangen, daß möglichst viele Regionen von den Integrationsimpulsen des Binnenmarktes profitieren können.

Das bedeutet neben dem weiteren Ausbau der klassischen Infrastruktur vor allem Hilfestellung im Bereich von Forschung, Innovation und Marketing; weiter sind die Qualitäten im schulischen, universitären und im beruflichen Weiter- und Fortbildungssektor anzuheben. Insgesamt wächst die Bedeutung der sog. ''weichen'' Standortfaktoren, und hierzu gehören auch ein attraktives Wohnumfeld und ein effektiver Ressourcenschutz.

Lassen Sie mich an dieser Stelle nochmals den engen Wirkungszusammenhang zwischen Raumordnung und Städtebau hervorheben.

Je geringer die Spielräume bei der klassischen Infrastrukturausstattung und vor allem bei der direkten Wirtschaftsförderung werden, je mehr frühere Standortvorteile wie Rohstoffvorkommen an Gewicht verlieren, desto mehr Bedeutung bekommt eine Städtebaupolitik, die eine Förderung ganz spezifischer Standortqualitäten erleichtert.

Es liegt auf der Hand, daß sich eine solche Strukturpolitik in sehr starkem Maße auf regionale Institutionen abstützen muß, also auf die dort ansässigen Industrie- und Handelskammern, auf Entwicklungsgesellschaften, Arbeitsämter, auf Landwirtschaftskammern und Fortbildungseinrichtungen, um nur einige zu nennen. Auch eine stärkere Verzahnung der verschiedenen Förderinstrumente, z. B. der Gemeinschaftsaufgabe ''Verbesserung der regionalen Wirtschaftsstruktur'', der Gemeinschaftsaufgabe ''Verbesserung der Agrarstruktur und des Küstenschutzes'' und des Städtebauförderungsprogrammes von Bund und Ländern - um nur einige zu nennen -, ist dafür Voraussetzung.

Der Binnenmarkt und die Neuausrichtung der EG-Regionalpolitik machen raumordnerisches Handeln nicht überflüssig, sie stellen uns vor neue Aufgaben.

- Wenn es uns gelingt, die regionale Eigendynamik zu stützen und zu verstärken und regionale Entwicklungsansätze aufzunehmen,
- wenn es uns gelingt, die Eigenständigkeit der nationalen Regionalförderung auch nach außen erfolgreich zu vertreten und sie zu einer regionalen Strukturpolitik weiterzuentwickeln,
- wenn es uns gelingt, die Fachpolitiken noch stärker davon zu überzeugen, daß die stärkere Berücksichtigung regionaler Bezüge auch für sie eine Effizienzsteigerung bedeutet,

dann werden wir im nationalen wie im europäischen Rahmen bestehen können.

In diesem Sinne wünsche ich der diesjährigen Wissenschaftlichen Plenarsitzung der Akademie für Raumforschung und Landesplanung einen erfolgreichen Verlauf. Ich wünsche uns allen, daß von den Ergebnissen dieser Tagung auch eine breite Öffentlichkeitswirkung ausgeht.

HORST ZIMMMERMANN

Die regionale Dimension des Europäischen Binnenmarktes

Auswirkungen auf Regionsstruktur, föderativen Aufbau und regionsbezogene Politik

Anlaß und Aufbau der Untersuchung

Den Anlaß für diese Untersuchung wie für zahlreiche Studien, Tagungen und Einzelvorträge des Jahres 1989 bildet der Beschluß des Europäischen Rates der EG auf seiner Sitzung in Mailand im Juni 1985, auf Basis der Einheitlichen Europäischen Akte zum 31.12.1992 die Grenzen zwischen den EG-Ländern fortfallen zu lassen und bis dahin zahlreiche Regulierungen aufzuheben, Steuersätze zu ändern usf. Daraus erhofft man sich einen nachhaltigen Wachstumsschub, so wie man ihn auch nach der Schaffung der EG 1958 beobachten konnte. Diesen Wachstumseffekt kann man sich am ehesten für einzelne Wirtschaftsbereiche vorstellen, und die meisten Studien, vorweg der Cecchini-Bericht der EG von 1988 (Cecchini, 1988), verfolgen diese sektoralen Effekte.

Wenn man - wie im folgenden - davon ausgeht, daß dieser Binnenmarkt tatsächlich realisiert wird, dann interessiert zusätzlich aus der Sicht etwa eines Bundesministeriums für Raumordnung, Bauwesen und Städtebau und einer Akademie für Raumforschung und Landesplanung, wie sich dieser globale Wachstumseffekt auf Regionen, seien es die Mitgliedsländer oder seien es Regionen innerhalb eines Mitgliedslandes, vermutlich aufteilen wird. Je nachdem, ob diese Einflüsse den regionalpolitischen Zielen und Handlungskriterien entsprechen oder zuwiderlaufen, ergibt sich daraus ein auf Regionen bezogener Handlungsbedarf.

Diesem Ausschnitt der EG-Binnenmarkt-Problematik ist der folgende Beitrag gewidmet, der drei gedanklichen Schritten folgt:

(1) Zunächst wird versucht, aus vorliegenden Untersuchungen und mittels eigener Gewichtung Aussagen zu den vermutlichen regionalen Effekten des Binnenmarktes abzuleiten, und zwar Aussagen sowohl über die Mitgliedsländer hinweg als auch zur Regionsstruktur in der Bundesrepublik Deutschland. Dieser Teil muß also Aussagen über vermutliche empirische Entwicklungen in der Zukunft treffen, und die sind, schon wegen der unsicheren sektoralen Aussagen, auf denen teilweise aufgebaut werden muß, notwendigerweise unsicher (Teil A).

(2) An sich würde man danach einen Teil über regionsbezogene Politik erwarten, die auf solche regionalen Effekte reagiert. Nun ist diese Politik aber auf die Ebenen der Mitgliedsländer, in der Bundesrepublik Deutschland zusätzlich der Bundesländer, und schließlich die der Gemeinden aufgeteilt. Auf wen also ein Handlungsbedarf zukommt, hängt u.a. davon ab, wessen Kompetenz in Zukunft zu- bzw. abnimmt. Daher erschien es zweckmäßig, einen Teil einzufügen, der die möglichen Verschiebungen in diesem für uns vierstufigen föderativen Gefüge beleuchtet. Er ist ebenfalls zukunftsbezogen, aber im Hinblick auf zu erwartende politische Entwicklungen (Teil B).

(3) Erst in einem dritten Schritt werden dann die Folgerungen erörtert, die aus einer Vollendung des Binnenmarktes für diejenigen Politikbereiche resultieren, die auf Regionen bezogen sind. Dabei wird wiederum getrennt für die EG-Ebene und die Bundesrepublik Deutschland argumentiert (Teil C).

Die Argumentation wechselt zwischen Mitgliedsländern als Regionen und kleineren Raumeinheiten als Regionen. Wenn allerdings Handlungseinheiten als Entscheidungsträger angesprochen sind, wird meist auf Mitgliedsländer oder EG-Institutionen Bezug genommen, obwohl unterhalb der Mitgliedslandebene, nicht nur (aber vor allem) in der Bundesrepublik Deutschland, ebenfalls regionale Handlungseinheiten vorhanden sind, wie die Erörterungen im Teil B zeigen.

A.   Die Regionen Europas unter dem Effekt von 1992

I.   Typen regionaler Effekte nach dem Maßnahmenbezug

Das Weißbuch der EG-Kommission (EG-Kommission, 1985) stellt rund 300 Maßnahmen (Richtlinien, Verordnungen etc.) auf (Cecchini, 1988, S. 4), die jede für sich und zusammengenommen einen erheblichen Einfluß auf einzelne Sektoren und dann auch auf Regionen ausüben. Mit Blick auf diese zahlreichen Maßnahmen, die bis 1992 getroffen werden sollen und zu einem nennenswerten Teil schon getroffen worden sind (EG-Kommission, 1989 b), ist es auf der ersten Stufe der Überlegungen, der Ableitung der regionalen Effekte eines Binnenmarktes, zweckmäßig, verschiedene Typen regionaler Effekte zu trennen, die sich nach dem Maßnahmenbezug unterscheiden. Von ihnen werden dann nur diejenigen, die einen größeren Allgemeinheitsgrad aufweisen, genauer behandelt.

(1)   Die regionalen Effekte zahlreicher spezieller Deregulierungen im Bereich der "technischen Schranken" (EG-Kommission, 1985, S. 17 ff.) sind nur über branchenspezifische Aussagen möglich und müssen, zumindest gedanklich, von der auch ohne Schaffung des Binnenmarktes zu erwartenden Entwicklung der jeweiligen Branche getrennt werden. Als Beispiel mag Frankfurt dienen, für dessen Entwicklung sicherlich die für 1992 zu treffenden Regelungen über Finanzdienstleistungen bedeutsam sind. Aber schon dieser Ausschnitt der Frankfurter Wirtschaft ist unabhängig vom Binnenmarkt 1992 oder gar einer Währungsunion zunächst durch die allgemeine Dynamik dieses Wirtschaftszweigs und vor allem durch erforderliche nationale Maßnahmen zur Sicherung des "Finanzplatzes Frankfurt" (Börsen-Zeitung, 26.8.1989; Frankfurter Allgemeine Zeitung, 18.9.1989) bestimmt (Institut für Kapitalmarktforschung, 1989).

Eine übergreifende regionalisierte Analyse der gesonderten Effekte solcher spezifischen Maßnahmen liegt offenbar nicht vor (in Empirica, 1988, nur im Rahmen der Gesamtheit der Effekte), so daß an dieser Stelle auf eine weitergehende Erörterung verzichtet werden muß, obwohl der Tatbestand gewichtig und schon sehr kurzfristig wirksam ist.

(2)   Andere branchenspezifische Deregulierungen wie etwa im Verkehrssektor verstärken hingegen die globalen Binnenmarkteffekte und gehen in deren Analyse ein, ebenso wie auch die übrigen speziellen Deregulierungen natürlich über die einzelne betroffene Branche hinaus wirken. Eine Mittelstellung zwischen der zuerst genannten und der folgenden Kategorie nehmen breit wirkende, aber immer noch sektorspezifische Deregulierungen, etwa im Bereich der

Normung, ein, von denen dann große Branchengruppen wie Kraftfahrzeugbau, elektrotechnische Industrie, Maschinenbau und chemische Industrie stark tangiert werden (RWI, 1988, S. 42).

(3) Das breiteste Wirkungsspektrum entfalten dann der Wegfall der Grenzen (Grenzöffnungs-effekte) und die Anstoßeffekte, die von den unmittelbar betroffenen Branchen breit gestreut auf andere Branchen ausgehen, etwa im Wege vermehrter Vorleistungsnachfrage.

Zu diesen breiten Wirkungen kann man auch die der Steuerharmonisierung und Währungsuni-on zählen. Die Effekte der Steuerharmonisierung, gleich wie weit sie bis 1992 erfolgt sein wird, sind wenig bereichsspezifisch, wenn man von speziellen Fällen wie dem Wegfall der Steuerbe-freiung der Personen- und Frachttarife und der Duty-free-Einkäufe im Verkehr innerhalb der EG (Frankfurter Allgemeine Zeitung, 19.8.1989) einmal absieht. Sie bleiben daher ausgeklammert[1]). Die regionalen Effekte einer Währungsunion wären hingegen erheblich. Durch eine Währungs-union fällt beispielsweise für ein Mitgliedsland mit überwiegend strukturschwachen Regionen der Effekt weg, daß es einer Abwertungstendenz unterliegt und diese Abwertung zu Exporter-leichterungen führt. Mit einer dauerhaften Fixierung der Wechselkurse zwischen den Mitglied-staaten können außenwirtschaftliche Ungleichgewichte, die durch unterschiedliche Produktivi-täts- und Lohnentwicklungen entstehen, nur noch durch eine interne Politik beeinflußt werden (von der Groeben, Möller, 1976, S. 51 f.), soweit nicht seitens der EG ein Ausgleich angestrebt wird. Wenn die Währungsunion in ihren regionalen Wirkungen im folgenden nicht weiter verfolgt wird, dann nur deshalb, weil die Chancen für eine Währungsunion auch nach dem Delors-Bericht (Ausschuß zur Prüfung der Wirtschafts- und Währungsunion, 1989) und seiner Diskus-sion etwa in der Bundesrepublik Deutschland (s. etwa Wissenschaftlicher Beirat beim Bundes-ministerium für Wirtschaft, 1989; Pöhl, 1989), was die zweite und dritte Phase betrifft, auf absehbare Zeit nicht groß sind und mit der sich abzeichnenden Absorption der währungspoliti-schen Kräfte durch einen Währungsverbund mit der DDR eher noch geringer erscheinen. Daher ist auch eine genauere Erörterung dieser - wenngleich wichtigen - Effekte derzeit nicht so dringlich.

II.   Übergreifende regionale Wirkungen des Binnenmarktes

a.   Zwei Typen von Hypothesen zur Wirkung auf die Regionalstruktur

Läßt man nunmehr die bereichsspezifischen Effekte einzelner Maßnahmen zur Schaffung des Binnenmarktes außer acht, so stellt sich die Frage, wie sich die übergreifenden Auswirkungen der Vollendung des Binnenmarktes, die sich etwa aus der Vergrößerung der Märkte, den Einsparun-gen bei den Transportkosten oder den erleichterten Faktorwanderungen ergeben, regional verteilen. Hierzu bestehen unterschiedliche Hypothesen; einige postulieren einseitig nur die Ausgleichs- oder die Divergenzneigung, und andere betonen eine nur zeitweise unausgeglichene regionale Verteilung der Binnenmarkteffekte.

1.   Unveränderliche regionale Auswirkung?

Es gibt zwei Typen von Aussagen, die beide eine unveränderliche regionale Auswirkung des Binnenmarktes 1992 beinhalten, allerdings in sehr unterschiedlicher Weise.

Entsprechend einem Typ von Aussagen wirken Marktkräfte darauf hin, daß sich die Effekte des Binnenmarktes auf zentrale und periphere (und oft strukturschwache) Regionen annähernd gleich verteilen. Während man im Cecchini-Bericht eher aus der Nichterwähnung regionaler Probleme schließen kann, daß sie wohl nicht als allzu bedeutsam angesehen werden (Cecchini, 1988), wird die gleiche Auffassung gelegentlich auch explizit vertreten (Krieger-Boden, 1987, S. 94)[2].

Der Grundgedanke dieser Argumentation lautet etwa wie folgt: Wenn man nur die Kostenunterschiede wirken läßt, sind auch periphere und in der Regel produktivitätsschwache Regionen in der Lage, sich über niedrige Angebotskosten ihren Teil an dem durch den Binnenmarkt induzierten Wachstum zu verschaffen. Voraussetzung ist, daß Mobilität und allgemein die Anpassungsflexibilität nicht durch Regulierungen, Markteintrittsbeschränkungen, Subventionen usf. gehemmt sind (Krieger, Thoroe, Weskamp, 1985, S. 152).

In einem großen nach Sprache, Währung usf. einheitlichen Land wie etwa den USA hat eine solche These erhebliche Plausibilität. Die kurzfristig geforderte Anpassungsflexibilität in einem vielsprachigen, noch lange durch Währungsgrenzen getrennten Raum wie dem Binnenmarkt der EG 1992 dürfte jedoch erheblich divergieren. Sie dürfte dem, der schon im Umgang mit solchen qualitativ neuen Anforderungen erprobt ist, bessere Chancen bieten als demjenigen, der vielleicht bisher nur für nahegelegene, bezogen auf das Mitgliedsland periphere Räume produziert hat. Hinzu treten Unterschiede in den Raumüberwindungskosten für Waren, Dienstleistungen und Informationen, die den peripher zum Wirtschaftszentrum der EG gelegenen Regionen die Anpassung vergleichsweise schwerer machen dürften.

Zutreffend ist sicherlich, daß strukturschwache periphere Regionen sowohl bei höherer Nachfrage aus zentralen wachstumsstarken Regionen als auch bei Standortverlagerungen von dort profitieren können. Das geschieht aber oft erst nach längerer Zeit, so daß es als realistischer erscheint, diese Effekte in eine Hypothese einzubringen, die unterschiedliche Wirkungen im Zeitablauf einbezieht (s. unten 2).

Die entgegengesetzte Auffassung läuft darauf hinaus, daß die Erweiterung zum Binnenmarkt ausschließlich und dauerhaft dazu tendiert, die regionalen Unterschiede in der Gemeinschaft zu verschärfen. Dann könnte allein eine sehr starke Regionalpolitik als Gegenkraft wirken, und keine im Wachstumsprozeß selbst angelegten Mechanismen würden sie unterstützen. Die Aussage wird in der Regel damit begründet, daß solche Tendenzen ohnehin langfristig bestehen und durch die Effekte von 1992, die die Marktkräfte stärken, nur verstärkt werden können. Dahinter stehen also letztlich Polarisationshypothesen, wie sie schon von Myrdal (1957) und Perroux (1948) formuliert wurden. (Zu den hinter Konvergenz- und Divergenzthesen stehenden Auffassungen s. auch Capellin, Molle, 1988, S. 5 ff., und Krieger, Thoroe, Weskamp, 1985, S. 7 ff.)

Inwieweit auch die EG-Kommission diese Auffassung vertritt, ist nicht klar ersichtlich. Zu einer später zu erwartenden Konvergenztendenz, mit der sie zu der folgenden Hypothese neigen würde, ist jedenfalls kein Hinweis zu finden. Dies zusammen mit dem Hinweis auf die ''zu erwartenden Anpassungsprobleme im Zusammenhang mit dem Binnenmarkt von 1993'' (EG-Kommission, 1989 a, S. 11) und der häufigen Betonung regionaler Ausgleichspolitik läßt am ehesten den Schluß zu, daß für sie eine dauerhafte Divergenzneigung vorherrscht[3].

2.   Die Zwei-Phasen-Hypothese

Die detaillierten Erörterungen auf der Tagung der Regional Science Association in Cambridge 1989 zu den regionalen Wirkungen des Binnenmarktes (RSA, 1989) waren stark geprägt durch die zu Beginn vorgetragene These (Nijkamp, 1989), daß die sehr viel früher und in anderem Zusammenhang aufgestellte Hypothese von Williamson (1975) einen brauchbaren Erklärungsansatz für die zu erwartenden regionalen Auswirkungen abgebe. Die Hypothese besagt:

(1) In einer ersten Phase nehmen als Folge eines nationalen Wachstumsschubs die regionalen Wohlstandsunterschiede zunächst zu.

(2) Auf späteren Stufen dieses nationalen Wachstumsprozesses verringern sich die Unterschiede.

Daher kann man über den gesamten Prozeß hinweg von einer regionalen Divergenz mit darauf folgender Konvergenz sprechen (Nijkamp, 1989, S. 3). Eine ähnliche Sicht kann man auf EG-Ebene am ehesten im Delors-Bericht finden, wenngleich eher verdeckt (Ausschuß zur Prüfung der Wirtschafts- und Währungsunion, 1989, S. 19). Auch bei anderen Autoren finden sich Auffassungen, die mit dieser Hypothese adäquat wiedergegeben werden dürften (Peschel, 1989a und 1989b, S. 21; Keeble, 1989a und 1989b; Gibb, Treadgold, 1989, S. 81; van der Wee, 1989, S. 9; Steinbach, 1989)[4]).

Diese Sichtweise wird, da sie eine erhebliche Plausibilität für sich hat und durch die Entwicklung in der EG jedenfalls bis 1975 teilweise gestützt wird (Pelkmans, Winters, 1988, S. 72; Padoa-Schioppa, 1988, S. 94; van der Wee, 1989, S. 9; Molle lt. van der Wee, 1989, S.9; Keeble, 1989b, S. 9), hier etwas genauer verfolgt.

2.1.   Die Phase mit Divergenzneigung

Den unmittelbaren Anstoß des Binnenmarktes kann man sich in vielen Unternehmen, die noch keine vorausschauenden Entscheidungen etwa über ausländische Zweigwerkgründungen bzw. heimische Betriebsgrößenvariation, über Produktpalette usf. mit Blick auf 1992 getroffen haben, so vorstellen, daß ihnen nur kurzfristige Anpassungen, etwa über den Preis, die Lieferfristen usw. möglich sind. Solche statischen Effekte (Nijkamp, 1989, S. 2) wegen plötzlich vergrößerter oder verringerter Nachfrage nach Wegfall der Grenzen werden diejenigen Unternehmen und von ihnen bestimmten Regionen am besten verarbeiten können, die eine starke Marktstellung haben, Reserven bilden konnten und solche kurzfristig variierbaren Handlungsparameter schon bisher intensiv nutzten. Nimmt man dynamische Effekte im Sinne von Prozeß- und Produktanpassungen hinzu, die sich über wenige Jahre realisieren lassen, so sind wiederum die - oft gleichen - Unternehmen am besten gestellt, die dies bisher schon besonders gut beherrschten. Umgekehrt werden Unternehmen in alten, vielleicht seit langem subventionierten Branchen von diesem Effekt wenig profitieren. Insgesamt dürften in einer ersten Phase also die schon jetzt bestehenden Unterschiede in den Kosten, der Zukunftsorientierung, der Fähigkeit zur Erweiterung des Marktanteils, der Exportintensität usf. bestimmend dafür sein, welche Unternehmen stark und welche schwach die Chancen des Binnenmarktes nutzen.

Eine Verstärkung dieser differenzierten Wirkung könnten die neuerlichen Vorschläge zur Steuerharmonisierung bei Umsatz- und Verbrauchsteuern mit sich bringen. Derzeit ist beabsichtigt, daß nach dem Wegfall der Versteuerung an der Grenze nunmehr der Importeur versteuern soll, um das Gut weiterhin mit den Steuern des Bestimmungslandes in den Wettbewerb eintreten zu lassen und die Einnahmen dem Fiskus des Besteuerungslandes zufließen zu lassen. Das hätte weitreichende Folgen. Bisher mußte sich ein Unternehmen, das vielerlei Güter importierte, um das Verfahren[5] der Versteuerung wenig kümmern. Dies erledigte größtenteils der Spediteur an der Grenze. Nach dem zuvor beabsichtigten Verfahren wäre dies sogar noch einfacher gewesen, denn der Exporteur hätte versteuert, und zwar nach denselben Modalitäten wie für seine im Inland abgesetzten Güter. Das neue Verfahren würde also eine drastische Erschwerung der Ex- und Importe bedeuten, schon im Vergleich mit dem heutigen und erst recht mit dem ursprünglich geplanten Ablauf. Die relativen Gewinner wären wiederum die hierin schon erfahrenen Unternehmen, und es würde sich der erwünschte Effekt des Binnenmarktes, nämlich auch die bisher wenig in die internationale Arbeitsteilung eingebundenen Unternehmen zu aktivieren, entsprechend reduzieren[6].

Zu den direkten Anstößen des Binnenmarktes, etwa der Transportkostensenkung durch Öffnen der Grenzen, tritt ein indirekter hinzu. Viele Unternehmen, die heute mit Blick auf 1992 Beratungsangebote annehmen oder aus diesem Anlaß einfach selbst Überlegungen zur Effizienzsteigerung anstellen, werden letztlich vielleicht gar keine Änderung ihres eigenen Umfeldes erleben. Dennoch wäre aber ein Wachstumsanstoß durch ihre Bemühungen gegeben. Daher könnte später einmal rückblickend nachzuweisen sein, daß es zu einem Teil gar nicht die eigentlichen Integrationseffekte etwa im Wege zusätzlicher Exporte waren, die den Wachstumsschub anfänglich auslösten, sondern eine Art "Hawthorne-Effekt"[7]. Der Tatbestand, überhaupt mit dem Binnenmarkt 1992 konfrontiert zu sein, führt eben oft auch dann zu - wachstumswirksamen - Reaktionen, wenn im nachhinein die Binnenmarktmechanismen selbst zu keiner Anpassung gezwungen haben (vgl. auch Wegner, 1989, S. 373). Ein Indiz für die mögliche Stärke dieses "Hawthorne-Effekts des Binnenmarktexperiments", jedenfalls in der Bundesrepublik Deutschland, ist die deutliche Ausrichtung der deutschen Industrie aller Größenklassen auf den Binnenmarkt, und zwar mittels Innovations-, Produkt- und Produktionsstrategien (Ifo-Institut, 1989, Bundesgebiet)[8]. Auch die starke Inanspruchnahme entsprechender Beratungsangebote von Kammern, Banken usf. durch die Unternehmen spricht hierfür.

Nimmt man alle diese eher kurzfristigen direkten und indirekten Effekte zusammen, wobei Betriebsgründungen und -verlagerungen der späteren Phase (s. unten 1.2) zugeordnet werden sollen, so fragt sich, welche Typen von Regionen hiervon positiv oder negativ betroffen sind.

Die positiven Wirkungen stehen hier im Vordergrund, weil im folgenden davon ausgegangen wird, daß der Binnenmarkt EG-weit zu einer spürbaren Wachstumszunahme führt. Die im Cecchini-Bericht genannten 4,5% bzw. bei entsprechender Wirtschaftspolitik der Mitgliedstaaten 7% (Cecchini, 1988, S. 130-134) werden teils als zu optimistisch, teils als zu pessimistisch angesehen (Spehl, 1989, S. 2). Die sich anbahnenden Anpassungsreaktionen der Wirtschaft bis hinein in die mittelständische Wirtschaft lassen aber, jedenfalls für die Bundesrepublik Deutschland, erwarten, daß der Wachstumsanstoß erheblich ist. Für die regionalen Effekte ist dementsprechend davon auszugehen, daß keineswegs ein regionales Nullsummenspiel zu behandeln ist, sondern daß erhebliche Wachstumseffekte zu regionalisieren sind[9].

Man wird wohl davon auszugehen haben, daß die Effekte dieser ersten Phase in denjenigen Regionen - sei es der EG oder nur der Bundesrepublik Deutschland - besonders positiv zum Tragen kommen, die auch in den letzten Jahren entsprechende Anpassungen gut bewältigt haben. Umgekehrt dürften alte Industrieregionen tendenziell zu den Verlierern, jedenfalls der ersten Phase, zu zählen sein (Padoa-Schioppa, 1988, S. 93; Peschel, 1989b, S. 20). Zur Abschätzung der Chancen wird man Außenhandelsindikatoren ein besonderes Gewicht beimessen, weil die kurzfristigen Binnenmarkteffekte stark mit Grenzöffnung, zunehmendem Importdruck und möglichen Exportchancen zusammenhängen. Die Frage, ob nur die regionale Verteilung der Branchen hier zu betrachten ist oder auch ein gesonderter Standortfaktor, erübrigt sich, da beispielsweise ein Exportindikator für eine Region beide Elemente enthält, die sektoral bedingte regionsunabhängige Exportfähigkeit und den standortbedingten Effekt, der besondere regionale Vorteile für Unternehmen allgemein oder in dieser Branche, aber auch eine regionale Export- orientierung beinhalten kann, die eine Region als Ganze, gefördert etwa durch Kammern und Ausbildungssysteme, kennzeichnen kann. Wichtig wird die Trennung von Struktur- und Stand- orteffekt hingegen, wenn langfristige regionale Auswirkungen betrachtet werden.

2.2 Die Phase mit Konvergenzneigung

Über eine längere Phase kann die Entwicklung der Regionen der EG dann eine wieder konvergierende Tendenz zeigen. Für eine solche Tendenz spricht zum einen gerade die vorherige Divergenz. Sie wird eher die zentralen verdichteten Regionen bevorzugen (s. unten b und c) und dort private wie soziale Kosten erhöhen, was den peripheren eher dünnbesiedelten Regionen auch dann durch relative Kostengunst zugute kommt, wenn sie noch keine eigenen Anstrengungen unternommen haben. In der langen Frist tun Ausgleichsmechanismen, wie sie im neoklassischen Modell unter der Annahme voller Mobilität abgeleitet werden, eben durchaus ihre Wirkung, so daß eine Tendenz in Richtung einer Angleichung der Faktorpreise zu erwarten ist.

Vorausschauende Unternehmen investieren daher schon jetzt beispielsweise in Spanien oder Wales, und insoweit überlappen die Phasen sich natürlich zeitlich. Zum anderen ist nach bisherigen Entwicklungsmustern zu erwarten, daß ein in zentralen Regionen induziertes zusätz- liches Wachstum zu zusätzlicher Nachfrage auch in peripheren Regionen führt (van der Wee, 1989, S. 11; Peschel, 1989b, S. 21 f.).

Die Frage, wie stark diese Gegentendenz ist und wieweit sie eine vorausgegangene oder noch mitwirkende Divergenzneigung kompensieren kann, ist nicht zuverlässig zu beantworten. Dazu muß die Stärke von Agglomerationsvorteilen, der jeweilige Vorsprung einer Region im Entwik- keln und Anwenden neuer Techniken usf. berücksichtigt werden. Nicht zu vergessen sind dabei eingebaute Mechanismen der politischen Willensbildung des Zentralstaates, der, eingehend auf den jeweils regional nachgewiesenen Bedarf, Finanzierungsentscheidungen oft zugunsten der Verdichtungsgebiete und damit einer impliziten Agglomerationssubvention trifft. So läßt sich in Mitgliedsländern der EG beobachten, daß insbesondere Entscheidungen über große Verkehrsin- frastrukturinvestitionen immer wieder zugunsten der Ballungsgebiete getroffen werden (Hamm, 1989). Dies trifft sowohl für den Individualverkehr als auch für den schienengebundenen Verkehr zu.

Ähnlich schwierig ist die Frage zu beantworten, welche unter den peripheren Regionen besonders profitieren und ob zu erwarten ist, daß einige von ihnen trotz globalen Wachstumsschubs absolut verlieren, was die Akzeptanz des Binnenmarktes langfristig gefährden kann. Zu den Chancen einzelner dieser Regionen kann man nun mit Sicherheit nicht mehr nur ihre bisherige sektorale Struktur als Hilfsgröße heranziehen. Hier werden - neben den zuvor besprochenen Auswirkungen spezieller Maßnahmen (s. oben A I) - harte Standortfaktoren wie die gewachsene oder geschrumpfte relative Entfernung zu den Wirtschaftszentren, vor allem aber auch weiche Standortfaktoren bis hin zum Wirtschaftsklima darüber in erheblichem Maße mitentscheiden, wie die Position im Wettbewerb vergleichbarer Regionen aussieht. Es ist dann denkbar, aber bei genügend hohem Schub des Wachstums insgesamt vielleicht nicht wahrscheinlich, daß in einigen Regionen reales Einkommen und Lebensstandard zurückgehen, insbesondere wenn Kapital und höher qualifizierte Arbeitskräfte aus diesen Regionen abwandern. Eine solche Entwicklung würde zu verständlicher Ablehnung des Binnenmarktes führen, und dies gilt insbesondere, wenn ein Mitgliedsland im ganzen, etwa Irland, Portugal oder Griechenland, so betroffen wäre, was aber kaum zu befürchten sein dürfte (s. unten II b).

Als Indikator für die Auffangfähigkeit von Regionen für diese langfristigen Binnenmarkteffekte ist die bisherige wirtschaftliche Aktivität also weniger gut geeignet als für die kurzfristigen Wirkungen. Immerhin wird man sie, etwa in der Form von regionalen Wachstumsraten oder kombinierten Werten für vergangene Leistungsfähigkeit, als Ausgangspunkt nehmen. Es müssen dann aber relativ freie, vielleicht auch auf Aussagen international aktiver Unternehmen gestützte Aussagen darüber getroffen werden, in welcher Region oder auch in welchem Mitgliedsland die Anpassungsbereitschaft der Unternehmer, die Arbeitsmoral der Beschäftigten und die Unterstützungsbereitschaft der politisch Verantwortlichen in Zukunft Entwicklungschancen versprechen oder verbauen. Solche regionalen Unterschiede in der Auffangbereitschaft, nicht zuletzt auch für ausländische Investoren, werden sich nämlich mit dem durch den Binnenmarkt verstärkten Wettbewerb drastisch stärker auswirken als bisher.

b.   Welche Regionen der EG sind betroffen?

- Verdichtungsregionen

Es scheint ein gewisser Konsens zu bestehen, daß zumindest auf mittlere Frist und unter Einschluß in den nächsten Jahren getroffener Standortentscheidungen es die zentralen, jetzt schon wachstumsstarken und hochverdichteten Regionen der EG sein werden, die in besonderem Maße vom Binnenmarkt 1992 profitieren. Dafür spricht zunächst einmal ihre bisherige wirtschaftliche Leistungsfähigkeit. Hinzu tritt aber der - oft übersehene - Tatbestand, daß sie durch Wegfall der Grenzen ihre Zentrallage insofern noch verstärken, als diese bisher durch die hier besonders zahlreichen Grenzen aufgespalten und geschwächt war.

Die Bedeutung dieser Einflußgröße kann man sich vor Augen führen, wenn man um Bonn (als Tagungsort der Wissenschaftlichen Plenarsitzung 1989) einen Kreis von 200 km Radius Luftlinie schlägt, beobachtet, wieviele Kilometer Grenze hierin entfallen (etwa je 100 qkm gerechnet) und dann überlegt, wie gering diese Beziehungszahl im Durchschnitt aller EG-Regionen ausfiele. Die Aufhebung der Zerschneidungseffekte hilft dem EG-Zentrum eben sehr viel mehr als der Peripherie.

Soweit sich übersehen läßt, werden geographisch zwei längere Verdichtungszonen im Kernbereich der EG als mögliche Gewinner genannt (Abb. 1)[10]. Auf diese Regionengruppe stößt man ohnehin, wenn man nach den Chancen für weiterhin hohen Wohlstand in Europa fragt, auch ohne daß der Binnenmarkt realisiert wäre (Lange, 1989c, S. 5). Auch Abb. 1 entstammt einer Studie (Brunet, 1989), in der die allgemeinen Entwicklungschancen der europäischen Agglomerationen erörtert werden, ohne speziell auf den Binnenmarkt einzugehen, und ebenso sind im synthetischen Index der EG-Kommission in diesem Bereich besonders viele derzeit gut strukturierte Regionen zu finden (EG-Kommission, 1987, S. 22).

Mit Blick auf die regionalen Effekte des Binnenmarktes wurde hierauf später zurückgegriffen und die eine Regionengruppe als "Banane" von London über Amsterdam und Frankfurt nach Mailand interpretiert ("La banane bleue" nach Alia, 1989, S. 75). Sie umfaßt im übrigen außer EG-Regionen auch die gesamte Schweiz und Teile Österreichs. Diese "Megalopolis" (Abb. 1) umfaßt das "alte Herz" im Norden, und ein besonders dynamischer Teil wird im Dreieck München-Stuttgart-Zürich gesehen (Brunet, 1989, S. 78).

Daneben wird zunehmend eine zweite Regionengruppe genannt, die sich nur sehr begrenzt mit der ersten überschneidet: ein europäischer "Sunbelt" oder "der Norden des Südens" in Abb. 1. Er reicht vom westlichen Spanien über das südliche Frankreich bis zur Adria und wird ebenfalls als Gewinner des Binnenmarktes angesehen (Alia, 1989, S. 75; Keeble, 1989b, S. 6; Steiner, 1989, S. 9). Im synthetischen Index der EG ist Spanien hiervon bisher ausgenommen, und auch in Südfrankreich zeigen sich dort zum Teil eher mittelgut strukturierte Regionen. Dies liegt vielleicht daran, daß einige der verwendeten Indikatoren wenig Zukunftsorientierung haben. Man muß hierzu wohl unternehmerische Erwartungen hoch gewichten, die, ähnlich wie vor einiger Zeit in den USA, einen Trend in solche Regionen erwarten lassen, die zum einen von den "harten" Standortfaktoren her zufriedenstellend sind, zum anderen aber auch den persönlichen Präferenzen der Manager und höher qualifizierten Mitarbeiter entgegenkommen. Wenn es zutrifft, daß bei der Entscheidung für den Arbeitsplatz die Freizeitwerte der Zielregion das größte Gewicht haben, noch vor dem beruflichen Aufstieg und dem höheren Einkommen (Opaschowski, 1989, S. 36 ff.; ähnlich Keeble, 1989c, S. 165; Steiner, 1989), so können diese Präferenzen speziell dort durchschlagen, wo harte Standortfaktoren fast ubiquitär oder daher als nicht so entscheidungsrelevant anzusehen sind, also gerade in einigen besonders wachstumsintensiven Wirtschaftszweigen mit hohem Input an Personalqualität (Keeble, Kelly, 1986, S. 80, nach Keeble, 1989c, S. 158; Thompson, 1989). Die Berücksichtigung dieser persönlichen Präferenzen ist dann auch betriebswirtschaftlich geboten, denn gerade in den wachstumsintensiven Wirtschaftsbereichen ist der Faktor "hochqualifizierte Arbeitskraft" oft der bedeutendste Produktionsfaktor und entsprechend mit seinen Erfordernissen besonders zu berücksichtigen. Verständlich ist, daß solche Präferenzen aus dem hohen Norden der EG besonders artikuliert werden[11], doch auch die seit langem bestehenden regionalen Präferenzen der Deutschen für den südlichen Teil Deutschlands (Zimmermann u.a., 1973, S. 87 ff.) weisen darauf hin, daß auch deutsche Unternehmer und qualifizierte Arbeitnehmer einem solchen Trend in Richtung Sonne und Süden folgen könnten.

Das Ergebnis würde so aussehen, daß die tatsächlichen Gewinner auf mittlere Frist in einem zweifach geschwungenen Entwicklungsband zu finden wären, das durch Norditalien verbunden ist. Im Vergleich dieser beiden Zonen wird man sicherlich der älteren (von London bis Mailand) kurz- bis mittelfristig die größeren Chancen für hohe Wachstumseffekte des Binnenmarktes

Tissus de villes

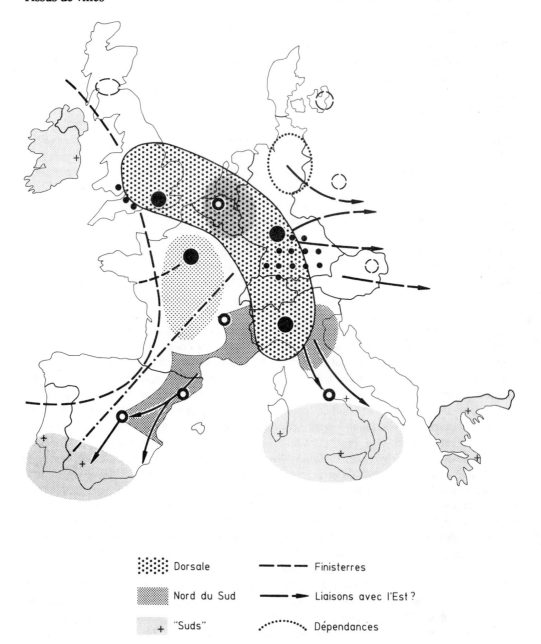

Dorsale	Finisterres
Nord du Sud	Liaisons avec l'Est?
"Suds"	Dépendances
Lacune	Assimilés

Quelle: RECLUS, 1989

geben, aber längerfristig kann aus dem "Sonnengürtel" eine ernsthafte Konkurrenz erwachsen.

Innerhalb des älteren Gürtels können die altindustrialisierten Räume, wenn sie nicht zur Umstellung bereit sind, allerdings deutlich verlieren (vgl. Peschel, 1989b, S. 21). Stellen sie sich um, haben sie, wie etwa das Ruhrgebiet, zahlreiche Vorteile aus der zentralen Lage. An verdichteten Räumen mit hoher Entwicklungsfähigkeit lägen einige außerhalb dieses Bereiches, insbesondere der Raum Paris, aber auch Hamburg, Kopenhagen, Berlin; von ihnen müßte sich der Raum Paris am ehesten, insbesondere über Verkehrsinfrastruktur, in die eine der beiden Zonen integrieren lassen, auch wenn die Gesamtregion aus französischer Sicht als "Lücke" gesehen wird (Abb. 1).

Die Stärke der jetzt schon sehr gut situierten Regionen wird sicherlich auch durch entsprechende Maßnahmen der Mitgliedsstaaten mit verursacht und im Prozeß des entstehenden Binnenmarktes weiter intensiviert. Mitgliedsländer mit großem Anteil an diesen Gebieten haben das Interesse und - aus ebendiesen Regionen - die Finanzmittel, um, auf die regionale Nachfrage nach öffentlichen Leistungen verweisend, etwa durch Infrastrukturinstitutionen diese Gebiete weiter zu stärken. Eine Gegentendenz könnte sich, wenn die EG hier nicht koordinierend wirken kann, nur aus einer mit erheblichen Kompetenzen und Finanzmitteln ausgestatteten europäischen Finanzausgleichs- und eventuell Regionalpolitik ergeben. Auf diese Aspekte wird im Schlußteil einzugehen sein.

- Periphere Regionen

Bei peripheren Regionen ist zweckmäßigerweise zwischen EG-weit peripheren gegenüber national peripheren Räumen zu unterscheiden (Maillat, 1989). Letztere können, wie am Beispiel der Bundesrepublik Deutschland zu zeigen sein wird, ihre Lage zum Teil verbessern (s. unten c). Für EG-periphere Räume kann sich die Situation zunächst oder auch dauerhaft verschärfen, weil sich EG-zentrale Räume, wie erwähnt, durch den Fortfall der Grenzen noch stärker integrieren und die EG-Peripherie damit, wenn man Raumüberwindungskosten zugrunde legt, relativ weiter entfernt liegt als zuvor. In Abb. 1 erscheint überwiegend der eigentliche Süden der EG als peripher, während nach Westen zum Meer die "finisterres" als "Ende des Festlands" eine unsichere Bewertung erfahren (Brunet, 1989, S. 78), und die "Verbindungen mit dem Osten" werden dort sicherlich zunehmend die Peripherie hinausschieben.

Ob die EG-peripheren Räume mitwachsen, hängt von ihrer relativen Standortgunst ab, die von zahlreichen Faktoren bestimmt wird. Genannt werden auch hier zunächst harte und weiche Standortfaktoren, also immer, auch ohne Binnenmarkt, geltende Einflußgrößen, sowie Lohn-, Sozial- und Umweltkosten. Unter der zusätzlichen Annahme, daß abhängig Beschäftigte in den Ländern der Süderweiterung weitgehend immobil bleiben, wird wegen der dann dort bestehenden Kostenvorteile, soweit sie erhalten bleiben, ein (längerfristiger) Gewinn dieser Länder aus dem Binnenmarkt erwartet (Peschel, 1989b, S. 17). Dazu müßten diese Regionen aber darauf achten, daß ihre Tariflöhne nicht über den Effizienzlohn steigen. Außerdem treten unter dem Aspekt von 1992 als zusätzliche Kosteneinflußgrößen auch Umwelt- und Sozialkosten hinzu, die in den peripheren Regionen insbesondere der neuen südlichen Mitgliedsländer deutlich niedriger liegen als im Durchschnitt der EG. Mit Blick auf die wünschenswerte gleiche Lebenssituation für alle Menschen würde man vielleicht die sofortige Harmonisierung aller hierfür relevanten Normen auf dem höchsten in einem Mitgliedsland vorfindbaren Niveau verlangen. Damit verlören aber diese Regionen, die meist durch niedrigere Produktivität gekennzeichnet sind, einen Teil ihrer Wettbewerbsfähigkeit[12]), und ähnliches gilt im Falle EG-weit gleicher Löhne. Ohnehin sind auch die Kosten dort zum Teil niedriger, die Umweltkosten beispielsweise, wenn in dünn besiedelten Gebieten die Assimilationskapazität der Umwelt vergleichsweise größer ist, und mit Blick auf den Lohnbereich auch die Lebenshaltungskosten.

Insgesamt können schwach strukturierte Regionen in der Regel nur dann exportieren, wenn ihre Kostensituation vergleichsweise günstiger ist. Daraus folgt auf mittlere Frist eine Gratwanderung zwischen zwei denkbaren Extremen: einerseits dem Festschreiben niedriger Lohnsätze sowie Sozial- und Umweltnormen zum Zwecke der günstigen Angebotssituation, andererseits der zu schnellen Anpassung dieser Normen, ehe die Produktivität und damit die Exportfähigkeit entsprechend gestiegen ist.

Langfristig wird die Position dieser Regionen auch vom Verhalten ausländischer Investoren, sei es aus dem EG-Nachbarland oder aus Japan und den USA, mit abhängen (was im übrigen auch für Verdichtungsgebiete gilt). Die Ansiedlungserfolge in Portugal und Spanien, aber auch in Wales und Schottland (s. etwa Keeble, 1989a, S. 5), die zum Teil schon die vorweggenommenen Binnenmarkteffekte widerspiegeln, zeigen, daß diese Regionen durchaus erhebliche ausländische Neuinvestitionen an sich ziehen können, und gerade diese ausländischen Investitionen sind ein guter Test für Standortgunst.

c. Auswirkungen auf die Regionen in der Bundesrepublik Deutschland

- Wirkungen der ersten Phase

Welche der für die Regionen allgemein (a) und speziell die Räume der EG (b) gezogenen Schlüsse lassen sich nun auf die Regionsstruktur der Bundesrepublik Deutschland übertragen? Die Frage soll zunächst für die Effekte der ersten Phase gestellt werden, also für die Auswirkungen der Deregulierung und Grenzöffnung, noch ohne Standortentscheidung. Für die Bundesrepublik ist kennzeichnend, daß ein Großteil der bisherigen Grenzgebiete (entlang der Grenzen zu den Benelux-Staaten und zu Frankreich) bei Wegfall der Grenzen EG-zentral werden. Die Gebiete im Zonenrandbereich wären hingegen weiterhin peripher geblieben, wenn nicht inzwischen die Öffnung nach Osten erfolgt wäre.

Betrachtet man die Grenzöffnungseffekte, so lassen sich zahlreiche Indikatoren denken, die jeweils eine andere Facette des gesamten Anpassungsverhaltens widerspiegeln. Aus ihnen scheinen, abgesehen von Indikatoren, die unmittelbare Grenznähe widerspiegeln (Maillat, 1989; Cornett, 1989), die Indikatoren über die bisherige Exporttätigkeit besonders interessant zu sein, wenn man davon ausgeht, daß die Grenzöffnung kurzfristig zunächst die bisherigen grenzüberschreitenden Aktivitäten verstärkt. Hohe Exportquoten können als Ausdruck für "openness" einer Region angesehen werden (Oosterhaven, 1989, Abb. 1.1; Benvenuti u.a., 1989, S. 8). Eigentlich müßte man wegen der Importgefährdung der Regionen Werte für "Export und Import" wählen, aber die Importe je Region der Bundesrepublik werden statistisch nicht gesondert ausgewiesen. Im Maße allerdings, wie Export und Import invers korreliert sind, bildet der Export beides ab (zur besonderen Bedeutung der Exporte als Indikator für die Binnenmarkteffekte vgl. auch Benvenuti u.a., 1989).

Für die Bundesrepublik Deutschland insgesamt kann aufgrund der hohen Exportquote ein positiver Gesamteffekt des Binnenmarktes erwartet werden. Unterteilt man die Regionen in der Bundesrepublik nach Regionstypen, so ergibt sich ein differenzierteres Bild. In Tabelle 1 wurden die Regionstypen der Bundesrepublik Deutschland nach einem kombinierten Indikator für den Exportanteil und die Exportentwicklung wiedergegeben[13]). Es zeigt sich, daß die "ländlich negativ" eingestuften Regionen bei diesem Indikator besonders ungünstig dastehen, daß aber die als "verdichtet positiv" klassifizierten Regionen keineswegs den höchsten Wert auf dieser Skala aufweisen, sondern diesen nehmen die "verdichtet gefährdet" bezeichneten Regionen und fast gleichauf der "Mischtyp indifferent" ein. Das Ergebnis wird vielleicht dadurch mitbestimmt, daß schon die zugrundeliegende Gruppierung der Regionen nach ihrer Wettbewerbsfähigkeit (in der Vorspalte) Indikatoren enthält, die eher die langfristige Auffangfähigkeit betonen (z.B. Forschungspersonalanteil, zahlreiche Entwicklungs- statt Bestandsindikatoren; vgl. Sinz, Steinle, 1989, S. 12). Dann erscheinen Regionen wie Düsseldorf oder Frankfurt, die man als sehr positiv einschätzen würde, eher schwächer (ebenda, S. 13), weil auf ihrem sehr hohen Niveau die Zuwachsraten nicht mehr so hoch ausfallen. Dennoch würde man sie sicherlich als auf 1992 gut vorbereitet ansehen, und zwar kurz- wie langfristig.

Tab. 1: Einstufung der Regionen der Bundesrepublik Deutschland nach dem Exportanteil und seiner Entwicklung

Regionstyp[1])	Export-anteil[2]) 1986	Export-entwicklung[2]) 1986 gegen-über 1982	Export insgesamt[3])
Ländlich negativ	-0,681	-0,666	-0,674
Mischtyp indifferent	0,290	0,093	0,192
Ländlich positiv	-0,234	0,510	0,138
Verdichtet negativ	0,283	-1,164	-0,441
Verdichtet "gefährdet"	0,235	0,647	0,206
Verdichtet positiv	0,623	-0,359	0,132

1) Gruppierung der 88 Raumordnungsregionen nach zahlreichen "Regionalindikatoren zur Messung der Wettbewerbsfähigkeit" mit Hilfe der Cluster-Analyse.
2) Die Werte sind standardisiert, d.h. der arithmetische Mittelwert ist gleich Null, die Standardabweichung ist gleich 1.
3) Ungewichtetes arithmetisches Mittel der beiden ersten Spalten.
Quelle: Auszug aus Sinz, Steinle, 1989, S. 15; letzte Spalte Berechnung des Verfassers:

- Wirkungen der späteren Phase

Wenn die zuvor dargestellten, wegen ihres Zukunftsbezuges notwendigerweise spekulativen Folgerungen zutreffen (Teil A II a), so wäre das Ergebnis für die Bundesrepublik Deutschland nicht nur kurzfristig, sondern auch langfristig sehr vorteilhaft. Der westliche und südwestliche Teil der Bundesrepublik läge inmitten der mittelfristig wachstumsträchtigsten Region des Binnenmarktes. Das dürfte sich auch vorteilhaft auf die Chancen einiger der noch strukturschwachen Teilregionen dieses Ausschnitts der Bundesrepublik wie etwa Ruhrgebiet und Saarland oder Emsland und Teile der Pfalz auswirken. Es ist auch zu vermuten, daß der Großraum München durch seine gute Anbindung an Oberitalien und damit einen möglichen "Sunbelt" seinen

Wachstumstrend ungebrochen fortsetzen oder sogar erhöhen kann (zu den positiven Effekten auf Bayern s. auch Ifo, 1989).

Probleme könnten sich, wenn man nur den Binnenmarkt 1992 betrachtet, eigentlich erst in den ländlichen Gebieten Niedersachsens, Schleswig-Holsteins und im übrigen Zonenrandgebiet ergeben, und offen ist die Position von Hamburg, Bremen und Hannover[14]). Für sie besteht aber zum einen die Möglichkeit, daß der allgemeine Wachstumsschub für die Bundesrepublik Deutschland, der aus den westlichen und südlichen Regionen unter dem Einfluß des Binnenmarktes zusätzlich zu erwarten ist, langfristig so deutliche Überschwappeffekte auf die ja ohnehin nicht so stark abfallenden übrigen deutschen Regionen ausübt, daß keine zusätzlichen Regionalprobleme auftreten. Zum anderen wirkt sich auf die meisten von ihnen die Öffnung zur DDR und zu anderen Ostblockstaaten positiv aus (Manager Magazin, 1990).

Als Indikatoren für diese langfristigen Effekte würden Außenhandelsgrößen allein genommen zu kurz greifen. Allerdings sind auch Sektorstudien nicht ausreichend, obwohl hier zahlreiche Ergebnisse vorliegen, denn die umfangreicheren, insbesondere auch deutschen Studien zum Binnenmarkt 1992 untersuchen die Auswirkung auf Wirtschaftsbereiche (Cecchini, 1988; EG-Kommission, 1988; Gürtler, Nerb, 1988; Busch, 1988; Westdeutsche Landesbank, 1988; RWI, 1988). Diese Betrachtung ist noch am ehesten angemessen, wenn nur der regionale Effekt für eine Region, z.B. ein Bundesland, abgeschätzt werden soll (RWI, 1988; Koch, 1989; Ifo, 1989), denn hier sind in den sektoralen Ausgangswerten für die Region die Standorteffekte der Region bereits eingeschlossen.

Am ehesten eignen sich dann wohl auf der Basis einer theoriegeleiteten Auswahl zusammengestellte Indikatoren dazu, die regionale Auffangfähigkeit für kurzfristige Binnenmarkteffekte abzubilden. Sinz und Steinle kommen mittels eines solchen Verfahrens zu einem durchaus plausiblen Ergebnis, was deutsche Regionen betrifft (1989, S. 18-21; zu ähnlichen Ergebnissen kommt Empirica, 1989, wo wohl ähnliche Materialien und Verfahren zugrunde lagen). Sie stellen fest, daß zahlreiche sektoral stark betroffene Regionen auch unterdurchschnittlich wettbewerbsfähig sind, insbesondere altindustrialisierte Räume. Stark betroffene Regionen mit hoher Wettbewerbsfähigkeit, insbesondere im Süden, würden die Anpassungen hingegen leicht verkraften.

Insgesamt dürfte die Bundesrepublik wegen ihrer EG-zentralen Lage und ihres hohen Ausgangsniveaus vom Binnenmarkt erhebliche Vorteile haben[15]). Im ersten Schub würden sicherlich die Verdichtungsräume im Westen und Süden profitieren. Dabei würden Ruhr und Saar einen noch höheren EG-weiten Lagevorteil aufweisen, als sie bisher schon hatten, so daß es an ihrer Umstrukturierungsfähigkeit liegt, ob sie am ''trésor de la banane bleue'', dem ''Schatz'' der blauen Banane (Alia, 1989), teilnehmen, denn immerhin erfaßt die Außenkrümmung dieser ''Banane'' das gesamte Ruhrgebiet, und das Saargebiet bildet überhaupt fast ihren Schwerpunkt. Die ländlich-peripheren Regionen der Bundesrepublik liegen zwar zum Teil an EG-Außengrenzen, so daß hier Grenzeffekte bleiben (Maillat, 1989), aber EG-peripher im Maße wie Irland, Spanien, Süditalien oder Griechenland sind sie bei weitem nicht, zumal nach Norden Dänemark anschließt.

Eigentlich bleibt im wesentlichen das überwiegende Zonenrandgebiet als Region, auf dessen Entwicklung auch unter dem Effekt von 1992 weiteres Augenmerk zu richten wäre. Wenn allerdings die Abschließungseffekte zur DDR (und vielleicht zur Tschechoslowakei) sich deutlich reduzieren oder auflösen, was nach den neueren Entwicklungen zu erwarten ist, würden diese Einflüsse, die in Abb. 1 durch Pfeile gekennzeichnet sind (aus Brunet, 1989, S. 79), die Situation dort zusätzlich verbessern. Insgesamt gesehen wäre eine absolute Verschlechterung bei dieser vergleichsweise noch EG-zentralen Lage ohnehin nicht zu erwarten gewesen, und es war nicht einmal sicher, ob eine relative Verschlechterung durch den Wachstumseffekt im Westen und Süden der Bundesrepublik eingetreten wäre. Wenn sich aber der Schwerpunkt der EG durch die Öffnung nach Osten insgesamt östlich verschiebt, das Zentrum der Bundesrepublik also im Zentrum der mitteleuropäischen Entwicklung zu liegen kommt (Manager Magazin, 1980, S. 207), so würden gerade die bisher im Osten gelegenen peripheren Räume der Bundesrepublik hiervon im Vergleich zur bisherigen Situation besonders profitieren.

III. Bewertung der Ergebnisse zu den regionalen Effekten

Wenn es zutrifft, daß die heutigen "modernen" Verdichtungsgebiete an der Spitze der Auffangeffekte des Binnenmarktes stehen und die ländlich-peripheren Regionen, insbesondere wenn sie zur EG als Ganzes peripher sind, am Ende stehen, so entspricht dies sicherlich nicht den regionalpolitischen Zielen, wie sie von der EG, aber auch innerhalb der Bundesrepublik Deutschland von der Bundesregierung und den Bundesländern verfolgt werden. Je nach dem Grad der Besorgnis wird daraus ein zusätzlicher Ausgleichsbedarf abgeleitet werden. Er ist sicherlich um so stärker, je mehr wichtige Politikbereiche die skizzierte Entwicklung unterstützen, wofür der auf Ballungsgebiete zielende Ausbau von Schnellstrecken und Telekommunikation als Beispiel genannt wurde (s. auch unten C).

Übergreifend kann man sich aber auch fragen, ob die Effekte neuartiger Art sind oder nur quantitativ verstärkt auftreten. Zunächst ist der "Binnenmarkt 1992" nicht konzeptionell neu (Glaesner, 1986, S. 37 f.), sondern war in sogar stärkerer Form schon 1958 vorgedacht (Peschel, 1989b; van der Wee, 1989). Aber auch bezogen auf die absehbaren Effekte wird oft übersehen, daß insbesondere für das warenproduzierende Gewerbe der Binnenmarkt nichts grundsätzlich Neues bringt, sofern nicht einige Deregulierungen stark wirken. Jedes Unternehmen innerhalb der EG konnte bisher schon in jedes EG-Land ohne Zoll exportieren. Es würden nur durch den Fortfall der verschiedensten Hemmnisse (Grenzkontrollen, administrativer Protektionismus an der Grenze, weitgehend nur nationale Vergabe öffentlicher Aufträge usf.) die bisherigen Möglichkeiten intensiviert. Der Binnenmarkt bringt also, bildlich gesprochen, nicht den "big bang" für Europa, aber doch einen gehörigen Knall in einigen Sektoren und Regionen.

Unter raumstrukturellen Aspekten ist schließlich zu beachten, daß die vermutete verstärkte Wirkung in zentral gelegenen Verdichtungsgebieten gleichzeitig bedeutet, daß Wirkungen auf wichtige Politikbereiche ausgehen. Als Beispiel können hier die prognostizierten zunehmenden Verkehrsbewegungen in zentralen und vom Transit genutzten Regionen der EG genannt werden (Aberle, 1988), die erhebliche Umwelteffekte mit sich bringen, zu zusätzlichen Verkehrsinvestitionen anregen werden usf. Wieweit daraus eine Gegensteuerung, etwa seitens der EG, erfolgen sollte, wird im übernächsten Abschnitt behandelt.

Zuvor jedoch wird eine Betrachtung darüber eingeschoben, welche der Ebenen von Akteuren in dem - aus Sicht der Bundesrepublik Deutschland vierstufigen - föderativen System der EG vermutlich im Laufe der Zeit stärker werden dürfte, denn dort müßte ein solcher Handlungsbedarf befriedigt werden.

B.   Gewichtsverlagerungen im föderativen Aufbau?

I.   Herausbildung des Vier-Ebenen-Systems

Die EG bildet sich als vierte Ebene eines europäischen föderativen Systems heraus. Zwar befindet sie sich sicherlich, wie noch zu Zeiten des McDougall-Berichts, in einer präföderalen Phase (EG-Kommission, 1977), doch ist ihr Bedeutungsgewinn über die Jahre unübersehbar. Er betrifft derzeit insbesondere nicht so ausgabenintensive Aufgabenbereiche, wie die Beispiele der Wettbewerbspolitik, der Umweltverträglichkeitsprüfung, der Bilanzrichtlinien, der Regulierungen im Bereich der Verkehrspolitik oder auch die administrative Beeinflussung der deutschen Regionalpolitik zeigen. Entsprechend ist das Gewicht der EG, wenn man es in finanzwirtschaftlichen Größen, wie sie oft bei der Charakterisierung föderativer Systeme herangezogen werden, ausdrückt, noch wenig bedeutend. Die intensive Diskussion um Umfang und Effizienz des europäischen Budgets steht in einem gewissen Mißverhältnis zu dem Tatbestand, daß die EG weniger als 1% des EG-BIP 1989 ausmachte (siehe Tabelle 2). Hingegen nimmt in der Bundesrepublik Deutschland der Bund allein 13% des BSP der Bundesrepublik im gleichen Jahr in Anspruch, und wenn man davon ausgeht, daß die Bundesländer einen Teil der Aufgaben wahrnehmen, die in einem unitarischen Staat der Zentralgewalt übertragen sind, so wäre der Anteil des Zentralstaats am deutschen BIP entsprechend noch höher anzusetzen.

Ein weiterer Bedeutungsgewinn der EG ist sowohl in den ausgabenintensiven als auch in den nicht über das Budget laufenden Aufgabenbereichen zu erwarten. Dabei stellt sich die Frage, welche der staatlichen Ebenen unterhalb der EG Aufgaben und Ausgabenanteile abgeben wird, wenn man einmal davon ausgeht, daß durch den engeren Zusammenschluß keine neuen Aufgaben generiert werden. Zu den Aufgaben, die zwischen EG und Mitgliedsland (und dessen unteren Ebenen) aufgeteilt und strittig sind, gehören zweifellos die verschiedenen Ausprägungen regionsbezogener Politik. An die Frage, welcher Ebene diese spezielle Aufgabe zufallen sollte, könnte man mit dem Kalkül der ökomomischen Theorie des Föderalismus herangehen. Voraussetzung wäre allerdings, daß die EG bereits als eine annähernd ausgereifte Zentralebene angesehen werden könnte. Dann würde man von einem Drei-Ebenen-System sprechen, das zwischen EG- und Gemeindeebene nur noch eine weitere Gebietskörperschaftsebene enthielte, denn echte Vier-Ebenen-Systeme auf Dauer sind in der Wirklichkeit kaum anzutreffen und würden wohl auch die Kosten des Föderalismus im Vergleich zu seinen Vorteilen stark ansteigen lassen. Nun mag es sein, daß sich in einem halben oder gar ganzen Jahrhundert eine solche Tendenz abzeichnet, aber derzeit ist die EG-Ebene noch unvergleichlich viel schwächer als in anderen föderativ aufgebauten Staaten und weist einen höchst eigenartigen Aufgabenbestand auf (71% Agrarausgaben an den Gesamtausgaben, s. Tab. 2). Folglich kann man die üblichen Denkansätze (Aufgaben mit dem weitesten Nutzenkreis an die oberste Ebene geben o.ä.) nicht unbesehen anwenden. Daher wird im folgenden auch nicht von der Stellung der regionsbezogenen Politik in einer rationalen vertikalen Aufgabenverteilung her argumentiert. Vielmehr wird hier davon ausgegangen, daß sich diese konkrete Frage in der EG langfristig vor dem Hintergrund der grundsätzlicheren Problematik beantworten wird, welche der Ebenen einen Bedeutungsgewinn bzw. -verlust erfahren wird, d.h. ihre Beantwortung hängt davon ab, wohin sich vermutlich das politische Kräfteverhältnis verschiebt.

Tab. 2: Finanzwirtschaftliche Bedeutung der vier Ebenen[a],
am Beispiel der Bundesrepublik Deutschland

Ebene	Finanzströme
EG 1989	Ausgabenvolumen 92,7 Mrd. DM[1] = 0,8% des EG-BIP 1989[2] Größter Ausgabenposten: Agrarbereich 71% Größte Steuer: Mehrwertsteuereigenmittel 59%
Bund 1989	Ausgabenvolumen 291,3 Mrd. DM[3] = 13,1% des BSP 1989[4] Größter Ausgabenposten: Soziale Sicherung 34% Größte Steuer: Anteil Einkommen- und Körperschaftsteuern 43%
Bundesländer 1987	Ausgabenvolumen 263,1 Mrd. DM[5] =13,0% des BSP 1987[4] Größter Ausgabenposten: Schulen, Hochschulen 24% Größte Steuer: Anteil Einkommen- und Körperschaftsteuern 41%
Gemeinden 1987	Ausgabenvolumen 178,1 Mrd. DM[6] = 8,8% des BSP 1987[4] Größter Ausgabenposten: Gesundheit, Sport, Erholung 15% Größte Steuer: Anteil Einkommensteuer 17%

[a] Nicht um Zahlungen zwischen Ebenen bereinigt. - Einzelne Ausgaben- und Einnahmenposten als Anteil am Haushaltsvolumen der jeweiligen Ebene.
1) Finanzbericht 1990, Bonn 1989, S. 131 (Soll 1989), 1 ECU = 3,06618 DM.
2) EG-BIP: Kommission der Europäischen Gemeinschaften, Europäische Wirtschaft, Nr. 38, Nov. 1988, S. 150 (Schätzung).
3) Finanzbericht 1990, a.a.O., S. 144 f., Ausgaben ohne besondere Finanzierungsvorgänge, ohne EG-Anteil, ERP, LAF und Sozialversicherungen (Soll 1989).
4) Ebenda, S. 72, Bruttosozialprodukt 1989 für die Bundesrepublik Deutschland 2227 Mrd. DM (Schätzung).
5) Ebenda, S. 77, Ausgaben ohne besondere Finanzierungsvorgänge (Ergebnisse der Vierteljahresstatistik).
6) Ebenda, S. 79.

Quelle: Zusammengestellt aus Zimmermann, Henke, 1987 (diese neuen Zahlen erscheinen in der 6. Aufl. 1990).

II. Zwei Hypothesen zur Kräfteverschiebung zwischen Bund und Ländern unter EG-Einfluß

Zur langfristigen Verschiebung des Kräfteverhältnisses zwischen Bund und Ländern unter dem Eindruck einer erstarkenden EG gibt es im wesentlichen zwei Hypothesen. Die eine geht von einer Einengung des Bundes durch Aktivitäten der Bundesländer aus, die andere von einem relativen Zurücktreten der Länder hinter einen im EG-Bereich agierenden Bund.

a. Einengung des Bundes

Unter dem Eindruck der Erfolge, den die Bundesländer bei den Beratungen zum Ratifizierungsgesetz zur Einheitlichen Europäischen Akte erzielt hatten[16], wird von vielen Seiten die Meinung geäußert, daß der Bund in Zukunft unter dem Druck der EG von oben und der Mitspracherechte der Bundesländer von unten einen erheblichen Kompetenzverlust erleiden könnte und daß die Länder vermutlich als Gewinner aus diesem vertikalen Verteilungskampf hervorgehen könnten (so etwa Wessels, 1986; Hellwig, 1987; Späth 1988; Scharpf, 1988). Man könnte sie die "Sandwich"-These nennen, weil der Bund eingeklemmt zwischen einer stärker werdenden EG und den mit erheblichen Einwirkungsrechten versehenen Ländern ganz überwiegend derjenige ist, von dem Kompetenzen nach Brüssel abwandern[17].

Das erste Element dieser Hypothese läßt sich kaum bestreiten: Die EG soll in der Zukunft stärker werden und wird dies im Laufe der Zeit auch tun[18]. Sofern die Zunahme nicht zu einer Ausweitung des Aufgabenbestandes der öffentlichen Hand insgesamt (EG-weit definiert) oder zu einer Ausweitung des Staatsanteils (ebenfalls EG-weit gesehen) führt, muß dieser Funktionszuwachs auf Kosten der Funktionen darunter liegender föderativer Ebenen gehen.

Für das zweite Element, den von den Ländern ausgeübten Druck, werden zahlreiche Argumente angeführt. Zwar können die Länder von oben, d.h. über die EG direkt, nur begrenzt einwirken, da unbestritten ist, daß an den EG-Entscheidungen nur der Bund selbst direkt beteiligt ist (Hrbek, 1986 ; Hellwig, 1987, S. 300)[19]. Von unten jedoch sind zahlreiche Möglichkeiten gegeben, und einige von ihnen, wie die Institution des Länderbeobachters in Brüssel oder die Mitwirkung in Ausschüssen, bestanden schon länger (Borchmann, 1987, Teil II).

Einige weitere finden sich im Ratifizierungsgesetz zur Einheitlichen Europäischen Akte, nach dem die Bundesregierung bei länderrelevanten Entscheidungen die Stellungnahme der Länder berücksichtigen muß. Sie haben ihren Niederschlag auch in der Bundesrats-Geschäftsordnung gefunden (Vgl. Oschatz, Risse, 1989). Lediglich die vom Bundesrat geforderte Änderung des Art. 24 Abs. 1 GG mit dem Ziel einer Zustimmungsbedürftigkeit entsprechender Bundesgesetze ("zumindest, ...wenn es um Hoheitsrechte der Länder geht"; Stellungnahme des Bundesrates vom 16.5.1986, Teil C) wurde nicht durchgeführt; sie hätte zu einer sehr viel deutlicheren Verschiebung des Kräftegewichts in Europafragen hin zu den Bundesländern geführt. Allerdings werden entsprechende Vorstöße der Länder erneut zur Entscheidung in dieser Frage drängen (vgl. Entwurf, 1989). Eine Stärkung der Länderebene könnte langfristig auch dadurch erfolgen, daß unter dem Eindruck der EG eine Länderneugliederung stattfindet, um leistungs- und durchsetzungsfähigere Einheiten zu schaffen. Allerdings sind die Erfolgsaussichten nach den früheren Erfahrungen als gering einzuschätzen.

Ein weiterer Grund für einen Bedeutungszuwachs der Länder nach 1992 wird darin gesehen, daß wegen der Schwächung der jeweiligen Zentralgewalt in den Mitgliedsstaaten nunmehr die Regionen und in der Bundesrepublik Deutschland insbesondere die Bundesländer aufgerufen und durch die Entwicklung gezwungen seien, ihrerseits stärker für gute Standortbedingungen für einheimische Investitionen und Arbeitsplätze zu sorgen, da die Zentralstaaten als Akteure in dieser Hinsicht weniger leisten können (Späth, 1988; Scharpf, 1988). Dies tun in der Bundesrepublik Deutschland die Bundesländer bereits seit langem, so daß durch die Entwicklung im Verhältnis zwischen EG, Bund und Bundesländern hier allenfalls eine Verstärkung eintreten könnte.

Wenn diese Hypothese zuträfe, würde im übrigen der Bund in der Bundesrepublik stärker als die Zentralebene in anderen Mitgliedsländern geschwächt. Dort ist die regionale Ebene in der Regel schwach, hier hingegen ist der Bund ohnehin schon durch die Arbeitsteilung mit den Bundesländern im Aufgabenbestand reduziert. Wenn er jetzt noch von seinem Aufgabenbestand nach Brüssel abgibt und die Länder ihren Bestand weitgehend halten könnten, so wäre er fürwahr "eingeklemmt".

b. Einbußen beim Gewicht der Bundesländer

Eine ältere Hypothese zum Verhältnis zwischen Bund und Bundesländern unter dem Einfluß der EG-Entwicklung lautet, daß langfristig der Bund seine Machtposition weitgehend behält und die Länder relativ stark verlieren[20]), d.h. "die Existenz der EG beeinträchtigt das Gewicht der Länderebene erheblich und verschiebt die verfassungsrechtlich festgelegten Gewichte der verschiedenen Ebenen im innerstaatlichen Rahmen zuungunsten der Länder (und Gemeinden)" (Hrbek, 1979, S. 38, nach Borchmann, 1987, S. 587). Sie würde zu einer Art generalisierter Popitzscher These passen, daß auf Dauer eine Tendenz zur Zentralisierung im Gefüge der Ebenen besteht, der man dann je nach den bestehenden Zielen entgegenzuwirken hätte oder auch nicht.

Für diese These spricht zunächst einmal, daß der Bund in Brüssel allein das Recht zum gesetzlich vorgesehenen Handeln hat (Hrbek, 1986). Der Bund ist also im Machtverhältnis zur EG die einzige konstitutionelle Ebene. Demgegenüber sind die Länder nur in der Bundesrepublik Deutschland als Ebene vertreten und letztlich durch ihre begrenzten Einwirkungsmöglichkeiten in Brüssel ungünstig gestellt.

Hinzu kommt, daß offensichtlich die EG direkt in Länderkompetenzen einwirken kann. Schon lange tut sie dies im Bereich der Regionalpolitik (auch außerhalb der "Gemeinschaftsaufgabe"), und das Erasmus-Urteil hat gezeigt, daß die Gemeinschaft unmittelbar im Bereich der Kulturhoheit der Länder tätig werden darf (Hochbaum, 1989). Nun kann man zwar in Situationen, in denen die Mehrheiten in Bundestag und Bundesrat gleich oder ähnlich sind, erwarten, daß der Bund in Brüssel in harter Weise vorstellig wird, ggf. auf eine Vertragsänderung dringt usw. Es ist aber fraglich, ob der gleiche Einsatz für die Belange der Länder zu erwarten ist, wenn diese Mehrheiten deutlich divergieren.

Schließlich ist zu bedenken, daß die Gemeinden im Vergleich zu den Bundesländern sicherlich stark bleiben werden. Sie sind auch in den anderen Mitgliedsstaaten existent, wenngleich konstitutionell wohl nirgendwo so stark verankert wie in der Bundesrepublik Deutschland

(Lange, 1989a). Überall jedoch sind sie demokratisch legitimierte Einheiten mit langer Tradition, entsprechend innerstaatlichen Einflußmöglichkeiten und damit auch der Chance, sich über das Mitgliedsland hinaus EG-weit im Laufe der Zeit zu organisieren[21]). Sie sind aus dem Blickwinkel einer breit gefächerten Mitgliedsländerstruktur in der EG die einzig sichtbare Komponente für einen föderativen Gehalt unterhalb der Ebene der Mitgliedsländer, was sich sicherlich auch in entsprechenden Urteilen des Europäischen Gerichtshofs über die Jahre auswirken dürfte. Ob den Bundesländern hingegen über die Zeit eine hochrangige Festschreibung im EG-System beschieden sein wird, erscheint als weniger sicher.

c. Wünschenswerte versus vermutliche Entwicklung im föderativen Aufbau der Bundesrepublik

- Eine wünschenswerte Entwicklung

Mein Wunsch lautet, daß die "Sandwich-These" begrenzt gültig sei. Daß ihr überhaupt eine Gültigkeit gewünscht wird, ist normativ aus der Wertschätzung des Föderalismus abgeleitet. Ein föderatives System mit mehreren Ebenen und zahlreichen Einheiten auf jeder Ebene bietet im öffentlichen Sektor ein dem Marktsystem analoges, verbessertes Suchverfahren für bessere Anpassung an die Präferenzen der Bürger, für technisch bessere Lösungen usf., wie dies in der ökonomischen Theorie des Föderalismus vielfach erörtert worden ist (zum Überblick vgl. Zimmermann, 1983). Am deutlichsten wird dies bei der Vorstellung, daß auf einer Ebene, z.B. in mehreren Bundesländern, eine drastische Über- oder Unterbetonung eines wichtigen Ziels erfolgt, beispielsweise (regional unterschieden) des Wachstumsziels. Dann können andere Einheiten der Ebene, im Beispiel also andere Bundesländer, eine andere Strategie einschlagen, und es wird sich dann an den Wanderungen von Unternehmen und Einwohnern zeigen, welche Zielgewichtung nach den Vorstellungen der regionalen Mehrheit der Bevölkerung angemessen war[22]). Aus zahlreichen Gründen erscheint also eine starke Ebene unterhalb der Zentralgewalt und oberhalb der Gemeinden als wünschenswert, und die "Sandwich-These" impliziert eben dies in dem Sinne, daß die Bundesländer stark bleiben und die eine Seite des Drucks ausüben.

Andererseits sollte sie nur begrenzt gültig sein. Das leitet sich daraus ab, daß der Bund in der Bundesrepublik Deutschland stark bleiben muß. Dies gilt zum einen extern im Verhältnis der Mitgliedsländer zueinander. Eine erweiterte EG ist in Gefahr, dem UNO-Effekt zu erliegen, wo durch die zahlreichen Stimmen ärmerer Mitgliedsländer Ausbeutungs-Koalitionen zustande kommen. Wenn dies in der EG geschieht und starke Umverteilungsmaßnahmen erzwungen werden, ehe die Solidaritätsgefühle entsprechend gewachsen sind, gefährdet dies langfristig den Bestand der EG. Ein Gewicht in diesem Kräftespiel auf EG-Ebene hat langfristig nur der Bund in seiner Rolle als Mitgliedsland. Zum anderen ist auch intern innerhalb der Bundesrepublik Deutschland eine nach wie vor starke Stellung des Bundes wünschenswert, da viele Aufgaben eine entsprechende Position des Bundes voraussetzen, sei es die Erhaltung eines befriedigenden Wachstums oder die Vermeidung unerwünschter Verteilungseffekte.

- Eine vermutliche Entwicklung

Zu befürchten ist indes, daß langfristig die zweite Hypothese zutrifft, daß also die Länder in ihrem Gewicht deutlich zurücktreten. Dafür sind nun weniger die derzeitigen rechtlichen

Regelungen im EG-Recht wichtig, sondern Vermutungen darüber, welche Ebene langfristig die größeren Wirkungsmöglichkeiten hat. Dabei kann man zwischen Wirkungsmöglichkeiten nach außen, also über die Bundesrepublik hinweg, und nach innen trennen.

Nach außen, im Vergleich der Mitgliedsländer, fällt auf, daß die Bundesrepublik Deutschland das einzige föderativ aufgebaute Mitgliedsland (Gerstenhauer, 1984, lt. Scharpf, 1988, S. 1) ist. Nirgendwo sonst in den Mitgliedsstaaten gibt es eine ihnen direkt vergleichbare Ebene von mittlere verfassungsrechtlich eigenständigen Gebietskörperschaften zwischen Zentralgewalt und Gemeindeebene. Es gibt gewisse Sonderrechte für einzelne Regionen (für Schottland und Wales in Großbritannien, für manche Regionen in Belgien und in Spanien und in gewissem Maße für Regionen in Frankreich und Italien; vgl. Hrbek, 1988, S. 130 f.), aber zur Ausbildung einer eigenständigen Ebene hat es in keinem Falle geführt. Diese ungewöhnliche Situation der Bundeslandsebene wird derzeit auf EG-Ebene noch verbal akzeptiert, ja sogar positiv akzentuiert[23]). Es ist aber doch mit Sicherheit zu erwarten, daß diese neuerliche deutsche Besonderheit langfristig störend, ja lästig wirkt. Wenn nach ''le Waldsterben'' und ähnlichen deutschen Sonderbegriffen nunmehr in Brüssel als neues Schlagwort ''la subsidiarité'' kursiert[24]), so ist dies ein Hinweis darauf, daß wiederum eine deutsche Spezialität auftaucht. Sie muß sogar langfristig notorisch erscheinen, denn im Gegensatz zum Waldsterben, das ein de facto überall auftretendes Phänomen war und in der Bundesrepublik nur früher wahrgenommen wurde, bleibt der Föderalismus eine deutsche Besonderheit, und wenn eine Ebene unterhalb des Mitgliedslandes sich über Kompetenzverlust beklagt, findet dies in straff unitarischen Ländern wie Frankreich und Großbritannien wenig Verständnis, in beiderlei Sinn von ''Begreifen'' und ''Einsehen''. Dort erhebt sich nur die Frage, wieviel London oder Paris an Brüssel abgibt, nicht was es auf Kosten einer nachgelagerten Ebene abgibt, die in dieser Form praktisch nicht existiert. Nicht zuletzt unter dieser Perspektive wäre wünschenswert, daß Österreich als föderatives Land bald aufgenommen wird, und es ist bedauerlich, daß die Schweiz, obwohl EG-zentral gelegen, Beitrittsvorstellungen so fern steht, denn sie würde mit ihrem stark föderativen Gehalt im Staatsaufbau ein gutes Gegengewicht zu unitarischen Staaten bilden.

Nach innen, also im Rahmen der Bundesrepublik Deutschland, darf man wohl vermuten, daß der Bund einen Bedeutungsgewinn verzeichnen wird, weil er eben der einzige Mitentscheider in der EG ist. Nur er kann dort ernstlich etwas durchsetzen, nur seine Aktivitäten in und gegenüber der EG sind politisch sichtbar, während die Bundesländer eher im Verborgenen der Mitwirkungsrechte tätig sind[25]) und überdies, weil sicherlich häufig uneins (vgl. Morawitz, 1988, S. 47 f.), bei vielen Bundesinitiativen als störend erscheinen[26]). Insbesondere bei einer Divergenz zwischen Bundesrats- und Bundestagsmehrheit wird der Bund nach außen schnell auf den Hemmschuh der Bundesländer verweisen, wenn wichtige Vorlagen in Brüssel nicht oder nicht zeitig genug mit einem deutschen Votum versehen werden können.

Faßt man diese Überlegungen zusammen, so scheint es mir, daß die vielen Besorgnisse über eine hoffnungslose ''Sandwich''-Position des Bundes zwischen erstarkender EG und stark bleibenden Bundesländern eher dem Rufen im dunklen Wald entsprechen: Man möchte als guter Föderalist nicht zugeben, daß die einzige Kraft in der Bundesrepublik Deutschland, die der EG im Sinne der dortigen neuen föderativen Zentralebene Paroli bieten kann und wird, der schon im nationalen Bereich so starke Bund sein könnte. Allerdings wird durchaus betont, daß der Ministerrat auf absehbare Zeit eine dominierende Funktion innehaben wird, ja daß die Kommission noch lange unter dessen ''Kuratel'' stehen dürfte (Scharpf, 1988, S. 23). Eben damit aber dürfte der Bund im Kräfteverhältnis innerhalb der Bundesrepublik Deutschland eine eher stärkere Position bekommen. Politische "issues" werden in Zukunft noch viel mehr als heute EG-"issues" sein, und hier wird Handlungserfordernis und Handlungskompetenz eben nur beim Bund gesehen, während die Länder allenfalls als bremsend erscheinen.

Diese Stellung des Bundes wird durch die Verhaltensweisen der anderen Mitgliedsländer eher noch gestärkt. In der Bundesrepublik denkt man ähnlich wie in den USA oder der Schweiz in Kategorien eines noch vergleichsweise schwachen Bundes, weil eine Länderebene besteht. In anderen Mitgliedsländern fehlt diese, und überdies wirkt in ihnen eine Art natürlicher und vielleicht unbewußter Nationalismus, der in der Bundesrepublik Deutschland aus den verschiedensten Gründen fehlt. Das bedeutet aber, daß diese Länder ihre nationalen Vorteile sehr viel weniger leicht aufgeben, als dies in der Bundesrepublik denkbar ist (vgl. Reißmüller, 1989). Eine Schwächung des Ministerrats und damit in der Bundesrepublik des Bundes ist daher nicht abzusehen. Dies gilt um so mehr, wenn man mögliche Erweiterungen der EG hinzunimmt (Türkei, Österreich; Ostblockländer?), denn dann werden die Divergenzen größer, und es verringern sich die Chancen für die Übertragung weiterer Kompetenzen vom Ministerrat an EG-Kommission bzw. EG-Parlament.

III. Zu den Chancen verschiedener regionalpolitischer 'issues' auf der EG-Ebene

Unter dieser Voraussetzung eines lange dominant bleibenden Ministerrats und eher geschwächter Bundesländer ist jetzt von Interesse abzuschätzen, welche regionalpolitischen "issues" auf EG-Ebene vermutlich Berücksichtigung finden. Man kann sie als Ergebnis unterschiedlicher Entscheidungskonstellationen im öffentlichen Sektor, in diesem Falle im Vier-Ebenen-System der EG, behandeln:

(1) Umverteilung von reichen zu armen Mitgliedsländern. - Wegen der größeren Heterogenität der erweiterten gegenüber der engeren EG, insbesondere gemessen am Pro-Kopf-Einkommen, ist damit zu rechnen, daß Ausbeutungskoalitionen zustande kommen. Wenn man das einzelne Mitgliedsland als Wähler im Sinne der direkten Demokratie betrachtet, kann man zeigen, daß unterschiedliche Anfangsverteilungen der Einkommen bei rationalem Verhalten zu sehr unterschiedlichen Koalitionen und Verteilungsergebnissen führen (Musgrave, 1988). Eine Umverteilung von oben nach unten ist desto wahrscheinlicher, je größer einerseits die Gruppe der "Armen" ist und je homogener sie andererseits in dem Sinne ist, daß sie nicht in Teilgruppen zerfällt, von denen einige "abgeworben" werden können.

(2) Gestatten einer "Eigenförderung" reicher Mitgliedsländer. - Hier gilt das Umgekehrte, weil das Gestatten solcher Eigenförderung als Verbesserung der relativen Einkommensposition angesehen wird, die die Disparitäten vergrößern kann.

(3) Nationale Besonderheiten der regionsbezogenen Politik. - Dazu zählen etwa Zentren-Achsen-Konzepte, Zentrale-Orte-Systeme oder Zonenrandförderung. Auf diesem für Raumordnung und Landesplanung sehr wichtigen Gebiet ist bestenfalls - eher argwöhnische - Duldung zu erwarten.

Aus diesen kurzen Überlegungen ergibt sich als Tendenz, daß eine direkte Chance zur

Durchsetzung auf EG-Ebene nur für eine regionsbezogene Politik besteht, die zwischen Mitgliedsländern eine Verteilung von reichen zu armen Mitgliedsländern bewirkt (1). Eine solche Politik kann dann unterschiedliche Formen annehmen, als da sind der Direkttransfer zwischen Mitgliedsländern, die unterschiedliche Ausgestaltung von Finanzströmen in den EG-Haushalt hinein und aus ihm in die Mitgliedsländer usf. Nationale Besonderheiten der Politik in wohlhabenden Mitgliedsländern wie der Bundesrepublik Deutschland (2) und (3) sind hingegen ständig gefährdet. Gegen eine solche Gefährdung auf EG-Ebene kann nur der Bund einwirken, und dies bedeutet, daß langfristig in diesen Politikbereichen EG und Bund das Sagen haben dürften. Offen ist lediglich das Verhältnis zwischen diesen beiden, und das hängt stark von den Interessen der übrigen Mitgliedsländer ab. Für manche Aufgaben wird man sich eine starke EG-Ebene erhoffen. Eine EG-Ebene aber, die im wesentlichen zu Ausbeutungskoalitionen führt, die über ein vom Solidaritätsgefühl aller Bürger der EG getragenes Maß des Ausgleichs hinausgehen, wäre dagegen eher zu befürchten.

C. Folgerungen aus den Binnenmarkteffekten für die regionsbezogenen Politikbereiche

Ausgangspunkt der Überlegungen in diesem Teil ist die Annahme, daß in der EG insgesamt erhebliche und innerhalb der Bundesrepublik Deutschland noch spürbare regionale Unterschiede bestehen und daß diese Unterschiede durch die Schaffung des Binnenmarktes 1992 zwar nicht auf Dauer größer werden müssen, aber doch zumindest temporär stärker werden dürften, jedenfalls EG-weit. Daher ist dringlicher als bisher eine mittel- bis langfristige Vorstellung darüber nötig, wie in der sich herausbildenden EG-Föderation die beobachteten bisherigen und möglicherweise zu erwartenden zusätzlichen Unterschiede zwischen Mitgliedsländern und Regionen behandelt werden sollen. Im Teil B war die Vermutung geäußert worden, daß in dem aus Sicht der Bundesrepublik Deutschland vierstufigen föderativen Aufbau innerhalb der EG die EG selbst und der Bund langfristig dominieren werden und die Bundesländer in ihrer Bedeutung eher etwas zurücktreten. Das bedeutet, daß der Ort für die Durchsetzung regionsbezogener Politik in erster Linie Brüssel oder Bonn sein wird oder daß eine abgestimmte Politik beider Ebenen hierfür verantwortlich sein wird. Daher werden die aus Politikbedarf und Kompetenzverteilung sich ergebenden Überlegungen zu den verschiedenen regionsbezogenen Politikbereichen im folgenden getrennt nach EG-weiter Politik einerseits (I) und Politik in der Bundesrepublik Deutschland andererseits (II) behandelt.

I. Regionsbezogene Politik auf der Ebene der EG

a. Ein langfristiger Referenzmaßstab: Finanzausgleich zwischen Mitgliedsländern

Die Frage, ob mit Blick auf vorhandene und möglicherweise sich zeitweilig verstärkende regionale Unterschiede im Pro-Kopf-Einkommen, in den wirtschaftlichen Startchancen usf. Maßnahmen ergriffen werden sollen und welche Form sie annehmen sollen, läßt sich nur richtig beantworten, wenn ein längerfristiger Referenzmaßstab vor Augen steht, an dem kurz- bis mittelfristige Maßnahmen ausgerichtet werden.

Dabei ist es hilfreich, sich vor Augen zu führen, wie entsprechende Probleme in einer ausgebauten Föderation zweckmäßigerweise behandelt werden sollten und in der Wirklichkeit, jedenfalls in der Tendenz, auch behandelt werden. Um am Beispiel der Bundesrepublik Deutschland zu argumentieren, kann man zwischen den Unterschieden in der Leistungsfähigkeit der Bundesländer einerseits und solchen regionalen Problemen, die auch nach einer Angleichung dieser großräumigen Unterschiede noch bestehen, andererseits differenzieren. Für die erstere Kategorie wird man, wenn die nationalen Präferenzen für eine Angleichung ausgeprägt sind, einen allgemeinen Finanzausgleich etablieren. Er folgt einem entsprechend allgemein definierten regionalen Ausgleichsziel, wie es dem Länderfinanzausgleich in Art. 107 Abs. 2 GG zugrundeliegt, aber auch in Art. 130a EWG-Vertrag zum Ausdruck kommt[27]). Wenn ein wirksamer Finanzausgleich eingerichtet wurde, so ist zu fragen, ob bzw. wieweit eine übergreifende Regionalpolitik noch erforderlich ist, denn zunächst einmal sollte der regionale Entscheidungsträger, also das Bundesland, jetzt genügend Finanzmittel zur Verfügung haben, um die in seinem Gebiet liegenden entwicklungsbedürftigen Gebiete nach seinen Zielen zu fördern[28]). Es verbleiben dann aber zusätzliche übergeordnete Aufgaben, beispielsweise einen Wettbewerbsrahmen für alle öffentlichen Entscheidungsträger zu schaffen, der insbesondere das interregionale Fördergefälle regelt.

Das Ergebnis ist in der Bundesrepublik ein zweigleisiges System. Es bewegte 1988 im Bereich der Finanzausgleichsströme etwa 52 Mrd. DM (Tab. 3). Auch wenn diese Ströme nicht mit einer entsprechenden Ausgleichswirkung gleichzusetzen sind, so sind sie doch von enormem Umfang verglichen mit den Mitteln der regionalpolitischen Programme, die für 1988 zusammen nur etwa 13,2 Mrd. DM ausmachten. Wenn man die Zahlungen für Berlin wegen ihres Sondercharakters herausnimmt, ist das Verhältnis mit 10:1 (statt 4:1) noch krasser und verdeutlicht, welches Übergewicht der Finanzausgleich hat.

In der EG hingegen konzentrieren sich Ausgleichsbemühungen eindeutig noch auf die Strukturfonds (s.u.), also speziell auf einzelne Aufgabenbereiche zielende Maßnahmen. Daher erscheint es als wichtig, sich das längerfristig anzustrebende (und allokativ überlegene) System eines allgemeinen interregionalen Ausgleichs zunächst vor Augen zu führen. Als längerfristige Strategie, die keineswegs kurz- bis mittelfristig in vollem Umfang realisiert werden muß, wird hier für die EG das Modell eines horizontalen Finanzausgleichs zwischen den Mitgliedsländern angesehen, für das der Länderfinanzausgleich in der Bundesrepublik Deutschland als annähernde Vorlage dienen kann[29]).

Er besteht, wie jedes solche System, logisch aus mindestens drei Elementen (Zimmermann, Henke, 1987, S. 119):

(1) Die *Finanzkraft* des einzelnen Mitgliedslandes muß erfaßt werden, d.h. das Aufkommen an eigenen Mitteln (und denen der untergeordneten Gebietskörperschaften), das aus den eigenen Einnahmequellen erzielbar ist.

(2) Daneben muß der *Finanzbedarf* des Mitgliedslandes und seiner untergeordneten Gebietskörperschaften abgeschätzt werden, d.h. die aus der typischen Aufgabenerfüllung resultierende Ausgabenbelastung. Verzichtet man auf eine Finanzbedarfsermittlung, so hat man automatisch je Einwohner eine Gewichtung von 1 vorgenommen, ''and one is an arbitrary number''.

Tab. 3: Finanzströme für Finanzausgleich und Regionalpolitik,
Bundesrepublik Deutschland, 1988

Mio.DM

I. Finanzströme im Rahmen des Finanzausgleichs
  a.   Länderfinanzausgleich, Ausgleichsvolumen   3 400
  b.   Zuweisungen der Flächenstaaten an Gemeinden   36 400
        (nachrichtlich: insgesamt ohne Berlin   39 800)
  c.   Bundeshilfe Berlin nach §16 Drittes Überleitungsgesetz   12 220
Insgesamt   52 020

II. Regionalpolitische Programme (Bund und Länder)
  a.   Gemeinschaftsaufgabe ''Verbesserung der regionalen
        Wirtschaftsstruktur'', davon   790
        aa.   Normalförderung   (570)
        bb.   Sonderprogramme   (220)
  b.   Investitionszulage nach §1 InvZulG   1 282
  c.   Sonstige
        aa.   Soziale und kulturelle Zonenrandförderung   132
        bb.   ERP-Regional- und Berlin-Programme   1 805
        cc.   Länderprogramme: Keine zusammengefaßten Daten
               verfügbar
        (nachrichtlich: insgesamt ohne Berlin   4 009
  d.   Berlinförderung nach BerlinFG   9 245
Insgesamt, soweit ausgewiesen   13 254

Bemerkungen

zu I.c.   Bundeszuschuß   12 137
           Darlehen des Bundes   83

zu II.d.bb. Regionalprogramme   Baransatz   1988:   1 175
             (insgesamt Darlehen)   Zusagevolumen   1988:   1 110

             Berlin   Baransatz   1988:   630
             (überwiegend Darlehen)   Zusagevolumen   1988:   640
                                      für Beteiligungen   1988:   5

Quellen:

I.a: Finanzbericht 1990, Bonn 1989, S. 113.
b: Gemeindefinanzbericht 1989, in: Der Städtetag, Jg. 42, 1989, S. 108.
c: Finanzbericht 1988, Bonn 1987,S. 99.
II.a: Angaben aus dem Bundesministerium der Finanzen.
b: 12. Subventionsbericht, Bundestagsdrucksache 11/5116, S. 57.
c: Angaben des Bundesministeriums für innerdeutsche Beziehungen und die ERP-Programme 1988/89, hrsg.
        v. Bundesministerium für Wirtschaft, Bonn 1988, S. 18.
d: 12. Subventionsbericht, a.a.O., S. 42.

(3) Dann ist ein Vergleich von Finanzkraft und Finanzbedarf erforderlich sowie eine Entscheidung über den Ausgleichsgrad, d.h. über das Ausmaß, in dem eine etwaige Differenz ausgeglichen werden soll[30]).

Zwei weitere Elemente sind mit Blick auf eine Verallgemeinerung, die über den deutschen Anwendungsfall hinaus in Richtung auf die EG führen könnte, hinzuzufügen:

(4) In einem gesonderten Schritt kann man vorweg festlegen, ob der Finanzausgleich seinem Gesamtumfang nach auf ein vorher festgelegtes Volumen beschränkt werden soll (wie im deutschen Kommunalfinanzausgleich) oder ob sich das horizontal zu transferierende Volumen als Ergebnis der drei Berechnungsschritte im nachhinein ergibt, also von der Höhe her zunächst offen ist (wie im Länderfinanzausgleich).

(5) Es ist zu entscheiden, ob die Transfers dem Empfänger mit oder ohne Zweckbindung zufließen sollen.

Die Schwierigkeit der Ermittlung der einzelnen Komponenten, insbesondere des Finanzbedarfs, ist aus dem Länderfinanzausgleich, insbesondere aber dem kommunalen Finanzausgleich, auch im internationalen Vergleich bekannt (OECD, 1981). Sie ist groß, aber überwindbar, insbesondere wenn man bereit ist, mit Hilfsgrößen beispielsweise bei der Finanzbedarfsermittlung zu arbeiten (z.B. gewichtete Einwohnerzahlen).

Daß es sich hier aber nur um eine langfristige Perspektive handeln kann, wird deutlich, wenn man sich vor Augen führt, daß zum typischen allgemeinen Länder- oder Kommunalfinanzausgleich gehört, daß die errechneten Mittel an den Empfänger ohne Auflage fließen. Dadurch wird schon deutlich, daß es sich hier um ein System handelt, daß nur in einer ausgebauten Föderation mit hohem Solidaritätsgrad funktioniert. Es entspricht in dieser ungebundenen Form den Forderungen der Theorie des Föderalismus: Zwar sollen die Startchancen angeglichen werden, aber zugleich sollen die einzelnen dezentralen Einheiten, hier die Mitgliedsländer, in ihren Präferenzen möglichst wenig gestört werden, was durch eine Zweckbindung der Mittel geschehen würde.

Ein weiteres Hemmnis für eine Übernahme des Modells schon in der heutigen Situation liegt darin, daß ein solcher Finanzausgleich nicht direkt auf Regionen unterhalb der Ebene der Mitgliedsländer abzielt; vielmehr würden die Mittel nach Maßgabe der Situation des gesamten Mitgliedslandes ermittelt und an dieses Mitgliedsland ohne Zweckbindung fließen. Hauptgegenstand der Diskussion ist heute aber noch nicht die unterschiedliche Lage des Mitgliedslandes als Ganzem, ausgedrückt beispielsweise in der Finanzsituation seines zentralstaatlichen Budgets, sondern der Unterschied zwischen Regionen quer über alle Mitgliedsländer der EG. Folglich deckt ein Finanzausgleichsmodell diese Fragestellung nur insoweit ab, wie ein Mitgliedsland als Ganzes einer bestimmten Regionskategorie zuzuordnen ist. Dies trifft beispielsweise, soweit unterentwickelte Regionen nach dem synthetischen Index der EG definiert werden, für Spanien, Portugal, Griechenland und Irland zu. Alle anderen Mitgliedsländer haben zumindest zwei Typen von Regionen aufzuweisen (EG-Kommission, 1987, S. 22).

An dieser Gegenüberstellung von Mitgliedsland und Region kann man zudem noch weitere Unterschiede zwischen Finanzausgleich und i.e.S. regionsbezogener Politik deutlich machen

(Zimmermann, 1985):

- Im einen Fall werden breit die Startchancen angegangen, und im anderen Fall wird eng ein Aufgabenbereich ins Auge gefaßt.

- Die regionale Abgrenzung ist eine andere (Gebietskörperschaften vs. "Regionen" unterschiedlichster Art).

- Die Entscheidungsträger sind dementsprechend verschieden: verfassungsrechtlich abgesicherte demokratische Gremien vs. schwache oder überhaupt keine Entscheidungsträger in der Region.

- Vor allem ist die Sicht der regionalen Probleme eine völlig andere: Versorgung im öffentlichen Bereich aus dem Blickwinkel des Budgets vs. regionale Wirtschaftsentwicklung aus der Sicht eines Regionalprogramms.

Aus den genannten und zahlreichen weiteren Gründen wird man für die mittlere Frist ein solches Modell daher allenfalls als Richtschnur zu sehen haben, an der man jetzige Maßnahmen ausrichtet, um sie in der Tendenz "richtig" auszugestalten. Außerdem kann man mit seiner Hilfe einige vorhandene Elemente im EG-Finanzsystem daraufhin überprüfen, ob sie dem angestrebten Finanzausgleichskalkül entsprechen oder zuwiderlaufen:

(1) Die Gestaltung der Einnahmen der EG (Mehrwertsteuerbemessungsgrundlage, Sozialproduktabgabe usf.) wird man am Maßstab einer vergleichbaren *Finanzkraft* messen, und dies geschieht z.T. auch schon (s.unten b).

(2) Beim *Finanzbedarf* zeichnet sich keine Tendenz ab, die Bedarfe ganzer Mitgliedsländer ins Kalkül zu ziehen. Soweit die Mittel aber mit Blick auf regionale Situationen vergeben werden, liegt eine implizite Bedarfsberücksichtigung insoweit vor, wie Mitgliedsländer mit einem hohen Anteil unterstützungswürdiger Regionen mehr erhalten und vice versa.

(3) Das *Maß des Ausgleichs* von Finanzkraft und Finanzbedarf spielt indirekt in den sog. Zahlmeistertheorien eine Rolle, wo die Zu- und Abflüsse des EG-Budgets den Mitgliedsländern zugeordnet und je Mitgliedsland saldiert werden (s. unten b), ohne daß sie deshalb aber die Qualität eines rationalen Finanzausgleichs erhielten.

(4) Das bisherige horizontale Verteilungssystem ist durch eine vorher *fixierte Summe*, insbesondere in Form der beschlossenen Summe für die Strukturfonds, festgelegt. Dies wird man auch langfristig so handhaben, da anderenfalls bei den großen Unterschieden in der Finanzsituation der Mitgliedsländer gewaltige Umverteilungsströme zustande kämen, die auch in einer ausgebauten Föderation das Solidaritätsgefühl leicht überstrapazieren könnten.

(5) Die *Zweckbindung* der zufließenden Mittel wird man ebenfalls lange beibehalten. Sie sind Ausdruck der Präferenzen des Gebers, der insbesondere bei noch schwachem Solidaritätsgefühl wissen will, wofür "seine" Mittel verausgabt werden. Er wird auf die Zweckbindung erst verzichten, wenn er eine annähernd ähnliche Rationalität und Sparsamkeit der Verausgabung bei allen Empfängern erwarten kann (vgl. auch Biehl, 1988, S. 77). Finanzausgleichsmittel sind Transfers ohne Gegenleistung, und solche Mittel geben sich leichter aus, insbesondere beispiels-

weise dann, wenn ein Land sich als anders als die anderen und sehr arm versteht und zugleich eine populistische Politik betreibt. Ob die mit den Strukturfonds erfolgte Zweckbindung optimal ist, darf man bezweifeln, denn insbesondere im weiten Bereich der Infrastruktur sollte jedes Land seine eigenen Akzente setzen können, und eine dauerhafte Investition in wachstumsrelevante Infrastruktur dürfte sinnvoller sein als beispielsweise die meist direkte Förderung einer Unternehmensansiedlung.

(6) Schließlich wird aus dem *Vergleich mit der regionsbezogenen Politik* verständlich, daß die Frage, ob die einzelne dezentrale Einheit (in der EG also ein Mitgliedsland oder eine Region) sich unbegrenzt auch dann weiter fördern darf, wenn sie schon ein sehr hohes Wohlstandsniveau erreicht hat, einen gesonderten Diskussionspunkt bildet, im übrigen auch innerhalb ausgebauter Föderationen wie der Bundesrepublik Deutschland (vgl. etwa den Beschluß der Innenminister-konferenz zur kommunalen Wirtschaftsförderung). Ob ein Mitgliedsland als solches bezogen auf sein ganzes Gebiet intensive Eigenförderung betreiben darf, etwa im Rahmen der Infrastruktur-politik, ist für die EG sicherlich eine erst später einmal zu stellende Frage. Dabei darf man dann nicht nur die Föderation als solche, in diesem Falle also die EG sehen, sondern muß sie auch im weltweiten Rahmen und der dortigen Konkurrenzsituation bewerten. Wahrscheinlich muß auch eine erweiterte EG alle Möglichkeiten der internen Wachstumsstärkung, gleich wo sie erfolgreich zu sein verspricht, akzeptieren (oder darf sie zumindest nicht bremsen), wenn die EG gegenüber Wirtschaftsblöcken wie Japan und Fernost oder den USA nicht ins Hintertreffen geraten will. Allenfalls die Frage, ob nicht beispielsweise hohe Ballungskosten den Wachstumsbeitrag reduzieren und er deshalb an anderer Stelle "kostengünstiger" erbracht werden kann, dürfte unter diesem Aspekt ein Argument abgeben. - Analoge Überlegungen gelten für die Eigenförderung der Mitgliedsländer in einzelnen Regionen, die heute bereits Gegenstand genauer Bewertung und zahlreicher Eingriffe seitens der EG ist (s. unten II).

b.   Mittelfristige Ansatzpunkte einer regionsbezogenen EG-Politik

1.   Verbesserung der Finanzausgleichseffekte der EG-Politik?

Im Gegensatz zur Bundesrepublik Deutschland, wo die Zurechnung der Bundeseinnahmen und -ausgaben auf Bundesländer oder gar Regionen eher die Ausnahme ist, sind in der EG schon länger solche Rechnungen ("Zahlmeistertheorien") aufgestellt und mit einem Nettoeffekt je Mitgliedsland abgeschlossen worden. Aus der Analyse der regionalen Effekte öffentlicher Finanzströme im nationalen Bereich ist bekannt, daß sich die Ausgaben und Einnahmen übergeordneter Gebietskörperschaftsebenen auf die einzelnen Regionen höchst ungleich verteilen (Zimmermann, Stegmann, 1981), und entsprechendes gilt auch für die EG (vgl. etwa Messal, 1989, S. 52). Diese regionalen Effekte entsprechen keineswegs immer den Zielen, und es ist offensichtlich auch Absicht der EG-Kommission, hier aktiv zu werden (Verordnung (EWG) vom 24.6.1988). Welche Möglichkeiten hier bestehen, sei an drei Ausschnitten aufgezeigt, auf der Ausgabenseite an dem umfangreichsten Ausgabenposten, der EG-Agrarpolitik, einerseits und einem für die EG eher "verordnungsintensiven" Aufgabenbereich, dem großräumigen Verkehr, andererseits sowie schließlich an der hauptsächlichen Einnahmeart.

- Agrar- und Verkehrspolitik

Die *Agrarpolitik* der EG ist ausgabenintensiv, denn sie umfaßt zwei Drittel des Ausgabenvolumens des EG-Haushalts. Sie hat zweifellos erhebliche regionale Auswirkungen sowohl zwischen Mitgliedsländern als auch innerhalb einzelner Mitgliedsländer, und die Gesamteffekte sind, überwiegend von der Abteilung Garantie des EAGFL ausgehend, unter dem Aspekt der Beeinflussung regionaler Divergenzen eher unerwünscht, wie die Diskussion um die ''Zahlmeistertheorien'' ergeben hat (Thoroe, 1981; Kühlke, May, 1986). So führt die bisherige Agrarpolitik zur deutlichen Begünstigung der eher wohlhabenden unter den Nordländern wie etwa Dänemark. Sollte in den Ländern der Süderweiterung der Effekt der Hochpreispolitik über hohe Preiselastizität des Angebots zu sehr großen Mehrproduktionen führen, was zu erwarten, aber nicht zu hoffen ist, so könnte sich zwar das Gewicht im Sinne des Ausgleichs für regionale Divergenzen möglicherweise ändern (wobei lediglich die Frage ist, wo die größeren Produktivitätszuwächse erzielt werden), aber nur um den Preis einer massiven Erhöhung der EG-Agrarausgaben, was wiederum an Solidaritätsgrenzen stoßen dürfte. Eine Änderung dieser unter EG-weiten regionalpolitischen Zielen in vielen Regionen bisher negativ zu beurteilenden Effekte ist wohl nur über eine völlige Änderung der EG-Agrarpolitik, insbesondere der Hochpreispolitik zu erwarten, und folglich wird man wohl noch über längere Zeit mit negativen Wirkungen leben müssen.

Als zweiter Bereich sei die *großräumige Verkehrspolitik* genannt. Sie ist bisher auf der EG-Ebene, wenn überhaupt, so keineswegs ausgabenintensiv betrieben worden, sondern allenfalls auf dem Verhandlungswege. Hier ist möglicherweise mit Blick auf 1992 ein deutlicher Handlungsbedarf zu erkennen. Dies sei am Beispiel der Schnellbahntrassen erläutert. Der Binnenmarkt 1992 wird vermutlich eine erhebliche Steigerung der Verkehrsbewegungen, insbesondere nochmals im zentralen Bereich der EG, bewirken. Gleichzeitig steigen durch den Wegfall der Grenzen aber die relativen Entfernungen zuungunsten der EG-peripheren Räume. Mit Blick auf den letzteren Tatbestand ist es zunächst erfreulich, daß das projektierte Netz der Schnellbahnstrecken innerhalb der EG auch die peripheren Räume erfaßt hat (Deutsche Bundesbahn, 1989). Die Frage ist allerdings, was ohne Einwirken der EG-Kommission geschehen wird. Wie häufig im Verkehrsbereich wird die artikulierte Nachfrage soviel politischen Druck erzeugen, daß in den ohnehin gut versorgten Regionen die Versorgung nochmals besser wird. Deutliches Beispiel hierfür ist die zweite deutsch-französische Hochgeschwindigkeitsstrecke zwischen Paris und Mannheim, nachdem die Entscheidung für die Verbindung Paris-Köln bereits gefallen war (Internationales Verkehrswesen, 1989). Aufgabe der EG könnte es hier sein, dafür zu sorgen, daß zunächst oder zumindest zeitgleich die peripheren Regionen, also etwa Spanien/Portugal, Griechenland oder auch Irland/Schottland bedacht werden[31]). Ob dies auf dem Wege der politischen Koordination oder auch auf dem Wege über eine Zufinanzierung, etwa der Europäischen Investitionsbank, geschieht, ist weniger wichtig als der Tatbestand, daß hier die EG eine originäre regionalpolitische Aufgabe erfüllen könnte, weil nach 1992 zunehmender Handlungsbedarf zu erwarten ist.

- Bewertung der regionalen Abflüsse durch EG-Steuern

In den Aussagen der Zahlmeistertheorien wird auch die regionale Verteilung der Einnahmen des EG-Haushalts analysiert, im Gegensatz zum nationalen Bereich, wo dies erst neuerdings üblich wird. Die Summe der Einnahmen ist notwendigerweise so groß wie die der Ausgaben, d.h. die regionalen Entzugseffekte sind mit gleicher Intensität zu analysieren. Da zudem das EG-

Einnahmensystem immer wieder diskutiert und geändert wird, liegt hier eine Möglichkeit, regional unerwünschte Effekte der Ausgaben wenigstens partiell zu korrigieren.

Die Haupteinnahmequelle der EG, die Einnahmen auf der Basis der Mehrwertsteuerbemessungsgrundlage, wirkt tendenziell regressiv (Biehl, 1987). Für die regionale Wirkung ist aber letztlich nicht mehr diese Einnahmeform, sondern die Korrektur um das BSP entscheidend, da sie die originäre Einnahmenstruktur überlagert. Der BSP-Anteil dürfte regional in etwa proportional in dem Sinne sein, daß im Maße des Gesamt-BSP der Mitgliedsländer zum EG-Haushalt beigetragen wird.

Von der nationalen regionalen Steuerverteilung ist dieses System aber noch weit entfernt. Zum einen wird der BSP-Anteil noch nicht am Pro-Kopf-Wert ausgerichtet, wie dies bei einer personenbezogenen Steuer automatisch geschieht. Zum anderen wird keine Progression realisiert, die auf diesen Pro-Kopf-Werten aufbauen müßte. Nationale Steuersysteme sind dagegen typischerweise auch "regional progressiv" (Zimmermann, 1990) in dem Sinne, daß wohlhabende Regionen überproportional zum zentralen Budget beitragen. Der Übergang zu einer Beteiligung der EG am regionalen Einkommensteueraufkommen oder ähnliche Verfahren wären also unter regionalem Wirkungsaspekt für die EG sehr viel vorteilhafter, als wenn lediglich das BSP als "nationale Steuererklärung" herangezogen wird (Lützel, 1989).

2.   Ausbau der Strukturfonds

Wenn Finanzausgleichswirkungen im Sinne einer Per-Saldo-Bevorteilung bestimmter Mitgliedsländer oder Regionen gewünscht sind, eignen sich prinzipiell alle im EG-Haushalt vorhandenen Finanzströme hierzu, haben allerdings auf der Ausgabenseite den Nachteil der Zweckbindung. In der EG erhebt sich dann aber stärker als im nationalen Bereich die darüber hinausgehende Frage, ob neben dem Finanzausgleichseffekt noch regionsbezogene, ebenfalls (wenngleich nicht nur) ausgleichsorientierte Politik betrieben werden soll. Die Notwendigkeit einer solchen Politik erscheint auf EG-Ebene vergleichsweise dringlicher, eben weil ein horizontaler Finanzausgleich kaum existiert, ja die Effekte der vorhandenen Finanzströme dessen Zielen oft zuwiderlaufen.

Wenn man sich nun fragt, welche Möglichkeiten es gibt, um solche Effekte wenigstens zum Teil zu bewirken, so sind unter den Instrumenten der EG die Strukturfonds wohl der einzige Instrumenttyp, der mit Blick auf die regionalen Divergenzen und ihre mögliche mittelfristige Verstärkung nach 1992 brauchbar ist; ergänzend sind noch die Aktivitäten der Europäischen Investitionsbank zu nennen. Gemessen am Ideal eines horizontalen Finanzausgleichs zwischen den Mitgliedsländern ist dies natürlich eine suboptimale Lösung. Zum einen wird nur ein begrenzter Bedarf berücksichtigt, nämlich der für bestimmte regionale Sonderbedarfe, und der problematischste Teil, die Abteilung Garantie des EAGFL, ist aus der Koordinierungsverordnung vom Juni 1988 bewußt herausgelassen worden. Zum zweiten sind die Mittel zweckgebunden für diese Zwecke, und schließlich werden diese Mittel an der Bedarfssituation des gesamten Mitgliedslandes vorbei unmittelbar auf einen regionalen Ausschnitt gelenkt. Trotz dieser Einschränkungen ist dieses Instrument sicherlich zu Recht von der EG-Kommission mit Blick auf 1992 verstärkt worden. Die von 1987 bis 1993 vorgesehene Verdoppelung der Mittel der Strukturfonds überzeichnet allerdings die tatsächlichen Umverteilungswirkungen, denn es sind

schon 40% zusätzliche Mittel erforderlich, um Spanien und Portugal in gleicher Weise einzubeziehen wie die bisherigen Mitgliedsstaaten, und die übrigen 60% ergeben lediglich die Möglichkeit, "über den Gesamtzeitraum 1982-1992 einen ähnlichen Anstieg der Strukturmittel wie in der
Vergangenheit zu ermöglichen" (Wäldchen, 1988, S. 41).

Unter dem Aspekt eines effektiven Einsatzes der Mittel ist besonders die Art der Zweckbindung
zu diskutieren. Gerade wenn besondere Effekte unter dem Einfluß des Binnenmarktes 1992
auftreten, besteht die Gefahr, daß diese Mittel sehr stark nach spezifischen Vorstellungen der EG-
Kommission vergeben werden (Spiekermann, 1988). Wenn schon eine Zweckbindung besteht,
sollte sie sehr breit sein und nach Möglichkeit Entwicklungsprogramme statt einzelner eng
definierter Projekte zum Gegenstand haben, bei denen die Gefahr eines Schematismus durch
strenge Kommissionsvorgaben besteht.

Zu den Elementen einer Politik mittels der Strukturfonds gehört auch die Einschränkung der
"Eigenförderung" der Mitgliedsländer mit höheren Pro-Kopf-Einkommen. Da damit zugleich
ein für die deutsche Regionalpolitik wichtiges Element der EG-Politik angesprochen ist, wird es
im Teil II mitbehandelt.

c. Schlußfolgerungen zur EG-Politik

Mittel- und langfristig scheint im Sinne eines wünschenswerten regionalen Ausgleichs einiger
Handlungsbedarf auf EG-Ebene zu bestehen. Wenn man ihm als Referenzmaßstab einen
Finanzausgleich etwa der Art des Länderfinanzausgleichs gegenüberstellt, so könnte man an die
Gefahr einer zu starken Nivellierung, damit entfallende Anreize zur Einnahmenerzielung usf.
denken, denn diese Gefahren sind im nationalen Bereich durchaus vorhanden, wie der   Aus-
gleichseffekt des Länderfinanzausgleichs zeigt (Zabel, 1985), und auch im Kommunalfinanzausgleich hat es offensichtliche Fälle von "Übernivellierung", etwa in Nordrhein-Westfalen,
gegeben.

Diese Gefahr ist aber im Bereich der EG auf absehbare Zeit nicht existent, da solche Systeme
überhaupt erst installiert werden können, wenn der Solidaritätsgrad sehr hoch ist. Im Gegenteil
wird man vermuten, daß wegen der noch fehlenden finanzpolitischen Solidarität eher schwache
Vorformen entwickelt werden. Sie sollte man aber an einem solchen Ausgleichssystem gedanklich ausrichten, um in die richtige Richtung zu wirken. Unter den Instrumenten der EG ist hier
insbesondere die Gesamtheit der Strukturfonds zu nennen, die daher ausgebaut werden sollten.
Hingegen sollten Detaileingriffe in die Politik der Mitgliedsländer, die Vorgabe sehr genauer
Programmkonzeptionen für regionalpolitische Vorhaben usf. minimiert werden, um Grundforde-
rungen der Theorie des Föderalismus zu entsprechen.

II. Konsequenzen für Raumordnungs- und Regionalpolitik in der Bundesrepublik Deutschland

Dieser Beitrag ist zum größeren Teil auf EG-weite Entwicklungen ausgerichtet. Aber nicht nur
aus diesem Grunde fallen die Ausführungen in diesem Abschnitt kürzer aus. Vielmehr hatten die
Überlegungen in Teil A auch zu dem Ergebnis geführt, daß im Vergleich zu den bereits

bestehenden regionalen Divergenzen auf der EG-Ebene und der dort noch eher begründeten Sorge, daß durch den Binnenmarkt 1992 diese Tendenzen sich zunächst noch verstärken, in der Bundesrepublik Deutschland der Handlungsbedarf zweifellos geringer anzusetzen ist. Die Ausgangsunterschiede sind weniger groß, und die Unterschiede in den Wirkungen des Binnenmarktes auf die Regionen dürften eher schwächer ausfallen. Von der möglichen Zunahme der räumlichen Unterschiede durch den Binnenmarkt 1992 hängt aber das Erfordernis ergänzender Politik allein ab, denn im Gegensatz zur EG-Ebene, wo erst wenige Instrumente vorhanden sind (ein horizontaler Finanzausgleich i.e.S. fehlt völlig), kann man in der Bundesrepublik sicherlich nicht davon ausgehen, daß brauchbare Instrumente zur Verringerung der regionalen Divergenzen überhaupt erst geschaffen werden müßten.

Soweit das durch den Binnenmarkt induzierte Wachstum in Ballungsgebieten (weit definiert) der Bundesrepublik stattfindet, sind nur eher regionale Aktivitäten angezeigt, wie etwa Baulandausweisung mit paralleler Freiflächensicherung usf. Außerdem sind raumordnungspolitische Überlegungen, wie die Verbesserung der Verbindung zwischen Ballungsräumen, auch auf internationalen Transitstrecken, dringlicher.

Regionale Wirtschaftspolitik könnte zusätzlich erforderlich werden, wenn ländlich-periphere Regionen betroffen sind. Wenn man davon ausgeht, daß die Regionen zu den West-, Nord- und Südgrenzen vom Wegfall der Grenzen profitieren und der allgemeine Wachstumsschub in der Bundesrepublik Deutschland in gewissem Maße auf alle Regionen ausstrahlen wird, so bleiben im wesentlichen das Zonenrandgebiet (in weiten Teilen) und vielleicht zusätzliche Gebiete in Schleswig-Holstein, die auf mittlere Frist, wenn man nur auf den Binnenmarkt 1992 sieht, zunächst Nachteile im Sinne geringerer Wachstumsraten (aber wohl nicht eines absoluten Zurückfallens) zu gewärtigen hätten.

Für den weit überwiegenden Teil dieser Regionen gelten die Förderungsmöglichkeiten für das Zonenrandgebiet. Es steht unter dem besonderen Schutz des EWG-Vertrages (vgl. die Sonderregelungen in Art. 82 und 92 IIa). Allerdings beziehen sich die Ausnahmeregelungen auf die Nachteile, die dem Zonenrandgebiet durch die Teilung Deutschlands entstehen. Daher wird darauf zu achten sein, daß die Sonderproblematik der Teilung auf EG-Ebene zumindest auf Zeit politisch weiterhin akzeptiert wird und das Zonenrandgebiet nicht lediglich den Problemgebieten mit allgemeiner Randlage zur EG unterfällt, was keine Sonderförderung mehr rechtfertigen würde. Erst wenn die Entwicklungen im Ostblock den Teilungseffekt verringern helfen, würde sich die spezielle Hilfsbedürftigkeit dieses Regionstyps reduzieren und die Sonderbegründung im EWG-Vertrag, die allein auf dem Teilungseffekt beruht, insoweit zu Recht zurücktreten.

Mit dem letzteren Aspekt ist bereits das Verhältnis der EG zur deutschen Regionalpolitik angesprochen. Die Bundesrepublik Deutschland wird als wohlhabendes Mitgliedsland langfristig unter politischem Druck stehen, ihre interne "Eigenförderung" zu verringern. Wie angedeutet, kann man hiergegen sehr grundsätzlich argumentieren, denn jeder Teilraum der EG muß seinen maximalen Beitrag leisten, um den Gesamtraum der EG im weltwirtschaftlichen Konkurrenzkampf zu stärken.

Den ersten und bisher einzigen Angriffspunkt für die EG-Kommission bildet die Regionalpolitik im engeren Sinne, insbesondere die Gemeinschaftsaufgabe, zusammen mit analogen Landesprogrammen und Gemeindeinitiativen. Das Hauptinstrument der Einflußnahme bieten hier die Vorschriften über staatliche Beihilfen nach Art. 92-94 EWG-Vertrag. Sie können logischerweise nur für Zahlungen und Leistungen an Unternehmen gelten und lassen daher andere staatliche Maßnahmen unberührt. Auf die Frage der Zulässigkeit dieser Eingriffe soll hier nicht weiter eingegangen werden (s. etwa Püttner, Spannowsky, 1986). Hinzuweisen ist aber auf den Tatbestand, daß insbesondere unter dem Aspekt, daß durch den Binnenmarkt 1992 die eine oder andere Region tatsächlich in ihren Entwicklungsschancen deutlich unterproportional gestellt ist, es Grund geben könnte, hier wiederum in der Bundesrepublik besonders zu fördern und dies auf EG-Ebene durchzusetzen.

Offen ist dagegen, ob in Zukunft weitere Politikbereiche der EG-Einwirkung unterliegen werden. Bei ihnen könnten nicht die Beihilferegelungen wirksam werden, sondern allenfalls das allgemeine Konvergenz- bzw. Kohäsionsziel. Unter diesem Ziel wären nämlich eigentlich andere Politikbereiche sehr viel relevanter als die von der EG ins Visier genommene Regionalpolitik (Zimmermann, 1986). So müßten nach der Ausgleichswirkung sicherlich der Länderfinanzausgleich und der kommunale Finanzausgleich einschließlich spezieller Instrumente wie dem Strukturhilfegesetz Gegenstand der Erörterungen sein, weil hier auch Regionen Mittel erhalten, die nach den regionalpolitischen Vorstellungen der EG auf keinen Fall gefördert werden sollten. Auch sind Programme, die großräumige Achsen, Zentrale-Orte-Programme usf. enthalten, ähnlich zu bewerten, doch werden auf diese Weise weniger Mittel transferiert als über die Finanzausgleichsmechanismen. Schließlich ist die Infrastrukturförderung zu nennen. Sie wird gelegentlich als Umgehungsmöglichkeit gesehen, wenn eine direkte Regionalförderung nicht möglich ist. Allerdings sind auch hier Grenzen zu sehen, denn die EG ist sich der regionalen Wirkungen der Infrastrukturmaßnahmen bewußt (EG-Kommission, 1986), so daß die Umgehungsmöglichkeiten langfristig auch hier eingeschränkt werden dürften (Cornett, 1989).

D. Schlußbemerkungen

Die meisten Aussagen in dieser Untersuchung zur regionalen Dimension des Binnenmarktes 1992 waren notwendigerweise zukunftsorientiert und damit von geringerem Sicherheitsgrad als üblich. Dies macht aber das Thema gerade interessant, zumal man davon ausgehen kann, daß, wie schon in der Zeit nach Gründung der EG, die gesamtwirtschaftlichen wie auch die regionalen Effekte systematisch unterschätzt werden dürften.

Für die EG als Ganze sind die Wirkungen mittelfristig zweifellos positiv, können aber regional deutlich stärker variieren als in der Bundesrepublik Deutschland. Da aber die Ausweitung des Binnenmarktes einen langfristig sicheren Weg zu höherem Wohlstand in der EG im ganzen darstellt, ist der Entschluß zur Schaffung des Binnenmarktes zweifellos zu begrüßen. Gegen unerwünschte regionale Auswirkungen sind dann eben die entsprechenden regionalpolitischen Maßnahmen zu ergreifen, allerdings nicht in unbegrenztem Maße, denn zum einen ist der Solidaritätsgrad innerhalb der EG für drastische interregionale Umverteilungen nicht hoch genug, und zum zweiten sollten sie kein Ausmaß annehmen, das den Effizienz- und damit Wachstumsgewinn für die EG als Ganze in Frage stellen könnte.

In der Bundesrepublik werden die gesamtwirtschaftlichen Effekte dadurch etwas gedämpft, daß die schwächeren Sozial- und Umweltnormen in anderen Ländern einen Importdruck bei ''einfacheren'' Produktionen ausüben. Dafür werden aber höhere Exportchancen bei Dienstleistungen und bei qualitativ höherwertigen Waren zu erwarten sein. Der per saldo positive Effekt betrifft zwar die derzeit schon begünstigten Regionen kurz- bis mittelfristig stärker, dürfte aber keine Region absolut zurückfallen lassen, so daß der regionalpolitische Handlungsbedarf nicht allzu hoch anzusetzen ist.

Eine Betrachtung der regionalen Effekte des Binnenmarktes 1992 sollte aber nicht schließen, ohne auf die über das Wirtschaftliche hinausgehende Dimension hinzuweisen. Ein Wegfall der Grenzen beinhaltet sehr viel mehr. So bedeutet er im Verhältnis von zwei Ländern, Frankreich und der Bundesrepublik Deutschland, die in weniger als einem Jahrhundert drei große Kriege gegeneinander geführt haben, zugleich ein symbolkräftiges Ereignis, das auch ein Wirtschaftswissenschaftler nicht nur unter wirtschaftlichen Gesichtspunkten sehen sollte.

Literatur

Aberle, G., 1988: Europäische Verkehrspolitik. Harmonisierung der Wettbewerbsbedingungen im Kraftverkehr, Schriftenreihe der Klaus-Dieter-Arndt-Stiftung, Bonn.

Alia, J., 1989: Le trésor de la banane bleue, in: Le Novel Observateur, 18.-24. Mai, S. 74-76.

Ausschuß zur Prüfung der Wirtschafts- und Währungsunion, 1989: Bericht zur Wirtschafts- und Währungsunion in der Europäischen Gemeinschaft ("Delors-Bericht"), o.O.

BDI, DGB, 1989: Gemeinsame Erklärung des Bundesverbandes der Deutschen Industrie und des Deutschen Gewerkschaftsbundes: Die Chancen des Europäischen Binnenmarktes nutzen, Köln/Düsseldorf 31.7.1989.

Benvenuti, C., Cavalieri, A., Raffaelli, C., 1989: The single European market and the international trade linkages at regional level: An impact analysis on Italy and Tuscany, in: RSA.

Biehl, D., 1987: Perspektiven für die Weiterentwicklung der EG-Regionalpolitik, in: Urff, W. v., Meyer, H. v., Hrsg.: Landwirtschaft, Umwelt und ländlicher Raum - Herausforderungen an Europa, Baden-Baden, S. 353 ff.

Biehl, D., 1988: Die Reform der EG-Finanzverfassung aus der Sicht einer ökonomischen Theorie des Föderalismus, in: Streit, M., Hrsg., Wirtschaftspolitik zwischen ökonomischer und politischer Rationalität, Wiesbaden, S. 63-84.

BIPE (Bureau d'Information et de Prévisions Économiques), 1988: Conséquences de l'Achievement du Marché Intérieur Européen pour la Région des Pays de la Loire, Neuilly-sur-Seine.

Borchmann, M., 1987: Bundesstaat und europäische Integration - Die Mitwirkung der Bundesländer an Entscheidungsprozessen der EG -, in: Archiv des öffentlichen Rechts, Bd. 112, Tübingen, S. 586-622.

Brunet, R., 1989: Les Villes "Européennes", Rapport pour le DATAR, Paris.

Bundesminister für Wirtschaft, 1989: Stellungnahme des Wissenschaftlichen Beirats beim Bundesministerium für Wirtschaft zum Bericht des Delors-Ausschusses, BMWi-Studienreihe 63.

Busch, B., 1989: EG-Binnenmarkt, Herausforderung für Unternehmer und Politik, in: Beiträge zur Wirtschafts- und Sozialpolitik, Institut der deutschen Wirtschaft, Köln.

Capellin, R., Molle, W., 1988: The co-ordination problem in theory and policy, in: Molle, W., Cappelin, R., Hrsg.: Regional impact of community policies in Europe, Aldershot, S. 1-22.

Cecchini, P., 1988: Europa '92. Der Vorteil des Binnenmarkts, Baden-Baden.

Cornett, A.P., 1989: Regional policy in Denmark after 1992. Opportunities and perspectives, in: RSA.

Deutsche Bundesbahn, 1989: Bahnakzente. Die neue Bahn für Europa, hrsg. von der Deutschen Bundesbahn, Frankfurt.

EG-Kommission (Kommission der Europäischen Gemeinschaften), 1977: Bericht der Sachverständigengruppe zur Untersuchung der Rolle der öffentlichen Finanzen bei der Europäischen Integration, "MacDougall-Bericht", Brüssel.

EG-Kommission, 1985: Vollendung des Binnenmarktes, Weißbuch der Kommission an den Europäischen Rat, Luxemburg.

EG-Kommission, 1986: The contribution of infrastructure to regional development. Final report by D. Biehl, Luxemburg.

EG-Kommission, 1987: Die Regionen der erweiterten Gemeinschaft: Dritter Periodischer Bericht über die sozio-ökonomische Lage und Entwicklung der Regionen der Gemeinschaft, Zusammenfassung und Schlußfolgerungen, Luxemburg.

EG-Kommission, 1988: Research on the cost of Non-Europe, Bde. 1-16, Luxemburg.

EG-Kommission, 1989a: Leitfaden zur Reform der Strukturfonds der Gemeinschaft, Dokument, Brüssel.

EG-Kommission, 1989b: Vierter Bericht von der Kommission an den Rat und an das Europäische Parlament über die Durchführung des Weißbuches der Kommission zur Vollendung des Binnenmarktes, Dokument KOM (89) 311 endg./2, Brüssel, den 11. August 1989.

Eichner de Lemos Lisboa, S., 1989: Portugal in der Europäischen Gemeinschaft, Frankfurt/M., Bern, New York, Paris.

Empirica, 1988: Die wirtschaftlichen Auswirkungen der Entwicklung zum Binnenmarkt auf Sektoren und Regionen der Bundesrepublik Deutschland, Langfassung, Bonn.

Empirica, 1989: Die wirtschaftlichen Auswirkungen des Binnenmarktes 1992 auf Sektoren und Regionen der Bundesrepublik Deutschland, Kurzfassung der Studie von 1988, Bonn.

Engholm, B., 1989: Europa und die deutschen Bundesländer, in: Europa-Archiv, 44. Jg., Folge 12, S. 383-392.

Entschließung, 1989: Entschließung der Teilnehmer der Konferenz "Europa der Regionen".

Entwurf eines Gesetzes zur Änderung des Grundgesetzes (Artikel 24 Abs. 1 GG), 1989, Gesetzesantrag der Länder Bayern, Hessen, Nordrhein-Westfalen und Rheinland-Pfalz, im Bundesrat gestellt.

Europa der Regionen, 1989: Konferenz der Länder, Regionen und autonomen Gemeinschaften, München,

19. Oktober, nach den Manuskripten zitiert.

Gerstenlauer, H.-G., 1984: German Länder in the European Community, in: Keating, M., Jones, B., Hrsg.: Regions in the European Community, Oxford, S. 173-189.

Gibb, A., Treadgold, A., 1989: Completing the internal market. Implications for the regions, in: Area, Bd. 21, London, S. 75-82.

Giersch, H., 1989: Der EG-Binnenmarkt als Chance und Risiko, Kieler Diskussionsbeiträge Nr. 147, Institut für Weltwirtschaft, Kiel.

Glaesner, H.-J., 1986: Diskussionsbeitrag, in: Hrbek, R., Thaysen, U., Hrsg.: Die deutschen Länder und die Europäischen Gemeinschaften, Baden-Baden, S. 37-38.

Groeben, H.v.d., Möller, H., Hrsg., 1976: Möglichkeiten und Grenzen einer Europäischen Union, Bd. 3, Transnationale Kooperation, Steuerharmonisierung, Baden-Baden.

Gürtler, J., Nerb, G., 1988: Erwartete Auswirkungen des Europäischen Binnenmarktes auf die Industrie der Bundesrepublik Deutschland und der EG-Partnerländer, Ifo-Studien zur Industriewirtschaft 33, München.

Hamm, W., 1989: Milliardenstrom in die Ballungsgebiete, Frankfurter Allgemeine Zeitung vom 25.7.

Hellwig, R., 1987: Die Rolle der Bundesländer in der Europa-Politik. Das Beispiel der Ratifizierung der Einheitlichen Europäischen Akte, in: Europa-Archiv, 42. Jg., Folge 10, S. 297-302.

Hochbaum, I., 1989: Das ERASMUS-Urteil, in: Mitteilungen des Hochschulverbandes, Heft 4, S. 175-177.

Hrbek, R., 1979: Politikverflechtung macht an den Grenzen nicht halt, in: Der Bürger im Staat, Heft 1, S. 38 ff.

Hrbek, R., 1986: Doppelte Politikverflechtung: Deutscher Föderalismus und Europäische Integration. Die deutschen Länder im EG-Entscheidungsprozeß, in: Hrbek, R., Thaysen, U., Hrsg.: Die deutschen Länder und die Europäischen Gemeinschaften, Baden-Baden, S. 17-36.

Hrbek, R., 1988: Bundesländer und Regionalismus in der EG, in: Magiera, S., Merten, D., Hrsg.,1988, S. 127-149.

Hrbek, R., Thaysen, U., Hrsg., 1986: Die deutschen Länder und die Europäischen Gemeinschaften, Baden-Baden.

Ifo-Institut für Wirtschaftsforschung, 1989: Bayern und der Europäische Binnenmarkt 1992, Hauptbericht, München.

Institut für Kapitalmarktforschung, 1989: Finanzplatz Europa - Sind wir dabei, einen Wettlauf zu verlieren?, Frankfurt.

Internationales Verkehrswesen, 1989: Dokumentation 146: Schnellbahnverbindung Paris-Ostfrankreich-Südwestdeutschland, Jg.41, Heft 4, S. 229-231.

Keeble, D., 1989a: De-industrialisation, new industrialisation processes and regional restructuring in the European Community, Manuskript.

Keeble, D., 1989b: Core-periphery disparities, recession and new regional dynamisms in the European Community, reprinted from Geography, The Geographical Association.

Keeble, D., 1989c: High-technology industry and regional development in Britain: the case of the Cambridge phenomenon, in: Government and Policy, Bd. 7, S. 153-172.

Keeble, D., Kelly, T., 1986: New firms and high technology industry in the United Kingdom: The case of computer electronics, in: Keeble, D., Wever, E., Hrsg.: New firms and regional development in Europe, Beckenham, Kent, S. 1-34.

Koch, R., 1989: Bevölkerungs- und Arbeitsmarktentwicklung in Bayern vor dem Hintergrund des EG-Binnenmarktes, Vortrag bei der Sommertagung 1989 der Gesellschaft für Regionalforschung: "Regionalstruktur in einer neuen Phase der europäischen Integration" vom 8.-10. Juni 1989 in Eichstätt.

Krieger, Ch., Thoroe, C., Weskamp, W., 1985: Regionales Wirtschaftswachstum und sektoraler Strukturwandel in der Europäischen Gemeinschaft, Tübingen.

Krieger-Boden, Ch., 1987: Zur Regionalpolitik der Europäischen Gemeinschaft, in: Die Weltwirtschaft, Heft 1, S. 82-96.

Kühlke, H., May, B., 1986: Zahlmeister oder Nutznießer?, Die Bedeutung der Europäischen Gemeinschaft für die Bundesrepublik Deutschland, Bonn.

Lange, H.-G., 1989a: Die deutschen Städte im Europäischen Markt, in: Der Städtetag, Jg. 42, Heft 4, S. 259.

Lange, H.-G., 1989b: Der Europäische Binnenmarkt und die Städte, Vorbericht für die 134. Sitzung des Hauptausschusses des Deutschen Städtetages am 22.02.89 in Berlin, Manuskript, Köln.

Lange, H.-G., 1989c: Städte und Gemeinden im Europäischen Markt, Manuskript, Köln.

Lützel, H., 1989: Bruttosozialprodukt als nationale Steuererklärung, Manuskript, Wiesbaden.

Magiera, S., Merten, D., Hrsg., 1988: Bundesländer und Europäische Gemeinschaft, Schriftenreihe der Hochschule Speyer, Bd. 103, Berlin.

Maillat, D., 1989: Transborder regions between members of the EC and non-member countries, in: RSA.

Manager-Magazin, 1990: Die neuen Stars der alten Welt, Heft 3, S. 204 ff. (Studie auf Grundlage einer Erhebung des Ifo-Instituts München).

Messal, R., 1989: EG-Finanzierung und Lastenverteilung, Schriftenreihe des Bundesministeriums der Finanzen, Heft 42, Bonn.

Millan, B., 1989: A strong Europe of the Regions, Referat zur Konferenz "Europa der Regionen".

Molle, W., 1989: Will the completion of the internal market lead to regional divergence?, paper prepared for the Conference on "The completion of the internal market", Kiel, 21.-23. Juni 1989.

Morawitz, R., 1988: Die Zusammenarbeit von Bund und Ländern bei der Wahrnehmung von EG-Aufgaben, in: Magiera, S., Merten, D., Hrsg., 1988, S. 45-71.

Musgrave, R.A., 1988: Wählerverhalten als Grenze der Umverteilung?, in: Zimmermann, H., Hrsg.: Die Zukunft der Staatsfinanzierung, Marburger "Forum Philippinum", Stuttgart, S. 195-205.

Myrdal, G., 1957: Rich Lands and Poor, New York.

Nijkamp, P., 1989: The United States of Europe: Glorious victories or great defeats?, in: RSA.

OECD, 1981: Measuring Local Government Expenditure Needs, Paris.

Oosterhaven, J., 1989: Changing interdependency between EC-economies, in: RSA.

Opaschowski, H.W., 1989: Wie arbeiten wir nach dem Jahr 2000?, B.A.T.-Freizeit-Forschungsinstitut, Hamburg.

Oschatz, G.-B., Risse, H., 1989: Bundesrat und Europäische Gemeinschaften. Neue Verfahrensregeln der Bundesrats-Geschäftsordnung für EG-Vorlagen, in: Die Öffentliche Verwaltung, 42. Jg., Heft 12, S. 509-519.

Padoa-Schioppa, T., 1988: Effizienz, Stabilität und Verteilungsgerechtigkeit. Eine Entwicklungsstrategie für das Wirtschaftssystem der Europäischen Gemeinschaft, Wiesbaden.

Pelkmans, J., Winters, A., 1988: Europe's domestic market, Cathan House Papers, No. 43, London.

Perroux, F., 1948: Esquisse d'une théorie de l'économie dominante, in: Economie Appliquée, Bd. 1, Paris, S. 243-300.

Peschel, K., 1989a: The effects of European integration on regional development. Some lessons from the past, Diskussionsbeiträge aus dem Institut für Regionalforschung der Universität Kiel.

Peschel, K., 1989b: Spatial effects of the European single market, in: RSA.

Pöhl, K.O., 1989: Auf dem Weg zu einer Europäischen Währungsunion, Vortrag vor der 40. Jahresversammlung des Ifo-Instituts für Wirtschaftsforschung, München, 22. Juni 1989, aus: Deutsche Bundesbank, Auszüge aus Presseartikeln, Frankfurt, 28.6.

Püttner, G., Spannowski, W., 1986: Das Verhältnis der europäischen Regionalpolitik zur deutschen Regionalpolitik, Schriften der Gesellschaft für Regionale Strukturentwicklung, Bd. 17, Bonn.

Reißmüller, J.G., 1989: Ein Staat für die Nation, Frankfurter Allgemeine Zeitung vom 14.8.

Renzsch, W., 1989: Sorgen um den Föderalismus. Welche Kompetenz bleibt den (Bundes-)Ländern in der EG?, Süddeutsche Zeitung vom 17.10.

RSA, 1989: Regional Science Association, 29th European Congress, St. John's College, Cambridge/ England, August 29-September 1, "Opening Plenary Session" und sechsteilige Sitzung "The 1992 single European market and its regional implications", nach den Manuskripten zitiert.

RWI (Rheinisch-Westfälisches Institut für Wirtschaftsforschung), 1989: Konsequenzen der Vollendung des EG-Binnenmarktes für die wirtschaftliche Entwicklung Nordrhein-Westfalens (Gutachten im Auftrag des Ministers für Wirtschaft, Mittelstand und Technologie des Landes Nordrhein-Westfalen), Essen.

Scharpf, F.W., 1988: Regionalisierung des europäischen Raums. Die Zukunft der Bundesländer im Spannungsfeld zwischen EG, Bund und Kommunen. Vortrag beim 24. Cappenberger Gespräch der Freiherr-vom-Stein-Gesellschaft am 27.9.1988 in Ettlingen, nach dem Manuskript zitiert.

Schmidt-Meinecke, S., 1987: Bundesländer und Europäische Gemeinschaft, Speyerer Forschungsberichte, Bd. 59, Speyer.

Sinz, M., Steinle, W., 1989: Regionale Wettbewerbsfähigkeit und europäischer Binnenmarkt, in: Raumforschung und Raumordnung, 47. Jg., S. 10-21.

Späth, L., 1988: Regionalisierung des europäischen Raums - Die Zukunft der Bundesländer im Spannungsfeld zwischen EG, Bund und Kommunen, 24. Cappenberger Gespräch der Freiherr-vom-Stein-Gesellschaft, Ettlingen, 27.9.

Spehl, H., 1989: Anhörung des Ausschusses für Wirtschaft und Verkehr des Landtages Rheinland-Pfalz. Stellungnahme zur Fortentwicklung des Europäischen Binnenmarktes bis 1992 und seinen Auswirkungen auf die wirtschaftliche Entwicklung in Rheinland-Pfalz, Manuskript, Trier.

Spiekermann, B., 1988: Künftige Möglichkeiten einer regionalen Strukturpolitik in der Bundesrepublik Deutschland, in: Akademie für Raumforschung und Landesplanung, Hrsg.: Eigenständige Entwicklung von Regionen und Gemeinden und die Politik der Europäischen Gemeinschaften, Beiträge der Akademie für Raumforschung und Landesplanung, Bd. 105, Hannover, S. 51-57.

Steinbach, J., 1989: Regionalstruktur in einer neuen Phase der Europäischen Integration, Vortrag bei der Sommertagung 1989 der Gesellschaft für Regionalforschung: "Regionalstruktur in einer neuen Phase der europäischen Integration" am 8.-10. Juni in Eichstätt.

Steiner, M., 1989: "Good" and "Bad" Regions? Criteria to evaluate regional prospects in face of an enforced internationalization of the European economy, in: RSA.

Streibl, M., 1989: Der Kompetenzverlagerung Riegel vorschieben, Interview in: Die Welt, 5. August 1989.

Thompson, C., 1989: High-technology theories and public policy, in: Government and Policy, Bd. 7, S. 121-152.

Thoroe, C., 1981: Die europäische Agrarpolitik als Finanzausgleichsproblem, in: Pohmer, D., Hrsg.: Probleme des Finanzausgleichs III. Finanzausgleich im Rahmen der Europäischen Gemeinschaften, Schriften des Vereins für Socialpolitik, N.F. Bd. 96/III, Berlin, S. 85-123.

Tomuschat, C., 1988: Bundesstaats- und Integrationsprinzip in der Verfassungsordnung des Grundgesetzes, in: Magiera, S., Merten, D., Hrsg., 1988, S. 21-43.

Van der Wee, D., 1989: Assessing the regional impact of 1992. Some preliminary results and methodological difficulties encountered, in: RSA.

Wäldchen, P., 1988: Neuere Überlegungen zur Fortentwicklung der EG-Regionalpolitik vor dem Hintergrund der wirtschaftlichen Entwicklung von Regionen und Gemeinden, in: Akademie für Raumforschung und Landesplanung, Hrsg.: Eigenständige Entwicklung von Regionen und Gemeinden und die Politik der Europäischen Gemeinschaft, Beiträge der Akademie für Raumforschung und Landesplanung, Bd. 105, Hannover, S. 39-50.

Wagner, H., 1965: Grundbegriffe des Beschlußrechts der Europäischen Gemeinschaften, Kölner Schriften zum Europarecht, Nr. 5, Köln.

Wegner, M., 1989: Wie realistisch ist das europäische Binnenmarkt-Projekt? in: Wirtschaftsdienst, 69. Jg., S. 371-379.

Wessels, W., 1986: Die deutschen Länder in der EG-Politik: Selbstblockierung oder pluralistische Dynamik?, in: Hrbek, R., Thaysen, U., Hrsg.: Die deutschen Länder und die Europäischen Gemeinschaften, Baden-Baden, S. 181-195.

Westdeutsche Landesbank, 1988: Europa '92. Perspektiven für die deutsche Wirtschaft, Düsseldorf.

Williamson, J.G., 1975: Regional inequality and the process of national development: A description of the pattern, in: Friedmann, H., Alonso, W., Hrsg.: Regional policy: Readings in theory and applications, Cambridge, Mass., S. 183-207.

Zabel, G., 1985: Die Entwicklung des Länderfinanzausgleichs in der Bundesrepublik Deutschland, in: Räumliche Aspekte des kommunalen Finanzausgleichs, Veröffentlichungen der Akademie für Raumforschung und Landesplanung: Forschungs- und Sitzungsberichte, Bd. 159, Hannover, S. 353-406.

Zimmermann, H. u.a., 1973: Regionale Präferenzen. Bedeutung der Wohnortorientierung und Mobilitätsbereitschaft der Arbeitnehmer als Determinanten der Regionalpolitik, Schriften der Gesellschaft für Regionale Strukturentwicklung, Bd. 2, Bonn.

Zimmermann, H., 1983: Allgemeine Probleme und Methoden des Finanzausgleichs, in: Handbuch der Finanzwissenschaft, Bd. IV, 3. Aufl., Tübingen, S. 3-52.

Zimmermann, H., 1985: The integration of policies of fiscal equalization and regional policies: theory and European examples, in: Government and Policy, Bd. 3, S. 451-461.

Zimmermann, H., 1986: EG-Begrenzungen für die deutsche Regionalpolitik, in: Wirtschaftsdienst, 66. Jg., S. 92-97.

Zimmermann, H., 1987: Föderalismus und "Einheitlichkeit der Lebensverhältnisse". Das Verhältnis regionaler Ausgleichsziele zu den Zielen des föderativen Staatsaufbaus, in: Schmidt, K., Hrsg.: Beiträge zu ökonomischen Problemen des Föderalismus, Schriften des Vereins für Socialpolitik, N.F. Bd. 166, Berlin, S. 35-69.

Zimmermann, H., 1990: Fiscal federalism and regional growth, in: Bennett, R., Hrsg.: Decentralization, local governments and markets, Oxford, im Druck.

Zimmermann, H., Henke, K.-D., 1987: Finanzwissenschaft. Eine Einführung in die Lehre von der öffentlichen Finanzwirtschaft, 5. Aufl., München.

Zimmermann, H., Stegmann, H., 1981: Öffentliche Finanzströme und regionalpolitische Fördergebiete, Schriftenreihe der Gesellschaft für Regionale Strukturentwicklung, Bd. 7, Bonn.

Anmerkungen

1) Der Effekt der neueren Vorschläge zur Beibehaltung des Bestimmungslandprinzips auf den Binnenmarkt wird in Teil II_a 2.1 kurz erörtert.

2) Giersch argumentiert: "Kaum Negatives wäre zu erwarten, auch für Gebiete an der Peripherie, wenn der neue Anlauf zur Marktintegration durch Liberalisierungsschritte im weltweiten Rahmen ergänzt würde" (1988, S. 4), erläutert einen solchen Effekt auf die peripheren Gebiete aber nicht weiter; die Ausführungen zur Abmilderung der Abschließungseffekte (ebenda, S. 6-7) betreffen notwendigerweise nur die EG als Gesamtraum.

3) Auch die Aussage "... it is clear that unless a positive strategy is adapted, the poorer and disadvantaged regions in a number of Member States could lose out considerably in the process of integration" (Millan, 1989, S. 1) läuft darauf hinaus, daß ohne politisches Gegensteuern dauerhafte Divergenz befürchtet wird.

4) Steinbach definiert eine späte Phase des Integrationsprozesses, in der Nachfrageexpansion und technischer Fortschritt einander beeinflussen und von den Innovationszentren ausgehend neue Wachstumsschübe erfolgen (Steinbach, 1989, S. 13 ff.), wobei zunächst offenbleibt, ob das dann die gleichen Zentren sind wie heute.

5) Nach den vorherigen Vorstellungen sollte der Exporteur versteuern. Damit läge die Steuer des Ursprungslandes auf der Ware und diesem flössen die Einnahmen zu.

6) Weitere negative Effekte des Verfahrens, wie die Unmöglichkeit, Reiseeinkäufe zu erfassen, oder die Schwierigkeit, mehrfachen grenzüberschreitenden Handel einzubeziehen oder überhaupt den Eingang dieser Steuern zu sichern, sind unter regionalem Aspekt z.T. ebenfalls bedeutsam, etwa in grenznahen Regionen.

7) Damit bezeichnet man in der Sozialforschung den in den 20er Jahren bei einem Experiment im Hawthorne-Werk/USA beobachteten Tatbestand, daß eine im Experiment beabsichtigte und auch gemessene Effizienzsteigerung der Versuchspersonen großenteils nicht den experimentellen Anreizen entsprang, sondern dem Gefühl, überhaupt Gegenstand eines Experiments und damit besonders gefordert zu sein.

8) In einer französischen Regionaluntersuchung wird ebenfalls die geänderte Erwartungshaltung hervorgehoben (BIPE, 1988, S. 39).

9) Dafür spricht auch, daß Schätzungen zu den regionalen Effekten einem negativen "bias" unterliegen, weil "verwundbare" Sektoren und die Effekte der ersten Phase besser zu identifizieren sind als potentielle Wachstumssektoren und langfristige Effekte (van der Wee, 1989, S. 26). Dahinter steht wiederum der generelle Tatbestand, daß Verteilungsprobleme leichter berechnet werden können als Wachstumsnotwendigkeiten.

10) Empirische Studien zur regionalen Auswirkung des Binnenmarktes quer über alle Regionen der EG scheinen nicht vorzuliegen, leider auch nicht seitens der EG-Kommission.

11) So sieht B. Bergren von der schwedischen Stora A.A. Europa vor allem in dem umschriebenen "Sonnengürtel" wachsen (Frankfurter Allgemeine Zeitung, 17.8.1989).

12) Sie könnten "sich unser fortgeschrittenes Niveau der sozialen Sicherung und des Umweltschutzes aus eigenen Kräften keineswegs leisten" (Scharpf, 1988, S. 25). Vgl. zum Umweltschutz: BDI, DGB, 1989, Tz. 6, 10, 12.

13) Die Werte sind mit Vorsicht zu interpretieren, denn zusätzlich zu methodischen Einschränkungen, die teilweise schon in der zugrundeliegenden Studie (Sinz, Steinle, 1989) angesprochen sind, ist hier nochmals ein Durchschnitt aus zwei Werten gebildet worden.

14) Der Hamburger Großraum wird in der zitierten Studie als "dépendance" gekennzeichnet (Brunet, 1989, S. 79); s. dazu Abb. 1.

15) Die Tatsache, daß die Bundesrepublik bei den durch den Binnenmarkt induzierten Wachstumsraten aufs Ganze gesehen leicht unterdurchschnittlich abschneiden dürfte, hängt mit der hier bereits erreichten Liberalisierung und EG-Integration zusammen (Ifo, 1989, S. 3 f.).

16) Vgl. etwa Stellungnahme des Bundesrates zum Entwurf eines Gesetzes zur Einheitlichen Europäischen Akte. Beschlossen in der 564. Sitzung am 16. Mai 1986, Bundesratsdrucksache 150/86 (Beschluß) vom 16.5.1986, u.a. abgedruckt in Hrbek-Thaysen, 1986, S. 276 ff.

17) Der Begriff lehnt sich an den des "Sandwich-Kindes" an, das ebenfalls eingeklemmt ist: zwischen dem älteren Kind oben, das schon alles kann, und dem jüngeren unten, auf das man als das schwächere besonders achtet. Die Analogie liegt insofern auch nahe, als die erhöhte Bedeutung der EG-Tätigkeit oben nicht bestritten wird und die Ebene der Länder unten als Ausdruck der einzigartigen föderativen Situation der Bundesrepublik (im Vergleich der Mitgliedsländer) eine besondere "Pflege" erfordert.

18) Ob die Nord-Süd-Differenzen in der EG die Stellung der EG-Ebene schwächen werden (Scharpf, 1988, S. 26 und 28), bleibt abzuwarten.

19) Auch das in der Resolution der Konferenz "Europa der Regionen" geforderte "eigenständige Klagerecht der Länder, Regionen und autonomen Gemeinschaften vor dem Europäischen Gerichtshof" (Streibl, 1989, S. 16) würde hieran wenig ändern.

20) So schon Karl Arnold 1951 bezogen auf die EGKS, nach Tomuschat, 1988, S. 21; auch Wagner, 1965, S. 219, nach Schmidt-Meinecke, 1987, S. 9.

21) Einen Ansatzpunkt bietet der von der EG-Kommission berufene "Beirat der regionalen und lokalen Gebietskörperschaften", dem für die Bundesrepublik aber auch die Bundesländer angehören, die jedoch ohne gleich bedeutsames Pendant in anderen Mitgliedsländern bleiben müssen. Siehe auch die "Intergroup" zu Kommunalfragen im Europäischen Parlament (Lange, 1989b, S. 21 f.).

22) In diesem Sinne bilden die Bundesländer im Beispiel die regionalisierte Form des "exit" im Sinne von Hirschman (vgl. zur Analogie Zimmermann, 1987, S. 62).

23) Kommissionspräsident Delors am 19.5.1988 bei einer Begegnung mit den Ministerpräsidenten in Bonn: "Glauben Sie mir, daß die Gemeinschaft ein vitales Interesse am Fortbestand des deutschen föderativen Systems hat und nicht daran denkt, dieses System in Frage zu stellen" (Engholm, 1989, S. 391).

24) Es wurde als - bisher unbekanntes - französisches Wort von Kommissionspräsident Delors eingeführt (Streibl, 1989).

25) Hinzu kommt, daß die Bundesländer, insbesondere die kleineren unter ihnen, von ihren administrativen Möglichkeiten her Schwierigkeiten haben dürften, die von einer verstärkten Integration ab 1992 auf sie zukommenden Aufgaben und Chancen zu bewältigen (W. Renzsch, 1989, im Rückblick auf die Tagung, die in Magiera/Merten, 1988, wiedergegeben ist).

26) Allenfalls wäre denkbar, daß sie durch ihre Mitwirkungsrechte im Innenverhältnis den Bund zwingen, Länderaufgaben in Brüssel besonders hart zu verteidigen, und er dadurch bei Paketlösungen unbeabsichtigt viel aus seinem eigenen Aufgabenbestand opfern muß.

27) Dort ist es im zweiten Satz allerdings gleich auf Regionen bezogen, weil ein Ausgleich zwischen Mitgliedsländern als solchen (noch) nicht vorgesehen ist.

28) Auch das Bundesland wird die in seinem Gebiet beobachteten regionalen Unterschiede zweckmäßigerweise erst mittels eines kommunalen Finanzausgleichs anzugleichen suchen, ehe es die Notwendigkeit landesinterner Regionalpolitik prüft.

29) Das Element der Bundesergänzungszuweisungen ist für die Grundkonstruktion nicht unbedingt erforderlich.

30) Ob zahlungstechnisch dann wirklich horizontal transferiert wird oder vertikale Zahlungen nach horizontal wirkenden Kriterien umgestaltet werden, ist weniger bedeutsam.

31) Am Beispiel Irlands kann man zeigen, daß oft die Durchgangsinfrastruktur bezogen auf periphere Regionen fehlt. Irland drängt auf Verbindung zu den britischen Häfen, die Irland bedienen, und wäre dadurch an den im Bau befindlichen Kanaltunnel angeschlossen. Die EG-Kommission könnte hier das verständlicherweise geringe Eigeninteresse des Transitlandes ins Kalkül zielen und eine Mitfinanzierung ins Auge fassen.

Hans Kistenmacher

Das Arbeitsprogramm der ARL zum Schwerpunkt Europa und kurze Einführung in die Themen der Arbeitsgruppen

Meine sehr verehrten Damen und Herren,

die vorangegangenen Referate vermittelten Ihnen bereits einen Eindruck davon, wie vielfältig und anspruchsvoll sich das raumbezogene europäische Aufgaben- und Forschungsfeld darstellt und welche Differenzierungserfordernisse sich dabei ergeben. Die ARL ist entschlossen, sich dieser Herausforderung zu stellen und ihren Beitrag zur wissenschaftlichen Durchdringung der raum- und siedlungsstrukturellen Auswirkungen der europäischen Integration und zur Fundierung einer aktiven, darauf ausgerichteten Raumordnungspolitik zu leisten. Dabei wollen wir den Blick selbstverständlich auch auf unsere östlichen Nachbarländer richten.

Natürlich wurden von unserer Akademie schon vor Jahren europäische Fragestellungen im Rahmen von wissenschaftlichen Untersuchungen und Fachtagungen aufgegriffen. Dennoch müssen wir selbstkritisch feststellen, daß die bisherige räumliche Forschung zu den heute bereits angesprochenen Fragen und zu den Problemen, die in den Arbeitsgruppen erörtert werden sollen, noch viel zu wenig beitragen kann.

Sicher ist aus den analytischen und methodischen Arbeiten der letzten Jahre vieles verwendbar, aber im Grunde hat die intensive Befassung mit den räumlichen Wirkungen der europäischen Integration erst richtig begonnen, als mit dem Abschluß der einheitlichen europäischen Akte neue inhaltliche und zeitliche Rahmenbedingungen für die Integration der EG-Staaten geschaffen worden waren.

In unserer Zeitschrift "Raumforschung und Raumordnung" wurde die Problematik vor kurzem sehr treffend mit folgenden Worten gekennzeichnet: "Die gegenwärtige Situation mit ihrer Suche nach wissenschaftlichen Antworten auf die zu beobachtenden und vermuteten Entwicklungen weist entschieden auf ein Defizit an perspektivischem und innovativem Denken, Forschen und Planen hin. Ohne Zweifel eilt die wirtschaftliche Dynamik in der europäischen Einigung allen anderen Aktivitäten weit voraus. Und so stellt sich die Frage, ob die räumliche Forschung, Planung und Politik in der Lage sein wird, diesen Integrationsprozeß nicht nur analytisch zu begleiten oder nachträglich zu sanktionieren, sondern auch eigenständig mitzugestalten."

Angesichts der bestehenden Defizite ist es erforderlich, die wissenschaftliche Befassung mit europäischen Fragestellungen schrittweise aufzubauen, wobei sich ein isoliertes Herangehen an Einzelaufgaben nicht als sinnvoll erweist. Zunächst ist insbesondere der innereuropäische Informations- und Meinungsaustausch unter den Fachleuten zu verbessern. Hier klaffen noch große Lücken.

In diesem Kontext steht das gestern durchgeführte erste Kolloquium über "Neue Aufgaben für Raumplanung und Raumforschung im Zeichen der europäischen Zusammenarbeit", in dem

Wissenschaftler aus 14 Staaten West- und Osteuropas ihre Sicht der aus dem Zusammenwachsen Europas sich ergebenden räumlichen Folgen und Erfordernisse dargelegt haben. Die Fülle der vermittelten Informationen und Anregungen war für die Teilnehmer sicher sehr anregend und bedarf nun der Verarbeitung.

Das außerordentlich positive Echo, das die Akademie auf Ihre Einladung zur Mitwirkung an dieser Veranstaltung europaweit gefunden hatte, zwang zu einer Ausweitung des ursprünglich vorgesehenen Programms. Es zeigte sich gleichzeitig sehr deutlich, wie wichtig es ist, zunächst einmal fachlich-wissenschaftliche Kontakte herzustellen und das jeweilige Programm und Aufgabenverständnis kennenzulernen. Auf dieser Grundlage werden wir weiterführende Aktivitäten vorbereiten.

Mit derselben Zielrichtung fanden vor kurzem auch intensive Fachgespräche der Europa-Beauftragen der Akademie mit französischen und niederländischen Wissenschaftlern sowie mit Fachkollegen der CSR und der DDR statt. Gleichzeitig bemühen wir uns in verstärktem Maße darum, ausländische Experten in die Forschungsarbeit der Akademie einzubeziehen.

Darüber hinaus beabsichtigt die Akademie, die Zusammenarbeit mit Wissenschaftlern und Planungspraktikern in den Nachbarländern in Richtung auf eine europäische Forschungskooperation weiterzuentwickeln. Wir sind überzeugt, daß das Modell der wissenschaftlichen Akademie, wie es in der Form der ARL für die Bundesrepublik realisiert ist, nicht nur eine gute Ausgangsbasis für Kooperationen bildet, sondern zugleich auch eine geeignete Konstruktion für das europäische Wirkungsfeld darstellt. Eine europäische Akademie ist zwar ein Stück Zukunftsmusik, sie erscheint aber nicht unrealistisch, wenn man die Fülle raumbezogener europäischer Forschungsfragen sieht, die gemeinsam angegangen werden müssen.

Generell ist es notwendig, bei allen Forschungsaktivitäten sehr sorgfältig zu prüfen, inwieweit dabei den europäischen Aspekten Rechnung zu tragen ist. So führt allein schon die zunehmende Verlagerung von fachpolitischen Kompetenzen auf die Ebene der EG dazu, daß kaum ein Thema im Bereich Umwelt, Regionalpolitik, Agrarpolitik oder Verkehrspolitik ohne Einbeziehung der europäischen Dimension behandelt werden kann. Das gilt auch für unsere Arbeit.

Als spezielles Beispiel möchte ich den Akademie-Arbeitskreis für Staatsgrenzen überschreitende Raumplanung erwähnen. Die Grenzregionen leiden nach wie vor unter den Nachteilen ihrer bisherigen nationalen Randlage. Ihre spezifischen Probleme werden mit der Schaffung des europäischen Binnenmarktes nicht automatisch gelöst. Nach wie vor stoßen hier unterschiedliche Verwaltungs-, Rechts-, Bildungs-, Steuer- und auch Raumplanungssysteme aufeinander. Hinzu kommen Sprachprobleme etc. Es bedarf daher besonderer Anstrengungen, um diese Schwierigkeiten zu überwinden. Der Erarbeitung grenzüberschreitender Raumordnungs- und Entwicklungskonzeptionen kommt dabei eine besondere Bedeutung zu.

Auch bei anderen, neu eingerichteten Arbeitskreisen der Akademie tritt die europäische Dimension deutlich in Erscheinung. So z.B. bei der Beschäftigung mit der weiteren ''Entwicklung der großen Städte in der Bundesrepublik Deutschland'' hinsichtlich des zunehmenden europäischen Standortwettbewerbs und der Verschiebungen in den Standortqualitäten.

Der Akademie-Arbeitskreis ''Zukunft der regionalen Wirtschaftspolitik in der Bundesrepublik

Deutschland'' wird sich mit der EG-Regionalpolitik und ihren Instrumenten befassen und auch der Frage nachgehen, wie die Gemeinschaftsaufgabe ''Verbesserung der regionalen Wirtschaftsstruktur'' unter veränderten europäischen Rahmenbedingungen weiterentwickelt werden kann.

Auch die in Vorbereitung befindlichen Arbeitskreise ''Raumstruktur und Verkehrsentwicklung'' sowie ''Neue Konzepte und Verfahren der Regionalplanung'' werden ihre Tätigkeit unter europäischen Vorzeichen aufnehmen.

Die fünf Landesarbeitsgemeinschaften der Akademie haben in ihre Forschungsprogramme bereits europabezogene Themen aufgenommen. Im Vordergrund steht dabei der neue Handlungsbedarf der Landes- und Regionalplanung, der sich aus der europäischen Integration mit immer größerer Dringlichkeit ergibt.

Meine zweite Aufgabe besteht darin, Ihnen einen kurzen Überblick über die Themen und Thesen zu vermitteln, die heute nachmittag in den vier Arbeitsgruppen beraten werden sollen.

Die Arbeitsgruppe 1 ''Regionalpolitik und Raumordnung'' greift die europäische Regionalpolitik seit den neuen EG-Verordnungen von 1988 und 1989 auf. Ausgangspunkt der Überlegungen stellen die Disparitätsprobleme im nationalen und europäischen Rahmen als Grundlage einer EG-Regionalpolitik dar. Weitere Fragen beziehen sich u.a. darauf, wie sich die Ziele der EG-Regionalpolitik auf die Bundesrepublik auswirken werden. Besondere Bedeutung wird der Frage beigemessen, ob es künftig eine starre europäische Regionalpolitik nach Einheitskriterien geben wird bzw. inwieweit nationale und regionale Spielräume möglich sein werden, die bei unterschiedlichen strukturellen Ausgangslagen auch flexible regionale Handlungsprogramme zulassen. Schließlich soll auch auf die Raumordnungspolitik als Grundlage einer verbesserten EG-Regionalpolitik näher eingegangen werden.

In der Arbeitsgruppe 2 soll das Thema ''Großräumige Verkehrserschließung'' mit einem Ausblick auf die Entwicklung der europäischen Verkehrsinfrastruktur erörtert werden.

Nach den vorliegenden Prognosen ist davon auszugehen, daß der europäische Binnenmarkt eine weitere erhebliche Zunahme des Verkehrs mit sich bringen wird. Dieser Zuwachs trifft in der Bundesrepublik auf ein Verkehrsnetz, das trotz Ausbaumaßnahmen seine Kapazitätsgrenzen teilweise schon erreicht hat oder nahe daran ist. Der wachsende Verkehrsdruck wird daher über bisherige Planungen hinaus weitergehende Konzeptionen unausweichlich machen. Raumordnung, Landes- und Regionalplanung sind dadurch im Zusammenwirken mit der Verkehrsplanung in besonderem Maße gefordert. So sei insbesondere auf die Wechselwirkungen und Konflikte mit der Raum- und Siedlungsstruktur sowie auf die ökologischen Rahmenbedingungen mit allen damit zusammenhängenden Fragen hingewiesen.

In der Arbeitsgruppe sollen hierzu planerisch-konzeptionelle Grundsatzfragen erörtert werden, wobei u.a. die Möglichkeiten zur Verkehrsentlastung bzw. -vermeidung und Ansätze zu einer Integration der unterschiedlichen Verkehrsträger im Vordergrund stehen werden.

Die Arbeitsgruppe 3 befaßt sich mit dem Thema ''Agrarpolitik und Flächennutzung''. Die Überlegungen der Vorbereitungsgruppe gehen von der Grundeinschätzung aus, daß der Übergang zum Binnenmarkt für die Landwirtschaft keine gravierenden Folgen haben wird, da die gemeinsame europäische Agrarpolitik bereits seit Jahrzehnten binnenmarktähnliche Verhältnisse geschaffen hat. In regionaler Hinsicht viel entscheidender wird die konkrete Ausgestaltung der künftigen gemeinsamen Agrarpolitik sein.

So soll eine vertiefte Auseinandersetzung mit den räumlichen Auswirkungen von zwei möglichen Politikoptionen im Vordergrund stehen, nämlich einer

- marktorientierten Variante (Annäherung der Preise an das Weltmarktniveau, keine weiteren Mengeneingriffe, keine zusätzlichen kompensatorischen Einkommenstransfers, Mobilitätsförderung)

- und einer mehr protektionistischen Variante (Preissenkungen nur in der Schwankungsbreite der Haushaltsstabilisatoren und der Agrarleitlinie, stärkere Förderung produktionsbegrenzender Maßnahmen, höhere Einkommenstransfers, verstärkte Honorierung von Umweltleistungen und flankierende Förderung außerlandwirtschaftlicher Arbeitsplätze).

Einen weiteren Diskussionsschwerpunkt sollen die in dem Vorbereitungspapier dargestellten Schlußfolgerungen für die Ausgestaltung der gemeinsamen Agrarpolitik und für deren Ergänzung durch nationale Maßnahmen bilden.

Die Arbeitsgruppe 4 ''Entscheidungsstrukturen und Planungsinstrumentarium'' beschäftigt sich mit den Auswirkungen der EG-Integration ab 1992/93 auf die politischen Entscheidungs- und Verwaltungsstrukturen sowie auf das raumplanerische Gestaltungspotential und -instrumentarium. Daß dieses wegen der Breite des Problemfeldes nur exemplarisch möglich ist, bedarf keiner weiteren Kommentierung. So wird der Blick auf besonders wichtige Zusammenhänge gerichtet.

Unter Zugrundelegung bestimmter politisch-administrativer Prämissen sollen u.a. erörtert werden:

- die Veränderungen in den rechtlichen Rahmenbedingungen der Raumplanung und Folgerungen für die Gestaltungspotentiale und -instrumente des deutschen Raumplanungssystems, insbesondere auf regionaler Ebene,

- die Konsequenzen der EG-Integration für Regelungen des Finanzausgleichs,

- die Verschiebungen in den Kompetenzen und in den Einflußmöglichkeiten der deutschen föderalen Ebenen, wobei der querschnittsorientierte Koordinationsbedarf erheblich zunehmen wird.

Darüber hinaus wird hinsichtlich der EG auf die Notwendigkeit der problembezogenen regionalen Differenzierung der sektoralen Instrumente und Programme einzugehen sein.

Regionalpolitik und Raumordnung

1. Fragestellung und Aufgabe

Die EG-Regionalpolitik ist Teil einer europäischen Raumordnungspolitik. Diese Regionalpolitik wurde 1988/89 reformiert und durch mehrere EG-Verordnungen für die nächsten Jahre auf eine neue Grundlage gestellt[1]. Damit sind die regionalpolitischen Ziele des EWG-Vertrages weitgehend konkretisiert worden. Eine europäische Raumordnungspolitik auf EG-Ebene gibt es noch nicht. Nur auf der Ebene des Europarates sind mit der "Europäischen Raumordnungscharta" dafür erste Ansätze erkennbar. Ausgehend von den Disparitätenproblemen in der Europäischen Gemeinschaft, der Darlegung und Interpretation der neuen Ziele und Instrumente der EG-Regionalpolitik will deshalb dieser Beitrag aufzeigen, ob und wie die neue, durch Verordnungen und Richtlinien festgelegte, nicht gesamträumlich orientierte EG-Regionalpolitik zur Verwirklichung von Raumordnungszielen beitragen kann, wie sie etwa in der Europäischen Raumordnungscharta von 1983[2] oder im Raumordnungsgesetz der Bundesrepublik Deutschland von 1989[3] niedergelegt worden sind.

2. Disparitätenprobleme im europäischen und nationalen Rahmen als Ausgangspunkt der EG-Regionalpolitik

2.1 Zum Ausmaß der Disparitäten in der EG

Mit jeder der drei Erweiterungen der europäischen Gemeinschaft sind seit 1973 die Einkommensunterschiede zwischen den Staaten und Regionen der Gemeinschaft gewachsen. Vergleicht man heute die 10 schwächsten und die 10 stärksten Regionen der EG, so zeigt sich ein Gefälle zwischen den erwirtschafteten Einkommen von 1:3. Gleichzeitig stiegen die regionalen Unterschiede der Arbeitslosigkeit zwischen 1975 und 1985 auf das etwa Zweieinhalbfache ihres Ausgangswertes an. Nach Auffassung der EG kann und sollte ein weiteres Anwachsen der Disparitäten zwischen den Regionen nicht hingenommen werden. Die strukturschwachen Länder können von den ökonomischen Vorteilen des EG-Binnenmarktes zukünftig aber nur profitieren, wenn die EG und die Nationalstaaten ihre Anstrengungen zum Abbau der regionalen und damit auch der nationalen Disparitäten erheblich verstärken. Für die EG hat der Rat deshalb bereits zu Beginn 1988 eine reale Verdoppelung der Mittel für die Strukturfonds (Regional-, Sozial- und Agrarstrukturfonds) bis zur geplanten Vollendung des Binnenmarktes 1992/93 beschlossen. Die Europäische Regionalpolitik soll den Entwicklungsrückstand wirtschaftsschwacher Regionen in der EG vermindern helfen. Regionalpolitik hat generell im System der sozialen Marktwirtschaft eine der marktwirtschaftlichen Lenkung nachgeordnete, ergänzende und korrigierende Funktion. Von einer Planwirtschaft kann nicht gesprochen werden. Raumordnungspolitik hingegen gehört sogar mit zu den konstituierenden Prinzipien einer sozialen Marktwirtschaft. Europäische Regionalpolitik und nationale Regionalpolitik tragen somit gemeinsam zur Erfüllung des Konvergenzzieles bei und damit zur Stärkung des wirtschaftlichen und sozialen Zusammenhalts in der Gemeinschaft[4].

Die nach Intensität und Art schwersten Entwicklungsprobleme weisen die rückständigen Regionen in südlicher und westlicher peripherer Randlage für die EG auf. An diesem Tatbestand ändern auch die mangelhaften Analysemethoden zur Messung der Disparitäten nichts. Vor allem die hohen regionalen Disparitäten der Produktion und der Produktivität sind gravierend. Der Vergleich der Regionen mit hoher und mit geringer wirtschaftlicher Leistungskraft im "Dritten Periodischen Bericht"[5] zeigt - gemessen am BIP je Einwohner - einen Einkommensrückstand der rückständigsten Gebiete zum Gemeinschaftsdurchschnitt von bis zu 60 % und mehr. In den errechneten Werten spiegeln sich nach Auffassung der Kommission nicht nur die ökonomische Leistungskraft, sondern auch die großen naturbedingten Unterschiede sowie die verschiedenen demographischen, gesellschaftlichen und ökologischen Strukturen Europas wider.

Die EG-Kommission hat auf der Grundlage ökonomischer und statistischer Analysen die relative Intensität der Regionalprobleme auf Gemeinschaftsebene gemessen und die Regionen mit dem EG-Durchschnitt während der drei Jahre 1981, 1983 und 1985 verglichen[6], leider ohne dabei auch Zukunftsprobleme mit in die Überlegungen einzubeziehen. Sie hat dabei die sozioökonomischen Schlüsselgrößen der wirtschaftlichen Leistungskraft und der Arbeitsmarktlage der Regionen zu einem synthetischen Indikator der Problemintensität zusammengefaßt und dadurch eine gemeinschaftsweite Rangfolge der Regionen erarbeitet (vgl. Tab. 1). Dabei schneiden die Regionen in der südlichen und westlichen peripheren Randlage eindeutig am schlechtesten ab (vgl. Abb. 1). Sie weisen somit auch die größte Abweichung vom Ziel gleichwertiger Lebensverhältnisse auf.

Die nach Intensität und Art schwersten Entwicklungsprobleme in den 160 untersuchten Regionen der Nuts-Ebene II sind vor allem in folgenden Mitgliedstaaten bzw. Teilgebieten anzutreffen[7]:

- Griechenland,
- Irland,
- der Mezzogorno in Italien (mit Ausnahme der Abruzzen),
- Portugal,
- Spanien (mit sehr großen Unterschieden innerhalb des Landes),
- Nordirland (UK).

Diese Regionen liegen mit etwa 40 bis 70 Index-Punkten unter dem durchschnittlichen Indexwert der EG.

Die deutschen Regionen (Regierungsbezirke) finden sich - außer Weser - Ems mit 92 und Oberpfalz mit 97 Punkten (EUR 12 = 100) - über und zum großen Teil sogar mit 20 bis 30 Punkten und mehr deutlich über dem Durchschnitt.

Zwischen 58 und 72 Indexpunkten über dem EG-Durchschnitt liegen so gar dieRegionen

- Hamburg,
- Stuttgart,
- Oberbayern,
- Darmstadt.

Tab. 1: Intensität der Regionalprobleme in der Gemeinschaft¹) (1981-1985) - Synthetischer Index

Nr.	Region		Wert
1	Basilicata	(I)	36.9
2	Calabria	(I)	38.0
3	Andalucia	(ESP)	38.8
4	Extramadura	(ESP)	39.2
5	Canarias	(ESP)	46.1
6	Ireland	(IRL.)	47.6
7	Sardegna	(I)	49.4
8	Castilla Mancha	(ESP)	50.0
9	Thrakis	(GR)	50.5
10	Molise	(I)	50.6
11	Murcia	(ESP)	51.3
12	Galicia	(ESP)	53.8
13	Ipirou	(GR)	54.4
14	Comm. Valenciana	(ESP)	54.6
15	Sicilia	(I)	54.9
16	Castilia León	(ESP)	55.0
17	Campania	(I)	55.7
18	Pelop. & Dit. Ster. Ell.	(GR)	56.9
19	Puglia	(I)	57.2
20	Thessalias	(GR)	57.2
21	Cataluna	(ESP)	57.7
22	Pais Vasco	(ESP)	58.3
23	Asturias	(ESP)	58.4
24	Portugal	(POR)	58.4
25	Kritis	(GR)	58.4
26	Anatolikis Makedonias	(GR)	59.0
27	Aragon	(ESP)	59.5
28	Cantabria	(ESP)	59.7
29	Madrid	(ESP)	59.8
30	Navarra	(ESP)	59.9
31	Anat. Stereas ke Nison	(GR)	61.9
32	Kent. ke Dit. Makedonias	(GR)	63.0
33	Northern Ireland	(UK)	64.4
34	Rioja	(ESP)	65.9
35	Baleares	(ESP)	66.0
36	Nison Anatolikou Egeou	(GR)	67.1
37	West Midlands County	(UK)	67.8
38	Merseyside	(UK)	74.8
39	Abruzzi	(I)	75.7
40	Dum. & Gal. Strathclyde	(UK)	76.2
41	Limburg (B)	(F)	78.1
42	Hainaut	(F)	81.2
43	Salop, Staffordshire	(UK)	82.1
44	Humberside	(UK)	82.4
45	South Yorkshire	(UK)	83.2
46	West Yorkshire	(UK)	84.0
47	Corse	(F)	84.2
48	Heref. & Worc., Warw.sh.	(UK)	85.7
49	Languedoc-Roussillon	(F)	87.2
50	Cleveland, Durham	(UK)	88.1
51	Namur prov.	(F)	89.2
52	Northumber., Tyne & Wear	(UK)	89.8
53	Poitou-Charentes	(F)	90.7
54	Limburg (N)	(NL)	91.4
55	Liège prov.	(B)	91.6
56	Weser-Ems	(D)	92.2
57	Friesland	(NL)	92.3
58	Greater Manchester	(UK)	93.0
59	Bor, Cen, Fif, Lot, Tay	(UK)	93.0
60	Lincolnshire	(UK)	95.0
61	Basse-Normandie	(F)	95.3
62	Lancashire	(UK)	95.8
63	Overijssel	(NL)	96.0
64	Gwent, M. S. W. Glamorg.	(UK)	96.3
65	Gelderland	(NL)	96.4
66	Kent	(UK)	96.5
67	Nord-Pas-de-Calais	(F)	96.6
68	Noord-Brabant	(NL)	96.7
69	Cornwall, Devon	(UK)	96.8
70	Oberpfalz	(D)	96.9
71	Bretagne	(F)	98.0
72	Luxembourg (B)	(B)	98.5
73	Leices.sh. Northamp.sh.	(UK)	98.9
74	Pays de la Loire	(F)	100.6
75	Derbysh., Nottinghamsh.	(UK)	100.7
76	Highlands, Islands	(UK)	101.2
77	Oost-Vlaanderen	(B)	101.3

	Region		Wert		Region		Wert		Region		Wert
78	Vest for Storebaelt	(DK)	101.4	105	Provence-Alpes-C d'Azur	(F)	110.4	132	Piemonte	(I)	120.1
79	Umbria	(I)	101.7	106	Lorraine	(F)	110.5	133	Schleswig-Holstein	(D)	120.4
80	Groningen	(NL)	102.0	107	Lueneburg	(D)	110.5	134	Hannover	(D)	120.8
81	East Anglia	(UK)	102.2	108	Bourgogne	(F)	110.9	135	Giessen	(D)	120.9
82	Trentino-Alto Adige	(I)	102.4	109	Muenster	(D)	110.9	136	Zuid-Holland	(NL)	121.8
83	Ost for Storebaelt	(DK)	102.9	110	Champagne-Ardennes	(F)	112.2	137	Emilia-Romagna	(I)	128.1
84	Saarland	(D)	103.6	111	Utrecht	(NL)	112.4	138	Koeln	(D)	129.8
85	Picardie	(F)	103.7	112	Arnsberg	(D)	113.0	139	Rhone-Alpes	(F)	130.1
86	Marche	(I)	104.1	113	Dorset, Somerset	(UK)	113.4	140	Schwaben	(D)	130.6
87	Clwy, Dyfe, Gwyn, Powy	(UK)	104.2	114	Friuli-Venezia Giulia	(I)	113.9	141	Liguria	(I)	130.8
88	Niederbayern	(D)	104.3	115	Bedfordsh., Hertfordsh.	(UK)	114.0	142	Grampian	(UK)	132.6
89	Haute-Normandie	(F)	104.5	116	Franche-Comté	(F)	115.0	143	Lombardia	(I)	132.8
90	Trier	(D)	105.3	117	Braunschweig	(D)	115.4	144	Tuebingen	(D)	134.8
91	West-Vlaanderen	(F)	106.1	118	Kassel	(D)	115.7	145	Freiburg	(D)	134.9
92	Lazio	(I)	106.3	119	Koblenz	(D)	115.8	146	Greater London	(UK)	135.0
93	Hampshire, Isle of Wight	(UK)	106.4	120	Drenthe	(NL)	115.9	147	Duesseldorf	(D)	136.3
94	Bremen	(D)	106.8	121	Toscana	(I)	116.0	148	Alsace	(F)	136.4
95	Essex	(UK)	108.3	122	Cheshire	(UK)	116.1	149	Mittelfranken	(D)	136.6
96	Brabant	(B)	108.4	123	Detmold	(D)	116.7	150	Hovedstadsregionen	(DK)	141.4
97	Auvergne	(F)	108.5	124	Centre	(F)	117.0	151	Berlin (West)	(D)	141.7
98	Aquitaine	(F)	109.0	125	Unterfranken	(D)	117.1	152	Valle d'Aosta	(I)	142.4
99	Limousin	(F)	109.2	126	Oberfranken	(D)	117.5	153	Rheinhessen-Pfalz	(D)	143.4
100	North Yorkshire	(UK)	109.2	127	E.Sus., Surrey, W.Sus.	(UK)	117.6	154	Luxembourg (G. D.)	(L)	144.2
101	Veneto	(I)	109.5	128	Zeeland	(NL)	118.5	155	Karlsruhe	(D)	151.3
102	Avon, Glou.sh., Wiltsh.	(UK)	109.8	129	Cumbria	(UK)	118.7	156	Ile de France	(F)	151.5
103	Midi-Pyrénées	(F)	109.8	130	Antwerpen prov.	(B)	119.8	157	Hamburg	(D)	158.7
104	Berk.sh., Buck.sh., Oxf.sh	(UK)	109.8	131	Noord-Holland	(NL)	120.1	158	Stuttgart	(D)	160.5
								159	Oberbayern	(D)	165.7
								160	Darmstadt	(D)	171.8

1) Niedrige Indexwerte zeigen hohe Problemintensität an (und umgekehrt).

Quelle: Kommission der Europäischen Gemeinschaften (Hrsg.): Dritter Periodischer Bericht der Kommission über die sozio-ökonomische Lage und Entwicklung der Regionen der Gemeinschaft, KOM (87) 230, Brüssel 1987, Tabelle 2.2, S. 23.

Abb. 1: Ausmaß der Regionalprobleme nach Regionen (Synthetischer Index)

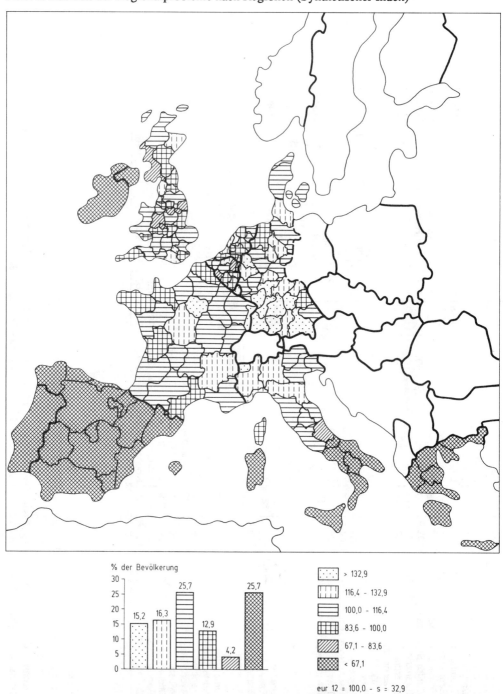

Quelle: Kommission der Europäischen Gemeinschaft (Hrsg.): Dritter Periodischer Bericht der Kommission über die sozio-ökonomische Lage und Entwicklung der Regionen der Gemeinschaft, Kom (87) 230, Brüssel 1987, Karte 2.2-3, S. 22.

2.2. Kritik an der Messung der Disparitäten und Lösungsansätze

Den Zahlen muß man allerdings mit großen Vorbehalten begegnen. Sie hängen einerseits mit der Methodik der Regionsabgrenzung zusammen, andererseits muß man auch noch beträchtliche Zweifel hinsichtlich der Vergleichbarkeit der den Messungen zugrunde gelegten Grunddaten anführen. So zeigt sich z.B. an der hohen wirtschaftlichen Leistungskraft Hamburgs, daß diese zum Teil von Pendlern erwirtschaftet wird, die in den Umlandkreisen Hamburgs wohnen, und Hamburg darüber hinaus als Sitz vieler großer Unternehmen bei der Sozialproduktsberechnung, insbesondere durch die Anrechnung der indirekten Steuern, bevorteilt wird. Die so errechnete wirtschaftliche Leistungskraft Hamburgs, die auf die Wohnbevölkerung (nicht auf die Wirtschaftsbevölkerung) bezogen wird, liegt zwangsläufig weit über den tatsächlichen Werten. Die tatsächlichen Probleme werden also nicht richtig wiedergegeben, weil die administrativen Regionsabgrenzungen so unterschiedlich sind und die Arbeitsmarktbeziehungen und -lagen den räumlichen Verflechtungen nicht entsprechen. Damit zeigt sich, daß die Methode der EG-Kommission zur Prüfung der Disparitäten auf der Regionalebene II allenfalls für grobe Vergleiche, nicht jedoch für politische Entscheidungen geeignet ist. Für Analysezwecke wäre die Wahl der Regionalebene III wesentlich besser. Für die Therapie können dann Regionen gebildet werden, die Gebiete der Nuts-Ebene III zusammenfassen.

Vor dem Hintergrund der komplexen und differenzierten Problemlagen in den Regionen der EG müssen deshalb von der EG-Regionalpolitik auch komplexe Entwicklungsstrategien gefordert werden. Um dabei zu erfolgversprechenden Lösungen zu kommen, bedarf es neben besseren Analysemethoden für kleinere Raumeinheiten auf der europäischen und auf den nationalen und kommunalen Verwaltungsebenen auch differenzierterer Therapiekonzepte für die unterschiedlichen Problemlagen. Entsprechend den jeweiligen strukturellen Ausgangslagen in den Regionen und Staaten der EG empfehlen sich dafür auf regionalen Analysen aufbauende ''Regionale Handlungs- und Aktionsprogramme'' und eine hohe Flexibilität bei der Festlegung der Prioritäten für Maßnahmen, insbesondere bei beschäftigungswirksamen Projekten.

3. Grundlagen und Ziele der EG-Regionalpolitik

3.1 Konvergenz- und Kohäsionsziele der EG

Die ''Einheitliche Europäische Akte'' (EEA) hat in ihrem Kapitel ''Wirtschaftlicher und sozialer Zusammenhalt'' die Verringerung der Disparitäten zwischen den Regionen ausdrücklich als besonderes Ziel der Gemeinschaftspolitik herausgestellt. Beim Streben nach *Konvergenz*, d.h. nach ''nominaler Konvergenz'' (Preisstabilität, Wiederherstellung und Aufrechterhaltung der großen Gleichgewichte in den Bereichen der öffentlichen Finanzen und der Außenwirtschaft) und nach ''realer Konvergenz'' (Annäherung des Lebensstandards zwischen den Ländern und Regionen, Abbau des hohen Niveaus und Regionalgefälles der Arbeitslosigkeit) handelt es sich um Probleme und Aufgaben, deren Lösung von besonderer Bedeutung für die Bewältigung des politischen Problems der Kohäsion der Gemeinschaft sein wird. Die *Kohäsion* als Grundlage und Sicherung des dauerhaften Bestandes und der weiteren Fortentwicklung der Gemeinschaft umfaßt nach Artikel 130a EWGV nicht nur die nominale und reale Konvergenz, den Prozeß der Annäherung, sondern sie ist auch im umfassenden Sinne eine Frage des Gleichgewichts zwischen den einzelnen Gemeinschaftspolitiken, die der Lösung der besonders gravierenden Probleme aller Mitgliedsstaaten in angemessenem Umfang dienen müssen[8]. Konvergierende Entwicklungen fördern die Kohäsion.

Die neue EG-Regionalpolitik geht konsequent von diesen Zielen der "Einheitlichen Europäischen Akte" aus. Sie soll z.B. mit Hilfe der Konvergenzziele den Lebensstandard zwischen den Ländern und Regionen einander annähern, zu einer weiteren Entfaltung des wirtschaftlichen und politischen Potentials in der EG beitragen und damit u.a. die Kohäsionsziele fördern. Diese Ziele sollen vor allem im Bereich der Regionalpolitik mit Hilfe der Wettbewerbsaufsicht und mit finanziellen Anreizen (vgl. Kap. 5) erreicht werden. Die EEA ist damit zugleich also auch neue rechtliche Grundlage für wichtige Bereiche der EG-Raumordnungspolitik, so etwa für die Umwelt- und Regionalpolitik.

3.2   Hauptziele der EG-Regionalpolitik

Die Reform der EG-Regionalpolitik der Jahre 1988/89 gründet auf dem neuen Artikel 130a EWGV, der als regionalpolitische Generalklausel mit räumlicher Zielsetzung angesehen werden kann. Dieser Artikel enthält zunächst eine Bekräftigung der allgemeinen Ziele der Integration: "Die Gemeinschaft entwickelt und verfolgt weiterhin ihre Politik zur Stärkung ihres wirtschaftlichen und sozialen Zusammenhalts, um eine harmonische Entwicklung der Gemeinschaft als Ganzes zu fördern." Im zweiten Absatz greift der Text des Art. 130a EWGV auf Formulierungen in der Präambel des EWGV zurück und ergänzt damit die Zielsetzungen des 1. Absatzes durch eine besondere räumliche Zielsetzung: "Die Gemeinschaft setzt sich insbesondere zum Ziel, den Abstand zwischen den verschiedenen Regionen und den Rückstand der am stärksten benachteiligten Gebiete zu verringern." Der folgende neue Artikel 130b EWGV verpflichtet die Mitgliedstaaten, ihre Wirtschaftspolitik in der Art und Weise zu führen und zu koordinieren, daß auch die in Art. 130a genannten Ziele verwirklicht und u.a. durch ihre Strukturfonds und die sonstigen Finanzierungsinstrumente unterstützt werden.

Art. 130c EWGV behandelt die Aufgabe des Europäischen Fonds für regionale Entwicklung (EFRE), der "durch Beteiligung an der Entwicklung und an der strukturellen Anpassung der rückständigen Gebiete und an der Umstellung der Industriegebiete mit rückläufiger Entwicklung zum Ausgleich der wichtigsten regionalen Ungleichgewichte in der Gemeinschaft" beitragen soll. Im Zusammenhang mit dem Art. 130b EWGV werden damit das Konvergenzziel der EG und seine Instrumente (Koordination sowie Einsatz von Fondsmitteln) gestärkt. Wichtigste Anliegen des EFRE sind:

- die Koordinierung der nationalen Regionalpolitiken, um zur Verwirklichung eines höheren Maßes an Konvergenz der Volkswirtschaften der Mitgliedstaaten beizutragen und um eine ausgewogene Verteilung der Wirtschaftstätigkeit im Gebiet der Gemeinschaft sicherzustellen und

- sein Beitrag zur Korrektur der wichtigsten regionalen Ungleichgewichte.

Auf der Grundlage des Art. 130d EWGV hat die Kommission eine Gesamtkonzeption für einen effizienteren Einsatz der Strukturfonds vorgelegt, mit deren Hilfe die Ziele der Artikel 130a und 130c EWGV effizienter durchgesetzt werden können. Nach dem 1988 verabschiedeten Gesamtvorschlag zur Reform der Strukturfonds soll die Gemeinschaft künftig mit Hilfe ihrer Strukturpolitiken eine begrenzte Anzahl einfacher und klarer Ziele verfolgen. Insgesamt setzt sich die Gemeinschaft für die nächsten Jahre folgende strukturpolitische Ziele: [9]

- Förderung der Regionen mit Entwicklungsrückstand (Ziel Nr. 1);
- Umstellung der im Niedergang befindlichen Industrieregionen (Ziel Nr. 2);
- Bekämpfung der Langzeitarbeitslosigkeit (Ziel Nr. 3);
- berufliche Eingliederung der Jugendlichen (Ziel Nr. 4);
- beschleunigte Anpassung der Agrarstrukturen (Ziel Nr. 5a)
  und Förderung der Entwicklung des ländlichen Raumes (Ziel Nr. 5b).

Durch eine bevorzugte Ausrichtung auf diese fünf Ziele sollen die strukturpolitischen Beihilfen und Darlehen auf Gemeinschaftsebene effizienter ausgestaltet werden. Der Gesamtvorschlag sieht ferner vor, den Beitrag an Haushaltsmitteln, der über die Strukturfonds zur Erreichung dieser fünf Ziele aufgewandt wird, bis 1992 real zu verdoppeln, vor allem um den Entwicklungsstand der am stärksten benachteiligten Regionen abzubauen.

Am 18. Januar 1989 verabschiedete das Europäische Parlament eine Entschließung zum wirtschaftlichen und sozialen Zusammenhalt in der Gemeinschaft [10]. Hierin unterstrich das Parlament, daß eine kooperative Strategie des Wachstums und des Zusammenhalts verfolgt werden muß, die auf der wirtschafts- und währungspolitischen Zusammenarbeit, der Reform der Strukturfonds, der wirksamen Umverteilung durch den Gemeinschaftshaushalt und auf einer differenzierten Anwendung der Wettbewerbsregeln beruht. Die Entschließung nennt zehn vorrangige Bereiche, in denen das gemeinschaftliche Vorgehen die am wenigsten entwickelten Gebiete berücksichtigen müßte: Infrastrukturen, Ausbildung, neue Technologien, Reform der Regionalwirtschaften, Umwelt, Beteiligung der Regionen, sozialer Zusammenhalt, Außenhandelspolitik im Dienste des Zusammenhalts, Kontrolle und Bewertung der Fortschritte des wirtschaftlichen und sozialen Zusammenhalts.

Diese Ziele der EG-Regionalpolitik zeigen deutlich, daß ihnen im Zusammenhang mit der Entwicklung der Europäischen Gemeinschaft zu einem Europäischen Binnenmarkt ein besonderer Stellenwert zukommt. Sie werden auch eine gewichtige Bedeutung für die Raumordnung und Regionalentwicklung in der Bundesrepublik Deutschland erhalten.

4. Folgen für die Regionalentwicklung in der Bundesrepublik Deutschland

4.1 Methodische Probleme

Alle wirtschaftlichen Indikatoren deuten darauf hin, daß die Kommission der Europäischen Gemeinschaft mit den im Weißbuch von 1985 vorgeschlagenen Strategien und der Einheitlichen Europäischen Akte von 1987 einen Wachstumsprozeß, wenn nicht induziert, so doch kräftig unterstützt hat. Dabei ist keineswegs abzusehen, ob die zur Vollendung des Europäischen Binnenmarktes vorgesehenen Maßnahmen auch nur annähernd bis 1993 realisiert werden können. Diese Entwicklung zeigt, daß die wichtigsten Wirkungen des weitergehenden Integrationsprozesses auf Einkommen und Beschäftigung (im folgenden Integrationseffekte genannt) möglicherweise aus der allgemeinen Stimulierung von wirtschaftlichem Wachstum und Strukturwandel folgen werden. Dieses macht es außerordentlich schwierig, auch nur die gesamtwirt-schaftlichen Wirkungen der Vollendung des Europäischen Binnenmarktes zu prognostizieren. Die Kommission hat sich denn auch darauf beschränkt, die ökonomischen Effekte zu quantifizie-ren, welche aus der Abschaffung materieller und technischer Handelsbarrieren, aus der Realisie-rung von Skalenvorteilen und einem verstärkten Wettbewerb resultieren mögen. Bei sektoraler Betrachtung werden als Hauptbetroffene ''moderne'', technisch hochwertige Produktionen aus den Bereichen Elektrotechnik, Pharmazeutische Industrie, Fahrzeugbau und Maschinenbau angesehen. Ferner werden Produkte aus den ''traditionellen'' Bereichen Nahrungs- und Genuß-mittelindustrie sowie Textil-und Bekleidungsindustrie genannt. Im tertiären Bereich sind es der Kredit- und Versicherungssektor, die nicht marktwirtschaftlich angebotenen Dienstleistungen, der Bausektor und der Groß- und Einzelhandel, welche am stärksten betroffen eingeschätzt werden.

Die Prognose der räumlichen Verteilung der erwarteten Integrationseffekte knüpft, soweit sie quantitative Ergebnisse anstrebt, in den meisten Studien an die sektoralen Schätzungen der Kommission an. Es werden diejenigen Regionen identifiziert, in denen die nach ihren Schätzun-gen meist betroffenen Sektoren besonders stark vertreten sind, und es wird unterstellt, daß diese Regionen auch die höchsten Integrationseffekte aufweisen. Dieser Ansatz bereitet schon deswe-gen Schwierigkeiten, weil sich die Produktpalette ein und desselben Sektors regional stark unterscheiden kann. Gewichtiger ist aber das Problem, daß auf diese Weise allenfalls direkte Effekte der Integration, nicht aber die über die Vorleistungsverflechtung und die einkommensab-hängige Nachfrage laufenden erfaßt werden können. Die Folgen einer generellen Steigerung des wirtschaftlichen Wachstums und der Beschleunigung strukturellen Wandels bleiben vollends außer acht.

Weiter ist zu bedenken, daß in einigen Regionen Wachstumsprozesse an ihre Grenzen stoßen mögen. Knappheit an Facharbeitern, an Boden, an Umweltressourcen kann Ausbreitungseffekte in primär nicht betroffenen Regionen induzieren. Andererseits mag es primär nicht betroffene Regionen geben, denen es gelingt durch Anpassung ihre Produktionspotentiale an die Anforde-rungen wachsender Unternehmen, Betriebe zu attrahieren. In jüngeren Ansätzen[11] wird versucht, diesem Einwand dadurch Rechnung zu tragen, daß die Analyse der von der Vollendung des Europäischen Binnenmarktes negativ oder positiv betroffenen Regionen durch Indikatoren zur regionalen Wettbewerbsfähigkeit ergänzt wird.

Trotz der grundsätzlichen Bedenken gegen den sektoralen Ansatz ist es natürlich sinnvoll, im Einzelfall den regionalen Auswirkungen sektorspezifischer Maßnahmen wie z. B. den Implika-tionen eines Fortfalls der Subventionierung des Steinkohlebergbaus nachzugehen.

Die theoretische Diskussion verläuft nach wie vor im Spannungsfeld zweier Denkansätze, die schon zu Beginn der 60er Jahre zur Prognose regionaler Integrationseffekte herangezogen wurden: der neoklassischen Gleichgewichtstheorie, welche unter bestimmten Bedingungen eine Verringerung regionaler Disparitäten prognostiziert, und dem auf einer Arbeit von Clark, Wilson und Bradley (1969) basierenden Potentialansatz[12], der ein Gefälle der Integrationseffekte vom Zentrum (positiv) zur Peripherie (negativ) vorhersagt.

Die Zentrum-Peripherie-Hypothese kann für die Vergangenheit als widerlegt angesehen wer-den[13]. Für die Gegenwart fehlt es an stichhaltiger Begründung, wo das Zentrum anzusiedeln und was als Peripherie einzustufen ist. Die neoklassische Theorie arbeitet heute mit dem Begriff Konkurrenz der Standorte. Aus ihr können Bedingungen abgeleitet werden, die zu erfüllen sind, damit regionale Disparitäten abgebaut werden. Die Prognose regionaler Integrationseffekte ist mit ihrer Hilfe jedoch nur unter sehr restriktiven, nicht realistischen Bedingungen möglich.

4.2 Hypothesen

Neuere Überlegungen führen zu Ergebnissen, die im grundsätzlichen mit denen von Sinz/ Steinle und auch Äußerungen der EG-Kommission übereinstimmen[14]). Zwei Gedanken sind für sie grundlegend:

1. Die Maßnahmen zur Vollendung des europäischen Binnenmarktes bewirken keine Revolution. Die Kräfte, welche in der Vergangenheit die Regionalentwicklung prägten, werden auch weiterhin wirksam sein.

2. Neben den primären von einzelnen Sektoren ausgehenden Wirkungen folgen die wichtigsten Integrationseffekte aus der allgemeinen Stimulierung von Wachstum und Strukturwandel.

3. Aus diesen beiden Überlegungen folgt, daß bei der Analyse der regionalen Integrationseffekte zwischen den hochindustrialisierten Regionen im Norden und den wachstumsschwachen Regionen im Süden der EG zu unterscheiden ist.

Im Norden der EG und damit auch in der BR Deutschland werden von der Vollendung des Europäischen Binnenmarktes primär unterschiedliche Entwicklungsimpulse auf die Regionen ausgehen, je nachdem, ob sie Standorte alter (Massen-)Produktionen sind oder ob sie moderne, technisch hochwertige Güter erzeugen. Da der Schrumpfungsprozeß der traditionellen Massenproduktionen in der Bundesrepublik Deutschland weitgehend abgeschlossen sein dürfte, werden von der Integration primär die Regionen betroffen, in denen sich in den letzten Jahrzehnten die modernen Produktionen angesiedelt haben. Das sind eher die Ränder als die Zentren der Agglomerationen und Teile des ländlichen Raumes; und es ist eher der Süden als der Norden der Bundesrepublik. Von den altindustrialisierten Regionen dürften nur diejenigen betroffen sein, denen tatsächlich ein Umstrukturierungsprozeß gelungen ist wie z. B. Stuttgart. Welche Wirkungen diese Impulse aber letztlich haben und wo überall sie sich räumlich niederschlagen (Ausbreitungseffekte), hängt von der Stärke des gesamtwirtschaftlichen Wachstumsprozesses und dem Auslastungsgrad der regionalen Produktionspotentiale ab. Je schwächer das Wachstum, um so eher dürften die Integrationseffekte sich auf die primär betroffenen Regionen konzentrieren und in diesem Fall dort zu Beschäftigungseinbußen führen. Je stärker das Wachstum, um so eher sind Beschäftigungszunahmen zu erwarten und um so stärker werden Ausbreitungseffekte in die Regionen sein, welche die notwendigen Produktionsfaktoren (Industriefläche, qualifizierte Arbeit etc.) bereitstellen können. Hieraus folgt: die altindustrialisierten ''Problemregionen'' der Bundesrepublik haben nur dann eine Chance, von der Vollendung des Binnenmarktes zu profitieren, wenn die gesamtwirtschaftliche Wachstumsdynamik groß genug ist. Der ländliche Raum wird teil an den Integrationseffekten (positiv wie negativ) des verarbeitenden Gewerbes haben, sofern er in der jüngeren Vergangenheit Standort moderner industrieller Fertigung geworden ist. Dasselbe gilt auch für die Grenzregionen.

Abb. 2: Veränderung der Beschäftigung (ohne Landwirtschaft) - Abweichungen der regionalen Wachstumraten von der des Bundesgebietes in Prozentpunkten

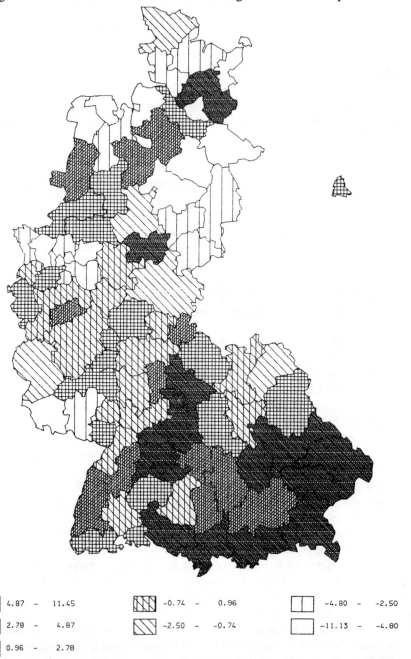

4.87 – 11.45	–0.74 – 0.96	–4.80 – –2.50
2.78 – 4.87	–2.50 – –0.74	–11.13 – –4.80
0.96 – 2.78		

Entnommen aus: Peschel, K., Bröcker, J.: Hypothesen und Fakten zur regionalen Entwicklung der Beschäftigung in der Bundesrepublik Deutschland 1970 - 1987, erscheint in: Allgemines Statistisches Archiv.

Ferner läßt sich annehmen, daß die räumliche Verteilung der Integrationseffekte des Dienstleistungssektors weitgehend derjenigen des industriellen gleichen wird. Die wichtigsten Ausnahmen hierzu sind der Tourismus und die - allerdings wenig beschäftigungswirksame - Konzentration von Stabsfunktionen auf einzelne große Agglomerationen. Die Gründe für diese Vermutung sind: die produktionsorientierten Dienstleistungen (Unternehmens- und Wirtschaftsberatung, Versicherungen, Banken) sind nachfrageorientiert, weil sie persönliche Kontakte mit der Kundschaft brauchen. Die konsumorientierten Dienstleistungen dagegen sind einkommensabhängig, und die öffentlichen Dienstleistungen schließlich werden sowohl über die Einnahme- als auch über die Ausgabeseite von der regionalen Einkommenssituation mitbestimmt.

Für die quantitative Prognose dürfte der erfolgreichste Weg sein zu fragen, ob die in den letzten 20 Jahren zu beobachtenden Trends in der räumlichen Verteilung wirtschaftlicher Aktivitäten weitergehen werden oder ob sich Trendbrüche abzeichnen. Dieser Frage ist in der empirischen Analyse unter Zugrundelegung alternativer Annahmen über die makroökonomische Entwicklung Region für Region nachzugehen. Die Entwicklungstrends der Jahre 1980 - 1987 werden sehr gut durch die Veränderung der sozialversicherungspflichtig Beschäftigten (ohne Landwirtschaft) repräsentiert (siehe Abb. 2).

Im Süden der EG sind die stärksten Integrationseffekte aufgrund einer Stimulierung des allgemeinen Wachstumsprozesses zu erwarten. Diese werden um so eher kumulativ wirken, je geringer die Ausschöpfung regionaler Ressourcenpotentiale ist. In sektoraler Hinsicht läßt sich vermuten, daß dort noch eine gewisse Ausweitung traditioneller Massenproduktion, die mit vergleichsweise wenig qualifizierter Arbeit auskommt, erfolgen wird. Nach den Schätzungen der EG-Kommission werden die höchsten Integrationseffekte aber im Bereich der technisch hochwertigen Produktionen auftreten. Fraglich ist, ob das organisatorische und technische Wissen sowie die Ausbildung der Arbeitskräfte im ''Süden'' derartige Produktionen zulassen. Anzunehmen ist, daß die ''jungen'' Industrieländer zumindest Teile der Produktionsprozesse auch der Hochtechnologie-Produktionen übernehmen können. Dies gilt insbesondere, wenn es infolge der Liberalisierung der Märkte durch Betriebsverlagerungen, -erweiterungen, -aufkäufe oder -neugründungen zu einem verstärkten Technologieexport aus den wirtschaftsstärkeren Mitgliedstaaten in diese Länder kommt. Inwieweit sie auf breiter Basis in die Produktionen auch technisch hochwertiger Produkte einsteigen können, dürfte mit davon abhängen, ob Artikel 100 a Abs. 3 der Einheitlichen Europäischen Akte, in dem hohe Standards zum Schutze von Gesundheit, Sicherheit und Umwelt vorgesehen sind, realisiert wird.

5.   Maßnahmen zum Abbau bestehender und potentieller zukünftiger Disparitäten

Durch die Vorschriften der Art. 130a und 130b EWGV werden sowohl die Mitgliedstaaten als auch die Gemeinschaftsebene verpflichtet, dem europäischen Kohäsionsziel Rechnung zu tragen. Für die Mitgliedstaaten ist das Koordinierungsgebot im wesentlichen auf den Bereich der Wirtschaftspolitik beschränkt. Ihre Wirtschaftspolitik soll so geführt und koordiniert werden, daß sie zum Kohäsionsziel beiträgt (vgl. Kap. 3.1). Auf Gemeinschaftsebene gilt das Koordinierungsgebot grundsätzlich für alle gemeinsamen Politiken, insbesondere aber für die reformierten Strukturfonds. Die Maßnahmen der EG setzen damit an zwei Punkten an:

- die Wettbewerbsaufsicht der EG nach Art. 92, 93 EWGV soll sicherstellen, daß Subventionen von Mitgliedstaaten, die den Abbau regionaler Disparitäten im EG-Raum behindern würden, unterbunden werden;

- mit finanziellen Anreizen der drei Strukturfonds (Agrarfonds - Abt. Ausrichtung, Sozial- und Regionalfonds) sollen in den strukturschwächeren Regionen positive Entwicklungsimpulse ausgelöst werden.

Ob daneben im Sinne des neuen Art. 130b zukünftig auch eine verstärkte ''Regionalisierung'' der EG-Fachpolitiken eingeleitet wird, ist derzeit noch nicht zu beantworten. Grundsätzlich gewinnen jedoch regionale Aspekte bei der Bewertung und Konzipierung wirtschaftspolitischer und anderer Maßnahmen an Bedeutung, so daß die regionale Strukturpolitik auch durch entsprechende regionale Komponenten in anderen Fachprogrammen unterstützt werden kann.

Mit den *Art. 92 und 93* des Vertrages hat die Gemeinschaft die Kommission mit einer fortlaufenden Überprüfung aller staatlichen Beihilfen beauftragt, die den Wettbewerb verfälschen und den Handel zwischen den Mitgliedstaaten beeinträchtigen. Zum Kreis der kontrollierten Beihilfen zählen neben sektoralen Subventionen auch regionale Beihilfen für strukturschwache Gebiete mit dem gemeinsamen Markt vereinbar sein; die Kommission geht jedoch zunächst von der Grundhypothese aus, daß alle Subventionen wettbewerbsverfälschend sind, um dann für einzelne Regionen anhand sozioökonomischer Indikatoren (Arbeitslosenquote und Einkommenssituation) ihre Zulässigkeit zu prüfen. Verbote oder Einschränkungen können an mehreren Punkten ansetzen:

- der Umfang der nationalen regionalen Fördergebiete kann reduziert bzw. zeitlich befristet werden;
- Teile des Förderinstrumentariums können verboten, eingeschränkt oder mit Auflagen versehen werden;
- die Höhe der Fördersätze kann eingeschränkt oder eine Limitierung der Fördermittel vorgeschrieben werden.

Das Instrument der Kontrolle staatlicher Beihilfen dient in erster Linie dazu, mögliche Übersubventionierungen vor allem der wirtschaftsstärkeren Mitgliedstaaten zu unterbinden. Massive Regionalbeihilfen würden Bemühungen der finanz- und strukturschwächeren Mitgliedstaaten um eine Verbesserung ihrer regionalen Wirtschaftsstruktur konterkarieren und damit dem Kohäsionsziel zuwiderlaufen. Zusätzlich würde auch durch einen Einsatz massiver nationaler Fördermittel die Effizienz des Europäischen Regionalfonds geschmälert werden. Zur Erreichung des Kohäsionszieles ist im Zuge der Verwirklichung des Binnenmarktes in Zukunft mit einer intensiveren Kontrolle sektoral- und regionalpolitischer Subventionen zu rechnen.

Neben der Kontrolle nationaler Regionalbeihilfen als Ge- und Verbotsinstrument gewährt die Gemeinschaft auch finanzielle Anreize aus dem Europäischen Fonds für regionale Entwicklung (EFRE). Mit der Reform der Strukturfonds[15], die Anfang 1989 in Kraft getreten ist, erfolgte eine deutliche Akzentuierung des Kohäsionszieles:

- Gefördert werden nicht mehr - wie bisher - alle national definierten Fördergebiete, sondern die nach europäischen Maßstäben förderungsbedürftigen Regionen: Dies sind entsprechend den in Kapitel 3.2 genannten Zielen[16]

- Regionen mit gravierendem regionalem Entwicklungsrückstand (Ziel Nr. 1)
- Regionen mit rückläufiger industrieller Entwicklung (Ziel Nr. 2)
- Ländliche Gebiete mit schwacher Wirtschafts- und Agrarstruktur (Ziel Nr. 5b) (vgl. Abb. 3-5);

- die Fördermittel der Strukturfonds werden 1993 gegenüber 1987 real verdoppelt und erreichen 1992 einen Betrag von 12,9 Mrd. ECU (Preise 1988; rd. 27 Mrd DM);

- gleichzeitig werden ca. 80 % der Mittel des EFRE auf die strukturschwächsten Gebiete (Ziel-1-Gebiete) konzentriert. Die Beteiligungssätze des EFRE sind je nach Gebiet und Maßnahme gestaffelt;

- durch die Stärkung des Programmansatzes wird gegenüber der bisherigen Finanzierung von Einzelprojekten der umfassende Entwicklungscharakter des Fonds betont. Die mehrjährige Gesamtschau aller Entwicklungsvorhaben in einem Gebiet ermöglicht die Formulierung eines umfassenden Förderkonzeptes für eine Region;

- die erweiterten Kompetenzbefugnisse der Kommission, vor allem im Bereich der von ihr initiierten Gemeinschaftsprogramme erleichtern es ihr, eigene regionalpolitische Schwerpunkte zu setzen.

Das hohe finanzielle Engagement der drei Strukturfonds für strukturschwache Regionen, die Vielfalt der Förderinhalte und der umfassende Programmansatz ermöglichen es der Europäischen Gemeinschaft, eine Raumordnungspolitik als regionale Entwicklungspolitik aufzubauen. Dies gilt in erster Linie für die Empfängerländer mit Ziel-1-Gebieten, weniger für die übrigen Länder, die nur geringe Gebietsanteile an Ziel-2- und Ziel-5b-Gebieten haben und dementsprechend wenig durch die EG gefördert werden.

Hierbei sind die regionalen Förderkonzepte mit Finanzzahlen versehene, auf Vollzug angelegte regionale Entwicklungspläne, die ein weites Spektrum aller für eine Region bedeutsamen Maßnahmen abdecken. Durch eine enge Koordinierung mit Maßnahmen des Europäischen Sozialfonds und des Agrarfonds (Abt. Ausrichtung) wird zudem sichergestellt, daß daneben zusätzliche Maßnahmen dieser Fonds den Entwicklungseffekt verstärken können.

Die Maßnahmen der Mitgliedstaaten zum Abbau regionaler Disparitäten sind unterschiedlich angelegt[17]. Dies gilt sowohl für die Art des Instrumentariums als auch für die eingesetzten finanziellen Ressourcen. In Mitgliedstaaten, die über relativ hohe EFRE-Mittel verfügen können - dies sind in erster Linie Länder mit Ziel-1-Gebieten -, kommt es zwangsläufig zu einer engeren Verzahnung mit der EG-Regionalpolitik als in den übrigen Mitgliedstaaten. In den Hauptempfängerländern decken die operationellen Regionalprogramme in der Regel ein breites Spektrum verschiedener Maßnahmen ab, während in den übrigen Ländern schon aus Effizienzgründen eine Konzentration auf die vordringlichsten Maßnahmen angebracht ist.

Wirtschaftsstärkere Mitgliedstaaten wie die Bundesrepublik haben daher ein elementares Interesse daran, daß die nationalen Spielräume für eine wirkungsvolle Regionalpolitik nicht zu sehr durch Verbotsentscheidungen nach Art. 92, 93 EWGV eingeschränkt werden. Strukturschwache Mitgliedstaaten sind dagegen mehr an möglichst umfassenden strukturellen Hilfen der EG

Abb. 3: Regionen, die für eine Förderung im Rahmen der Ziele 1 in Frage kommen

Ziel Nr. 1

Abb. 4: Regionen, die für eine Förderung im Rahmen der Ziele 2 in Frage kommen

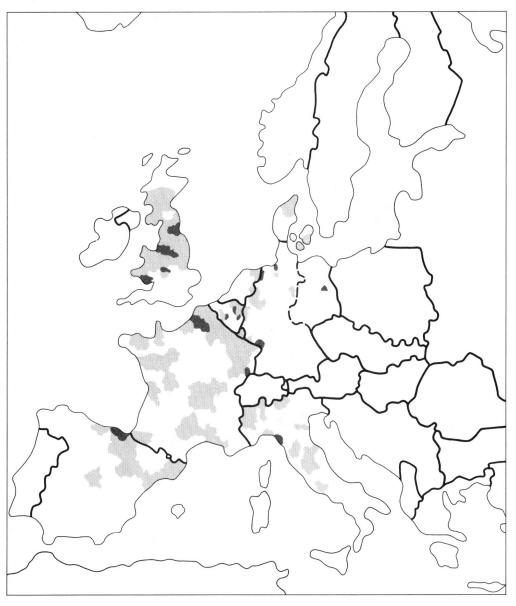

■ Ziel Nr. 2 - uneingeschränkt förderungswürdig

▓ Ziel Nr. 2 - eingeschränkt förderungswürdig

Abb. 5: Regionen, die für eine Förderung im Rahmen der Ziele 5b in Frage kommen

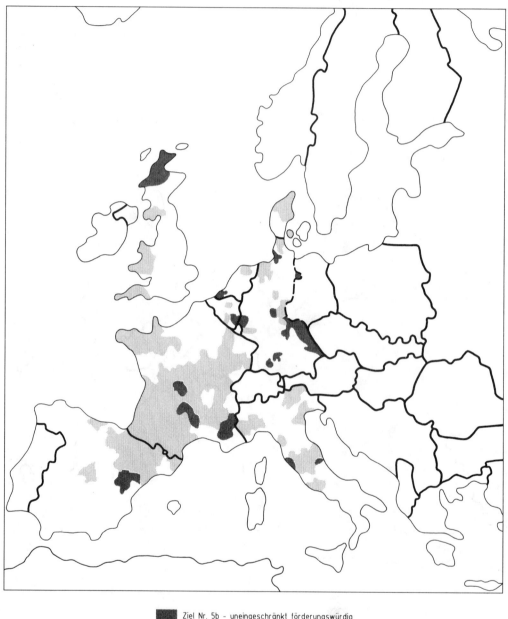

Ziel Nr. 5b – uneingeschränkt förderungswürdig

Ziel Nr. 5b – eingeschränkt förderungswürdig

interessiert, aber auch an einer stärkeren Beteiligung an jenen EG-Fachprogrammen, die sich bislang primär auf die wirtschaftsstärkeren Mitgliedstaaten konzentrieren.

Derzeit ist der Koordinierungsspielraum der nationalen und der EG-Regionalpolitik noch nicht voll ausgeschöpft. Auf EG-Ebene wäre eine engere Verzahnung der Wettbewerbs- und Beihilfepolitik möglich, um zu einem konsistenteren System zu gelangen, wie es etwa der Gemeinschaftsaufgabe "Verbesserung der regionalen Wirtschaftsstruktur" entspricht, die gleichzeitige Wettbewerbs- und Beihilfekomponenten enthält. Auf nationaler Ebene müßte der bisherige Zwei-Ebenen-Ansatz der Gemeinschaftsaufgabe zwischen Bund und Ländern um eine dritte Ebene, die EG-Ebene, erweitert werden. Dies gilt sowohl für eine inhaltliche Abstimmung der Fördergrundlagen als auch für Abstimmungsprozeduren. Hierbei sollte es nicht das Ziel sein, alle europäischen Fördersysteme zu egalisieren und zu nivellieren. Vielmehr können Mitgliedstaaten und EG durch eine wirkungsvolle Zusammenarbeit ihre gemeinsamen regionalpolitischen Zielsetzungen besser und effizienter verwirklichen.

6. Raumordnungspolitik als Grundlage für eine verbesserte EG-Regionalpolitik

Die Maßnahmen zum Abbau der Disparitäten in den Mitgliedsländern der EG erfordern in wesentlichen politischen Bereichen schwerwiegende fachliche Entscheidungen, die stets auch überfachlich, nämlich aus der Sicht ihrer direkten und indirekten räumlichen Auswirkungen, durchdacht und verantwortet werden müssen. Die Raumordnung verfügt über erprobte Mittel und Methoden, um die unterschiedlichen und sich überlagernden Ansprüche an unseren Lebensraum zu koordinieren sowie Problemlösungen aufzuzeigen, die über kurzfristige Erwägungen hinaus auch mittel- und langfristigen Zusammenhängen Rechnung tragen[18]. Erst eine raumordnungspolitische Orientierung der "Regionalen Entwicklungsplanung" im Rahmen der EG-Regionalpolitik sichert die Koordination der von der EG-Kommission gewollten regionalen Aktivitäten, und sie bietet zugleich die möglichen regionalen Förderungsgrundlagen für Prioritätenentscheidungen auf europäischer Ebene.

In der Vergangenheit sind vielfach Versuche, vor allem im wissenschaftlichen Bereich, zur Konzeption einer europäischen Raumordnung unternommen worden. Mit den Empfehlungen der Europäischen Raumordnungsministerkonferenz, der Europäischen Raumordnungscharta und dem Europäischen Raumordnungsschema des Europarates liegen erste Ansätze dafür vor[19]. Arbeiten zur raumordnungspolitischen Orientierung der Regionalen Entwicklungsplanung der EG könnten sich darauf gründen.

Die "Regionale Entwicklungsplanung" ist zentrales Instrument der EG-Regionalpolitik, die der Förderung der Entwicklung, der strukturellen Anpassung, der regionalen und sozialen Umstellung in europäischen Regionen entsprechend den Zielen Nr. 1 bis Nr. 5 dienen soll (Verordnung EWG Nr. 2052/88, Art. 1 und Abs. 8 ff. vom 24. Juni 1988). Die Kommission hat damit anerkannt, daß nur eine problemnahe, "vor Ort" unter angemessener Partizipation der Betroffenen betriebene Regionalpolitik ausreichend effizient sein wird[20]. Dazu muß sie aber entsprechend dem Gegenstromprinzip in übergeordnete räumliche Zielvorstellungen eingeordnet werden. Besondere Bedeutung kommt dabei der Einordnung der "Regionalen Entwicklungspläne" in die räumliche Gesamtentwicklung der Gemeinschaft, in die vorhandenen und bewährten Raumentwicklungspläne der Mitgliedstaaten, ihrer Regionen und Gemeinden zu. Die Orientierung der Regionalen Entwicklungspläne nach dem EG-Konzept an "Europäischen Raumordnungsleitbildern und -grundsätzen" wäre deshalb für die Einordnung der Regionen in die räumliche Gesamtentwicklung eine erste wichtige Voraussetzung. Europäische Raumordnungsleitbilder und Raumordnungsgrundsätze liegen im Ansatz in der Europäischen Raumordnungscharta des Europarates vom 20. Mai 1983 vor. Sie sind allerdings in vielen Punkten, z.B. in Anlehnung an das Raumordnungsgesetz (ROG), konkretisierungsbedürftig. Die Arbeiten zur raumordnungspolitischen Orientierung der Regionalen Entwicklungsplanung könnten sich auf diese Leitbilder und Grundsätze gründen, weil sich in der Raumordnungscharta die Raumordnungsminister aller Mitgliedländer des Europarates auf eine gemeinsame raumordnerische Zielvorgabe verpflichtet haben. Insoweit gibt es bereits anerkannte europäische Raumordnungsleitbilder und -grundsätze, die auch bei der Europäischen Regionalpolitik beachtet werden könnten.

Grundsätze der Raumordnung für die Durchführung der EG-Regionalpolitik sollten sich unmittelbar auf die Aufgaben und Ziele beziehen, die mit der Europäischen Regionalpolitik im Zusammenhang stehen und direkt einer raumordnungspolitischen Orientierung der Regionalen Entwicklungsplanung dienen. Dabei könnte zunächst auf die Erarbeitung eines geschlossenen Raumordnungskonzeptes für die EG-Mitgliedländer verzichtet werden, auch wenn es langfristig erstrebens- und wünschenswert ist. Vorläufig wäre es schon ein Fortschritt, wenn auf "Europäischen Grundsätzen der Raumordnung" gründende Raumordnungskonzepte für einzelne Teile Europas ausgearbeitet werden könnten, so etwa aufbauend auf dem Strukturschema für die BENELUX-Staaten in Nord-West-Europa. Die raumordnungspolitische Orientierung sollte als rahmensetzendes Element und operatives Instrument zum Ausbau der Regionalen Entwicklungsplanung beitragen.

Die Raumordnung ist nach der Europäischen Raumordnungscharta der raumbezogene Ausdruck der wirtschaftlichen, sozialen, kulturellen und ökologischen Politik jeder Gesellschaft. Sie erarbeitet die Leitvorstellungen zur Ordnung und Entwicklung des Raumes und die Mittel zu ihrer Verwirklichung. Raumordnungspolitik ist deshalb der Teil des politischen Handelns, der zu einer leitbildgerechten Ordnung und Entwicklung des Raumes hinführen soll. Die Europäische Raumordnung ist somit ein wichtiges Instrument zur Entwicklung der Gesellschaft in Europa und eines raum- und umweltbezogenen Ordnungsrahmens.

Dieser Ordnungsrahmen dient somit auch der Durchsetzung der Hauptzielsetzung für die EG-Regionalpolitik, nach der der Abstand zwischen den verschiedenen Regionen und der Rückstand der am stärksten benachteiligten Gebiete verringert werden soll (Art. 130a EWGV). Der neue Artikel 130b EWGV verpflichtet die Mitgliedstaaten, ihre Wirtschaftspolitik in der Art und Weise zu führen und zu koordinieren, daß die Ziele der EG-Regionalpolitik des Art. 130a WGV verwirklicht werden. Mit der Aufstellung von EG-Raumordnungsgrundsätzen für die europäische Regionalpolitik könnte auch der europäische Rahmen für die EG-Fachpolitiken, für die Raumordnungspolitik der Mitgliedländer der EG und für die Fachpolitiken der in jedem Mitgliedstaat zuständigen Stellen geschaffen werden. Eine derartige Raumordnungspolitik könnte also wesentlich zur Verbesserung der EG-Regionalpolitik beitragen. Die Europäische Gemeinschaft sollte endlich ihre langfristigen räumlichen Entwicklungsziele definieren und daraus ein Handlungskonzept zur Koordinierung ihrer raumbedeutsamen Fachpolitiken und ihrer verschiedenen Finanzierungsfonds ableiten.

Mit einer derartigen Europäischen Raumordnungspolitik, die auf den raumordnerischen Überlegungen ihrer Gemeinden und Regionen aufbaut, könnte auch das regionale Raumbewußtsein der Bevölkerung gestärkt werden[200]. Europäische Raumordnungspolitik ist auf ein entsprechendes regionales Raumbewußtsein in der Bevölkerung angewiesen. Eine erfolgreiche Raumordnungspolitik dient dann auch der Vertiefung der internationalen Zusammenarbeit und leistet einen wesentlichen Beitrag zur Entstehung einer europäischen Identität und Solidarität, die für die Durchsetzung und den Erfolg der EG-Regionalpolitik von ganz besonderer Bedeutung ist.

Anmerkungen

1) Verordnungen (EWG) Nr. 2052/88; 4253/88; 4254/88; 4255/88; 4256/88 des Rates.

2) Malchus, V. Frhr. v.; Tech, J.: Europäische Raumordnungscharta, hrsg. von der Europäischen Raumordnungsministerkonferenz beim Europarat, ILS-Schriftenreihe, abgedruckt in vier Sprachen, Bd. 0.028, Dortmund 1985.

3) Bundesminister für Raumordnung, Bauwesen und Städtebau: Bekanntmachung der Neufassung des Raumordnungsgesetzes vom 19. Juli 1989, Bonn 1989.

4) EWG-Vertrag, Titel V. Wirtschaftlicher und sozialer Zusammenhalt, Art. 130a (Ziele der Gemeinschaft), EWG-Vertragstext (Stand: 01.07.1987), abgedruckt in: EWG-Vertragstext, Bundeszentrale für politische Bildung, Bonn 1989, S. 76 f.

5) Kommission der Europäischen Gemeinschaften (Hrsg.): Dritter Periodischer Bericht der Kommission über die sozio-ökonomische Lage und Entwicklung der Regionen in der Gemeinschaft, Kom. (8/) 230 endg., Brüssel 1987, S. 8 ff. und S. 21 ff.

6) Kommission der Europäischen Gemeinschaften (Hrsg.): Dritter Periodischer Bericht, a. a. O.

7) Spiekermann, B.; Malchus, V. Frhr. v.; Ortmeyer, A.; Schuster, H.; Olbrich, J.: Europäische Regionalpolitik - Empfehlungen zur Weiterentwicklung -, hrsg. vom Institut für Kommunalwissenschaften der Konrad-Adenauer-Stiftung e. V., Köln 1988, S. 6 ff.

8) Kommission der Europäischen Gemeinschaften (Hrsg.): Dritter Periodischer Bericht, a. a. O., S. 52 - 54; die dort enthaltenen Definitionen der Begriffe Kohäsion und Konvergenz sind nicht eindeutig.

9) Verordnung (EWG) Nr. 2052/88 des Rates vom 24. Juni 1988 über Aufgabe und Effizienz der Strukturfonds und über die Koordinierung ihrer Interventionen untereinander sowie mit denen der Europäischen Entwicklungsbank und der anderen vorhandenen Finanzinstrumente, ABl. Nr. L 185/11 vom 15.07.1988.

10) Europäisches Parlament (Hrsg.): Bericht im Namen des Ausschusses für Regionalpolitik und Raumordnung über die Ausarbeitung eines Entwicklungsprogramms für die Problemregionen und die Vertiefung der Zusammenarbeit an den Außengrenzen der Gemeinschaft, Sitzungsdokumente A 2-117/89 vom 25.04.1989.

11) Sinz, M.; Steinle, W. J.: Regionale Wettbewerbsfähigkeit und europäischer Binnenmarkt. In: Raumforschung und Raumordnung, 47. Jg. (1989), S. 10 - 21.

12) Clark, C.; Wilson, F.; Bradley, J.: Industrial Location and Economic Potential in Western Europe. In: Regional Studies, Bd. 3 (1969), S. 1197 -212.

13) Bröcker, J.; Peschel, K.: Chapter 7: Trsde. In: Molle, Willem; Cappellin, R. (Hrsg.): Regional Impact of Community Policies in Europe; Saxon House, 1988, Westmead, S. 127 - 151.

14) Peschel, K.: Die Wirkungen der europäischen Integration auf die Regionalentwicklung - Lehren aus der Vergangenheit. Erscheint in: Themenheft "Räumliche Wirkungen des EG-Binnenmarktes" der Informationen zur Raumentwicklung.

15) Verordnung (EWG) Nr. 2052/88 des Rates vom 24. Juni 1988, ABl. Nr. L 185 vom 15.07.1988, S. 9 ff (Rahmen-VO). Verordnung (EWG) Nr. 4253/88 des Rates vom 19. Dezember 1988, ABl. Nr. L 374 vom 31. Dezember 1988, S. 1 ff. (Koordinierungs-VO). Verordnung (EWG) Nr. 42524/88 des Rates vom 19. Dezember 1988, ebenda, S. 15 ff. (Regionalfonds-VO).

16) Vgl. VO Nr. 2052/88, a. a. O., Art. 1 und Art. 8-11.

17) Yuill, D.; Allen, K. (Hrsg.): European Regional Incentives 1987, Glasgow 1987.

18) Akademie für Raumforschung und Landesplanung (Hrsg.): Anforderungen an die Raumordnungspolitik in der Bundesrepublik Deutschland, Hannover 1986, S. 4 f.

19) Malchus, V. Frhr. v.: Auf dem Wege zu einer "Europäischen Raumordnungspolitik", in: Ansätze zu einer europäischen Raumordnung, Veröffentlichungen der Akademie für Raumforschung und Landesplanung, FuS Bd. 155, Hannover 1985, S. 365 - 395.

20) Biehl, D.: Perspektiven für die Weiterentwicklung der EG-Regionalpolitik, in: Landwirtschaft, Umwelt und Ländlicher Raum - Herausforderungen an Europa -, hrsg. v. W. v. Urff; H. v. Meyer, Baden-Baden 1988, S. 365.

Großräumige Verkehrserschließung

1.   Zur Situation des Verkehrs in der Bundesrepublik Deutschland

Ausgangslage

Es ist unbestritten, daß der Sektor "Verkehr" von der wirtschaftlichen Integration im Rahmen der Europäischen Gemeinschaften (wie auch einem möglicherweise säkularen Zusammenwachsen Gesamteuropas) in besonderer Weise berührt wird. Die bundesdeutsche Ausgangssituation ist dabei gekennzeichnet durch einen schon heute außerordentlich intensiven Güterverkehr und beim Personenverkehr durch eine geradezu dramatisch angewachsene individuelle Mobilität. Vielfach stoßen einzelne Träger bereits jetzt an Kapazitätsgrenzen, beispielsweise Straße, Luft und Schiene. Neben ökonomischen werden aber auch ökologische Restriktionen immer deutlicher sichtbar und bestimmen in wachsendem Maße die Diskussion zum Thema "Verkehr" mit.

Gleichwohl ist ceteris paribus eine weitere Zunahme zu erwarten. Denn Verkehrsaufkommen und Verkehrsleistung werden nicht unwesentlich auch von Parametern bestimmt, die durch die Europäisierung des Binnenmarktes definitionsgemäß deutliche Impulse erhalten sollen (und wohl auch werden):

- die Technologieentwicklung
- das globale Wirtschaftswachstum
- die verfügbaren Haushaltseinkommen.

Darüber hinaus wirken verstärkend die dann zunehmenden Entfernungen; gleiches gilt für die tendenzielle Internationalisierung der Kontakte. Weitere Parameter lassen weitgehend unabhängig vom EG-Binnenmarkt bei sonst unveränderten Rahmenbedingungen ebenfalls ein weiteres Anwachsen vermuten:

- zu erwartende strukturelle Veränderungen in der Bevölkerungsentwicklung (z.B. eine Zunahme relativ wohlhabender autofahrender Senioren, eine weitere Erhöhung der Frauenerwerbsquote etc.),
- die weitere Zunahme an Freizeit,
- die zumindest mittelfristig anscheinend anhaltend günstigen Ölpreise, etc.

Wann nach der Jahrtausendwende durch die dann akzelerierende Abnahme der Bevölkerungszahl auch beim Verkehr mit Rückgängen zu rechnen ist, ist gegenwärtig noch offen. Ohnehin könnten mutmaßliche Rückgänge bei weiterhin unverändert zunehmender Mobilität möglicherweise sogar mehr als kompensiert werden.

Damit stellen sich wichtige Grundsatzfragen, mit deren Lösung einzelne Träger überfordert sind und die auch nicht "dem" Verkehr allein überlassen werden können. Zu fragen ist nicht nur nach den generellen Ursachen von Mobilität, denkbaren Ansätzen zu einer Verminderung des Verkehrsaufkommens, den Möglichkeiten einer betriebswirtschaftlichen Zurechnung der tatsächlichen (volkswirtschaftlichen) Kosten, sondern vor allem auch nach den Zusammenhängen mit der Raum- und Siedlungsstruktur, nach ökologischen Rahmenbedingungen, u.a. dem Verbrauch an Raum und Flächen, an Energie, nach der Raum- und Sozialverträglichkeit insbesondere im Hinblick auf Lärm- und Schadstoffemissionen und nicht zuletzt nach planerischen Konsequenzen, die sich daraus ergeben. Eine Berücksichtigung dieser Aspekte und der o.g. Rahmenbedingungen bei einer Vernetzung der verschiedenen Träger erscheint schon mittelfristig unverzichtbar.

Raumordnung, Landes- und Regionalplanung sind hierbei auf vielfältige Weise gefordert. Sie können bei künftigen Vorhaben der Fachplanungen noch deutlicher als bisher ihre spezifische räumliche Kompetenz einbringen und so mit dafür Sorge tragen, daß nachhaltige Impulse in Richtung auf eine raum- und umweltverträgliche Verkehrsentwicklung an der Schwelle zum dritten Jahrtausend gegeben werden.

2. Entwicklungstendenzen bei ausgewählten Trägern

2.1 Beispiel ''Straße''

Ausgangslage

(1) Das überregionale Straßennetz in den 12 EG-Staaten umfaßt (1987) 30.018 km Autobahn und 190.251 km Haupt- oder Nationalstraßen. Langfristig koordinierte Ausbauplanungen für ein Autobahn- oder Europastraßennetz bestehen nur in sehr unverbindlichem Rahmen (ECE-Netzvisionen). In der Mehrzahl der EG-Staaten sowie in Österreich und der Schweiz zeigen sich beträchtliche Engpaßerscheinungen bei der Abwicklung des Straßenverkehrs. Sie resultieren aus

- einem außerordentlich starken Anstieg des Individualverkehrs (PKW)
- einem vergleichsweise deutlich geringeren Anstieg des LKW-Verkehrs und
- einem seit Beginn der 80er Jahre in einigen Ländern erheblich reduzierten Neu- und Ausbau von Straßen.

(2) Die Vollendung des EG-Binnenmarktes bis 1993 wird hinsichtlich der positiv eingeschätzten wirtschaftlichen Effekte (vgl. etwa den Cecchini-Report, 1988) bewirken, daß sich der Wettbewerb sowohl der Regionen wie auch der Unternehmen wesentlich intensiviert. Die im EG-Raum domizilierenden Unternehmen werden bei Beseitigung aller physischen, administrativen, technischen und fiskalischen Grenzen ihre Standortentscheidungen überdenken und optimieren und derzeit noch in mehreren EG-Staaten unterhaltene Verwaltungs- und Betriebsstätten hinsichtlich einer Zusammenlegung (Größenersparnisse) überprüfen. Die Standortwahl EG-fremder Unternehmen im EG-Raum für Niederlassungen orientiert sich an vergleichbaren Überlegungen. Regionen mit attraktiven Standortbedingungen besitzen in diesem räumlichen Wettbewerb eine vergleichsweise gute Ausgangsposition, wobei zu den entscheidungsrelevanten Standortfaktoren insbesondere auch großräumige Erreichbarkeit (im Sinne des Zentralitätsgrades) gehört. Sie wiederum wird durch die Qualität der Verkehrsinfrastrukturausstattung entscheidend beeinflußt.

- **Straßenpersonenverkehr**

(1) Im Gegensatz zur öffentlichen Diskussion zeigt das statistische Bild, daß der entscheidende Faktor für die Engpaßlagen im Straßennetz der europäischen Zentralstaaten nicht im Wachstum des LKW-Verkehrs, sondern im extremen Anstieg des PKW-Verkehrs zu sehen ist. So erhöhten sich in der Bundesrepublik Deutschland im Zeitraum 1980 bis 1987 die gesamten Fahrleistungen des Straßenverkehrs um rd. 62 Mrd. Fahrzeugkilometer (Fzkm). Von diesem Zuwachs entfielen rd. 60 Mrd. Fzkm auf den Personen- und lediglich 2 Mrd. Fzkm auf den Güterverkehr.

Die überaus starke Zunahme des Individualverkehrs in den hochentwickelten europäischen Zentralstaaten resultiert insbesondere aus

- der sehr guten Realeinkommensentwicklung in den vergangenen Jahren
- den hohen Bestandszuwächsen bei den PKW und damit einer hohen PKW-Verfügbarkeit (bei gleichzeitig sehr hoher Führerscheinquote)
- einem zunehmenden Freizeitanteil sowie
- der Tendenz zur Aufteilung der (stark gestiegenen) Urlaubstage auf mehrere Teilurlaube.

(2) Die PKW-Bestände in der Bundesrepublik Deutschland haben sich von 1980 = 23,2 Mio. auf 1988 = 28,9 Mio. Einheiten erhöht; bis zum Jahre 2000 wird eine Steigerung auf über 32 Mio. Einheiten erwartet. Neueste Prognosen gehen davon aus, daß auch nach 2000 noch keine Sättigungserscheinungen erkennbar sind, zumal aufgrund der unerwartet hohen Zuwanderungen in die Bundesrepublik der bislang erwartete Bevölkerungsrückgang nicht bzw. nicht in dem geschätzten Umfange eintreten wird.

(3) Das Mobilitätswegebudget (sog. Mobilitätsrate) liegt gegenwärtig bei 2,6 Wegen je Person und Tag (einschl. Fußwege), das durchschnittliche Mobilitätslängenbudget bei 27 km je Person und Tag und das entsprechende Mobilitätszeitbudget bei 62 Minuten. Es wird erwartet, daß bis 2000 die Mobilitätsrate auf 3,0 bis 3,2 Wege und das Wegelängenbudget auf durchschnittlich 32 bis 34 km anwachsen wird bei recht konstantem Mobilitätszeitbudget. Vor allem im Freizeit-, Gelegenheits- und Urlaubsverkehr wird der Trend zur PKW-Nutzung europaweit bis über das Jahr 2000 hinaus stabil bleiben.

(4) Die PKW-Fahrleistungen sind in den letzten Jahren wesentlich stärker gestiegen, als alle Prognosen abgeschätzt haben. Die für den Bundesverkehrswegeplan 1985 zugrundegelegten PKW-Fahrleistungswerte betrugen in der oberen Variante für 1990 502,7 Mrd. und für 2000 506,31 Mrd. Personenkilometer (Pkm). Tatsächlich wurden 1986 bereits 510,3 Mrd. realisiert, 1987 waren es sogar schon 531,3 Mrd. Diese Tendenz gilt für die überwiegende Zahl der westeuropäischen Staaten; in den osteuropäischen Staaten wird die individuelle PKW-Nutzung durch staatliche Reglementierungen und Versorgungsengpässe künstlich niedrig gehalten.

- **Straßengüterverkehr**

(1) Der Straßengüterverkehr wird in allen westeuropäischen Staaten durch vier Faktoren in seiner Entwicklung begünstigt; zu nennen sind

- die andauernde Veränderung der gesamtwirtschaftlichen Produktionspalette in Richtung hochwertiger Investitions- und Konsumgüter und zu Lasten der geringerwertigen Massengüter (Güterstruktureffekt);

- die seit etwa 5 Jahren zu beobachtende Umsetzung spezieller Logistikstrategien in Industrie und Handel zur Ausschöpfung von Kostensenkungspotentialen (Just-in-Time-Produktion, lagerlose Fertigung, Flußoptimierung), welche eine sehr hohe Anpassungsflexiblität des Transportsystems erfordern, die zeitlich und räumlich vom LKW vergleichsweise gut erbracht werden kann (Logistikeffekt);

- die durch die Regionalpolitik begünstigte Ansiedlung von Betrieben in der Fläche und abseits von Bahnanschlußmöglichkeiten sowie

- die traditionelle und besorgniserregende Schwäche der europäischen Eisenbahnen in ihrer grenzüberschreitenden Zusammenarbeit, obwohl gerade auf diesen Märkten das Transportaufkommen wesentlich stärker zunimmt als auf den nationalen Binnenmärkten.

(2) Bis zum Jahre 2000 wird, verglichen mit 1984, das gesamte grenzüberschreitende Güterverkehrsaufkommen der EG-Staaten, Österreichs, der Schweiz, Schwedens und Norwegens um rd. 40% anwachsen (+250 Mio. Tonnen). Hiervon dürften rd. 140 Mio. t auf den Straßengüterverkehr als Zuwachs entfallen.

(3) Aufgrund des in Zukunft weiter intensivierten Wettbewerbs auf den Straßengüterverkehrsmärkten werden jedoch die Straßengüterverkehrsleistungen (Fahrleistungen) unterproportional steigen, da sich die Fahrzeugauslastung verbessern wird. Gestützt wird diese Tendenz durch ein verstärktes Eindringen des gewerblichen Straßengüterverkehrs in den durch eine vergleichsweise ungünstige Auslastung gekennzeichneten Werkverkehr. Diese Entwicklungen werden durch die Deregulierungstendenzen auch in den nationalen Marktordnungen gefördert.

(4) Die stärksten Zuwächse im grenzüberschreitenden Verkehr werden für den alpenquerenden Güterverkehr erwartet; die jahresdurchschnittlichen Wachstumsraten werden auf rd. 7% geschätzt bei gleichzeitig schwieriger Engpaßlage in dieser Transportrelation. Eine nennenswerte Verlagerung dieser Zuwächse auf die Schiene, insbesondere im kombinierten Verkehr, wird durch die erst im Jahre 2010 zur Verfügung stehenden neuen und leistungsfähigen Alpenquerungen der Schiene in der Schweiz und Österreich (Gotthard- und Brenner-Basis-Tunnel) stark erschwert. Hinzu kommt, daß Italien für längere Zeiträume nicht in der Lage sein wird, verlagerte Straßentransporte auf der Schiene aufgrund fehlender Infrastrukturkapazitäten abzunehmen. Somit beruhen im alpenquerenden Güterverkehr beträchtliche Probleme in den 90er Jahren. Bei Fertigstellung der neuen Alpentransversalen könnten rd. 40 Mio. t/Jahr zusätzlich auf die Schiene verlagert werden - sofern Italien die entsprechenden Kapazitäten (Infrastruktur und Traktion) schafft. Damit könnten rd. 60% des alpenquerenden Güterverkehrszuwachses von der Straße verlagert werden; die verbleibenden 50% des Zuwachses würden jedoch auf der Straße abgewickelt werden (müssen).

(5) Eine wichtige Forderung an den auch in Zukunft quantitativ sehr bedeutsamen Straßengüterverkehr ist die weitere Reduzierung der negativen Umweltwirkungen, insbesondere bei Lärm-

und Schadstoffemissionen. Dabei geht es zum einen um die Lärmreduzierung auf 80 dB(A), die derzeit jedoch bei schweren LKW noch erhebliche Probleme aufwirft (Motorkapselung, Abrollgeräusche der Reifen). Zum anderen ist NO_x - und die Partikelemission dringend zu vermindern.

(6) Den sich verstärkenden Stauungserscheinungen im Fernstraßennetz muß auch durch infrastrukturelle Investitionsmaßnahmen begegnet werden. Hier ist insbesondere die Bundesrepublik Deutschland im Wettbewerb der europäischen Regionen gefordert. Eine Vielzahl wichtiger Autobahnen befindet sich im Ausbauzustand der 60er Jahre, obwohl der Straßengüterfernverkehr im Zeitraum 1966 bis 1987 um 198% von 33,5 auf 99,9 Mrd. Tonnenkilometer (tkm), der Straßengüternahverkehr von 31,0 Mrd. auf 42,8 Mrd. tkm (+38%) und der Personenverkehr auf der Straße (PKW) von 288,5 auf 531,3 Mrd. Pkm (+84,2%) zugenommen hat. Der grenzüberschreitende PKW-Verkehr von Ausländern (Ein- und Durchfahrten) erhöhte sich in diesem Zeitraum von 74,2 Mio. auf 140,6 Mio. (+89,5%), der grenzüberschreitende LKW-Verkehr von 2,0 Mio. auf 7,9 Mio. (+295%). Dringend erforderlich ist eine Erhöhung der Zahl der Richtungsfahrbahnen bei Autobahnen von 2 auf 3, verbundenen mit informationsliefernden Anlagen zur Verkehrsbeeinflussung ("intelligente Straße").

2.2 Beispiel "Schienenverkehr"

Ausgangslage

Seit Mitte der 70er Jahre wird der Ausbau der Eisenbahn-Infrastruktur in den großen westeuropäischen Ländern mit Nachdruck vorangetrieben. Dies gilt insbesondere für Frankreich, Deutschland und Italien und seit kurzem auch für Spanien.

Kernpunkt aller Aktivitäten in diesen Ländern ist der Bau neuer Strecken für den Hochgeschwindigkeits-Personenverkehr, wodurch vor allem Frankreich mit seinem TGV besonders spektakuläre Erfolge erzielte. Aber auch in der Bundesrepublik steht das Schnellfahrzeitalter unmittelbar bevor, wenn ab Mai 1991 der Hochgeschwindigkeits-Triebzug ICE auf den Verbindungen Hamburg - München/Basel über die dann fertiggestellten Neubaustrecken Hannover - Würzburg und Mannheim - Stuttgart seinen fahrplanmäßigen Betrieb aufnehmen wird.

Der weitere Streckenausbau im Netz der Deutschen Bundesbahn vollzieht sich nach dem im Bundesverkehrswegeplan 1985 gesteckten Rahmen (siehe Anlage 1). Dabei bildet das Kernstück die Neubaustrecke (NBS) Köln - Rhein/Main (K-R/M), deren rechtsrheinische Trassenführung über den Westerwald Mitte Juli 1989 vom Bundeskabinett gebilligt worden ist. Trotz der problematischen Linienführung, die im Detail noch nicht festliegt, jedoch keine direkten Anschlüsse für Bonn und Koblenz vorsieht, wird eine beschleunigte Fertigstellung dieser wichtigen Verbindung bis 1998 angestrebt.

Während der Ausbau des bundesdeutschen Eisenbahnnetzes für den Hochgeschwindigkeitsverkehr - entsprechend der polyzentrischen Siedlungsstruktur der Bundesrepublik - zahlreiche und sehr verschiedenartige Baumaßnahmen erfordert, konzentriert sich der Ausbau des TGV-Netzes in Frankreich praktisch nur auf drei Achsen (Südost, Atlantik, Nord), die strahlenförmig vom Zentrum Paris ausgehen (Anlage 2). Hierdurch wird die monozentrische Siedlungsstruktur in Frankreich noch unterstrichen.

Eine wiederum andere Situation ist in Italien gegeben, wo die neue Direttissima Rom - Florenz ebenfalls 1991 fertiggestellt sein wird. Diese Strecke soll nach Süden (Neapel) und Norden (Mailand) verlängert sowie außerdem durch eine Ost-West-Verbindung Turin - Mailand - Venedig ergänzt werden (Anlage 3). Die italienischen Staatsbahnen werden auf diesen Strecken ebenfalls einen neuen Hochgeschwindigkeitstriebzug, den ETR 500, ähnlich dem deutschen ICE und dem französischen TGV einsetzen.

Problemstellungen

Bei kritischer Betrachtung des Ausbaues der Eisenbahn-Infrastruktur in Westeuropa sind vor allem drei Sachverhalte festzustellen:

(1) In allen Ländern sind die Streckenneu- und -ausbaumaßnahmen vorwiegend auf die eigenen nationalen Belange ausgerichtet, während grenzüberschreitende Verbindungen bislang vernachlässigt wurden.

(2) Alle Verbesserungen der Netzstruktur gelten dem schnellen Personenfernverkehr, während für den Gütertransport in dieser Hinsicht bisher nur wenig getan wird (mit Ausnahme der deutschen NBS, die für Mischbetrieb vorgesehen sind).

(3) Die Netzausbauten in Frankreich und Deutschland konzentrieren sich auf die Nord-Süd-Relationen, so daß in diesen beiden Kernländern zwei getrennte Hochgeschwindigkeitsnetze entstehen, wenn nicht umgehend der Bau von durchgehenden Ost-West-Verbindungen in Angriff genommen wird (Paris - Brüssel - Köln und Paris - Straßburg/Saarbrücken - Mannheim).

Deshalb ist der Vorschlag der Gemeinschaft der Europäischen Bahnen nachdrücklich zu unterstützen, der ein zusammenhängendes Hochgeschwindigkeitsnetz von maximal 30.000 km Länge vorsieht. Bei Verwirklichung dieses Vorschlages würde die großräumige Verkehrserschließung in Europa mit einem schnellen und umweltschonenden Landverkehrsmittel entscheidend verbessert werden (Anlage 4 zeigt auszugsweise diesen Vorschlag).

Besondere Bedeutung kommt künftig in einem vereinigten Europa dem grenzüberschreitenden Güterverkehr zu, der zwischen den europäischen Wirtschaftszentren mit steigenden Wachstumsraten abgewickelt wird. Hier stellt sich den Eisenbahnen eine große Aufgabe, da die weitlaufenden Gütertransporte möglichst von der Straße auf die Schiene verlagert werden sollten (Kombinierter Verkehr). Dies gilt insbesondere für die alpenquerenden Nord-Süd-Verkehre, für die mit Hilfe neuer Basistunnel (Gotthard und Brenner) die Transportkapazitäten auf der Schiene wesentlich erweitert werden können.

In diesem Zusammenhang ist die Errichtung von Güterverkehrszentren (GVZ) zu erwähnen, in denen alle Dienstleistungen für gebrochene Verkehre zusammengefaßt und damit letztlich die Transporte gebündelt werden können. Güterverkehrszentren haben auch wichtige Erschließungsfunktionen für die Räume außerhalb der Wirtschaftszentren. Deshalb sollten sich Raumforschung und Landesplanung diesen Einrichtungen verstärkt zuwenden und entsprechende Forschungsaktivitäten entfalten.

Abb. 1: Neubau- und Ausbaustrecken der Deutschen Bundesbahn im BVWP ´85

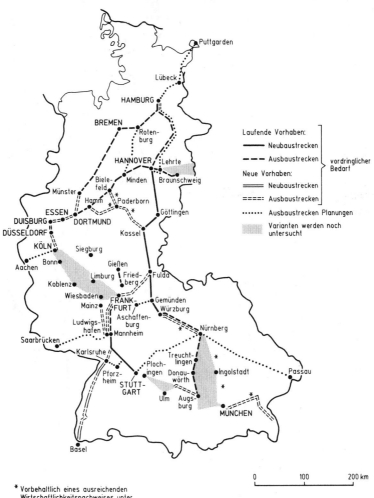

* Vorbehaltlich eines ausreichenden
Wirtschaftlichkeitsnachweises unter
Berücksichtigung der Netzwirkungen.

Abb. 2: Das TGV-Netz im Jahre 1994 nach Zusammenschluß der Stecken

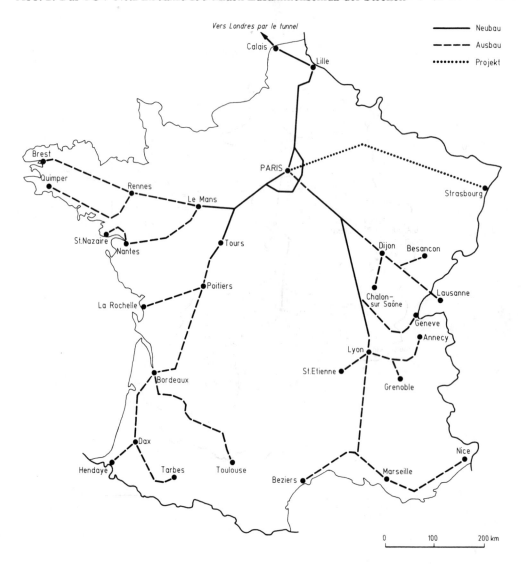

Quelle: SMCF-Nachrichten, Jan./Mai 1989.

Abb. 3: Das Hochgeschwindigkeitsnetz der Italienischen Staatsbahn (FS)

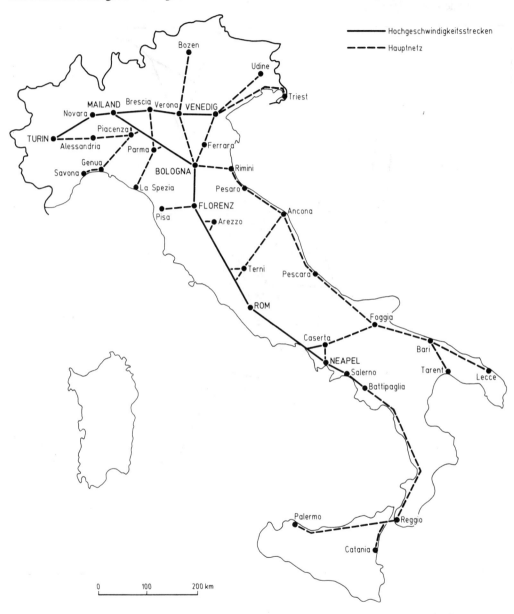

Quelle: Schienen der Welt, S. 17.

Abb. 4: Netzvision der europäischen Bahnen für ein Hochgeschwindigkeitsnetz in den neunziger Jahren

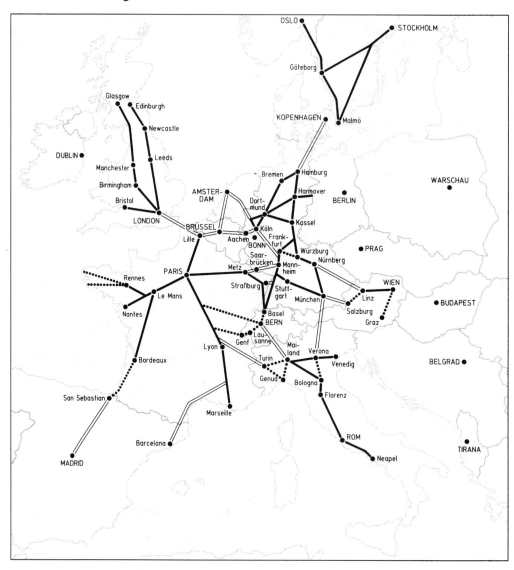

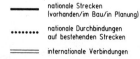 nationale Strecken
(vorhanden/im Bau/in Planung)

••••••• nationale Durchbindungen
auf bestehenden Strecken

═══ internationale Verbindungen

0   200   400 km

Zusammenfassung

Für die großräumige Verkehrserschließung in einem vereinigten Europa haben die Eisenbahnen einen umfassenden Ausbauvorschlag vorgelegt, der über die gegenwärtig laufenden Streckenneu- und -ausbauten weit hinausgeht. Wenn dieser Plan realisiert wird, sind alle wichtigen westeuropäischen Siedlungs- und Wirtschaftszentren durch schnelle und leistungsfähige Eisenbahnen miteinander verbunden.

Deshalb sollte die Raumforschung und Landesplanung diese Absichten nachhaltig unterstützen und durch begleitende Untersuchungen (z.B. für die räumliche Verteilung von Güterverkehrszentren) fördern.

2.3   Beispiel ''Transrapid''

Versucht man den Einfluß bereits erkennbarer neuer Verkehrstechniken abzuschätzen, dann steht bei den Landverkehrsmitteln jene Technologie im Vordergrund, die durch Verlassen des Rades und Aufhebung jeglicher Berührung mit dem Fahrweg bisherige technische Grenzen aufhebt. Mit Magnetschwebetechnik und Langstator-Antrieb eröffnet sich ein Innovationssprung, dessen Möglichkeiten und Wirkungen in die gegenwärtige Diskussion einbezogen werden müssen.

Entscheidende Anstöße für die Entwicklung dieser Technologie gab 1965 eine umfassende Studie über schnelle Bahnsysteme, nach der die Neuentwicklung eines Schnellverkehrssystems mit berührungsfreier Fahrtechnik vorgeschlagen wurde. Seit Sommer 1989 wird auf der Versuchsanlage im Emsland mit dem für eine Geschwindigkeit von 500 km/h konzipierten Fahrzeug Transrapid 07 der Nachweis der Einsatzreife vorbereitet.

Parallelentwicklungen dieser neuen Technologie wurden auch in Frankreich, den UdSSR und in Japan betrieben. Geblieben ist als ernsthafter Konkurrent für die Entwicklung in Deutschland nur noch die in Japan, wobei der anfänglich große Vorsprung der deutschen Entwicklung aufgrund zögerlicher Entscheidungen bei uns auf nur noch wenige Jahre zusammengeschmolzen ist.

Seit geraumer Zeit wird in der BRD angestrebt, Transrapid auf einer Anwendungsstrecke unter alltäglichen Betriebsbedingungen fahren zu lassen. Die Empfehlungen haben sich auf die Verbindungen Hamburg-Hannover und Essen-Bonn konzentriert. Im Herbst 1989 wollte die Bundesregierung dazu eine Entscheidung treffen.

Beide Referenzstrecken bieten den Vorteil, in eine Magnetschnellbahn-Magistrale von Hamburg bis München einbezogen werden zu können. Doch nicht nur diese vom Systemführer Thyssen favorisierte große Lösung hat lebhafte Kritik bei Wirtschafts- und Verkehrswissenschaftlern ausgelöst, sondern schon der Beschluß, eine Referenzstrecke überhaupt in der Bundesrepublik bauen zu wollen. Eine solche Strecke allein zu diesem Zweck wäre nicht sinnvoll. Sie wäre es nur vor dem Hintergrund einer zukunftsträchtigen (europäischen) Netzkonzeption. Diese jedoch stößt auf Widerstand, weil sie - je nach Netzkonzeption - unerwünschte Konkurrenz zum neuen Schnellbahnnetz von DB und SNCF schafft; die Bahngesellschaften haben es schon schwer genug, die Betriebsverluste nicht weiter absacken zu lassen. Die vielversprechenden Ergebnisse des IC-Verkehrs und des TGV - künftig auch des ICE - dürften nicht durch eine Magnetschwebebahn unterlaufen werden. In anderen Kontinenten ohne leistungsfähiges Personen-Schienenverkehrsnetz böten sich wesentlich sinnvollere Anwendungen. Andererseits ließe ein Transrapidnetz erwünschte Entlastungen des Kurzflugstreckennetzes erwarten. Es müßte also geprüft werden, welche Netzteile des bisher geplanten DB-Netzes durch Transrapid ersetzt werden könnten. Deshalb sei hier der Gedanke weiterverfolgt, ob nicht gerade in dem sehr dicht besiedelten Europa eine Ergänzung der Verkehrssysteme durch ein Schnellbahnnetz neuer Technologie sogar wesentlich dringender und sinnvoller wäre als anderswo. Im Zusammenhang mit der Realisierung des europäischen Binnenmarktes werden erhebliche Steigerungen des Straßenverkehrsaufkommens vorausgesagt. Auch für den Luftverkehr werden wegen der Zeitvorteile auf den großen innereuropäischen Verbindungen weitere Zunahmen prognostiziert. Dabei haben wir jetzt schon Überlastungserscheinungen zu verzeichnen und stehen auch vor dem Verlangen, aus Gründen der Sicherheit und der Gesundung der Umwelt alle Bemühungen darauf zu richten, wesentliche Anteile des Straßenverkehrs und Luftverkehrs auf die Schiene zu verlagern. Die Bahn des herkömmlichen Rad-Schiene-Systems wird trotz aller Modernisierungsbestrebungen mit TGV und ICE nur noch einen Teil dieser wünschenswerten Verlagerung übernehmen können, weil auf den großen Transversalen die Erschöpfung der Kapazitäten abzusehen ist und im Vergleich zum Flugverkehr die erzielbaren Geschwindigkeiten nicht hinreichen.

Selbstverständlich wird und muß das installierte Eisenbahnnetz seine Bedeutung für die schnellen Verbindungen im Personenverkehr zwischen den großen und nachgeordneten Zentren behalten, und es wird vor allem für den Güterverkehr eine wichtige Aufgabe zu erfüllen haben, denn die großen Transversalen bedürfen dringend der Entlastung, wenn man den Güterverkehr entscheidend mehr von der Straße auf die Schiene verlagern will.

Bei der Transrapid handelt es sich um ein Verkehrsmittel, dessen Überlegenheit eindeutig in der hohen Geschwindigkeit und kleinen Transporteinheiten bei hohem Sicherheits- und Komfortniveau zu sehen ist. Unter dem Aspekt des sich im europäischen Binnenmarkt verstärkenden und durch keine Planungsbemühungen offenbar aufzuhaltenden Wachstums einiger weniger großer Wirtschaftszentren könnte sich ein derartiges Verkehrsmittel neuer Art seinen Markt schaffen.

Ungeachtet dessen wird Transrapid auch ein Exportartikel sein, wie es in Frankreich z.Zt. für den TGV gesehen und praktiziert wird. Als weitere Systemvorteile sind - trotz der erst sehr jungen Entwicklung - zu nennen: der vergleichsweise geringere Energieverbrauch, geringer Verschleiß und damit niedrigere Kosten für den Unterhalt, hohe Umweltverträglichkeit des Verkehrsweges selbst. Durch die in der Regel vorgesehene Aufständerung werden die bei anderen Verkehrswegen auftretenden Beeinträchtigungen vermieden: so gibt es in der Regel keine Zerschneidung von Wirtschaftsflächen, keinerlei Unterbrechung des Wegenetzes, keine Veränderung des Grundwasserflusses und mit großer Wahrscheinlichkeit kaum Unterbrechungen und Zerschneidungen von Lebensräumen und Populationsbereichen der Tierwelt.

Als wesentliche und bisher zu wenig untersuchte Negativposten sind aber zu erwarten:

- Beeinträchtigung des Landschaftsbildes durch die brückenartige Trasse
- Lärmbeeinträchtigungen bei den hohen Geschwindigkeiten.

Wie das Lärmproblem ohne weitere Baumaßnahmen zu meistern sein wird, ist bisher nicht dargestellt, obwohl es einzig und allein die Windgeräusche sind, die vom Fahrbetrieb ausgehen, die in maßgeblicher Größenordnung erst bei den angestrebten Geschwindigkeiten von 400 und 500 km/h wirksam werden und die bei anderen Landverkehrsmitteln nicht auftreten, weil sie unter diesen Geschwindigkeiten bleiben.

Am Schluß dieser Darlegungen ist zu fragen, ob mit den forcierten Bemühungen um ein europäisches Hochgeschwindigkeits-Eisenbahnnetz - in östlicher Richtung neuerdings bis in die UdSSR politisch ins Gespräch gebracht - bei den dafür noch erforderlichen erheblichen Aufwendungen überhaupt ein vollwirtschaftlich sinnvoller Weg eingeschlagen wird. Bedenkt man die noch erforderlichen konstruktiven Änderungen und Streckeninvestitionen für das bisher konzipierte europäische Eisenbahnnetz - Anpassung der Loksysteme, Wagenbreite des ICE, Neubaustrecken wie z.B. Köln-Frankfurt, Hannover-Berlin sowie Flughafenaus- und -neubauten - München II, Stuttgart, Düsseldorf - ist womöglich gerade jetzt noch der richtige Zeitpunkt gegeben, den Technologiesprung im Verkehr für Europa zu wagen. Unter diesem systemübergreifenden und folgenreichen Aspekt ist Transrapid noch zu wenig oder gar nicht diskutiert worden. Selbst der aktuellen Frage, ob denn alles verwirklicht werden müsse, was technisch machbar ist, dürfte das mit seinem breiten Spektrum der unbestreitbaren Vorteile aufwartende System standhalten. Am Ende steht die Überlegung, ob bei Unterlassung des Innovationsschrittes Europa auf längere Sicht den Anschluß an weltweite Entwicklungen verpassen wird und ob wir diesen Schritt nicht auch unserer Umwelt mit Blick auf den überlasteten und emissionsstarken Straßen- und Luftverkehr schuldig sind.

2.4 Beispiel "Luft"

Verkehrsentwicklung

Weltweit ist eine stark wachsende Luftverkehrsnachfrage zu beobachten. Der Weltlinienluftverkehr wuchs von 500 Mrd. Pkm im Jahr 1971 auf 1600 Mrd. Pkm 1987, also eine Verdreifachung. Mit 68 Mio. Passagieren hatten die 12 internationalen Verkehrsflughäfen der Bundesrepublik Deutschland im Jahr 1988 gegenüber 1987 einen Zuwachs von 7%. Das Verkehrsaufkommen auf den 28 ADV-Regionalflughäfen mit 1,7 Mio. Passagieren wuchs sogar um 30%.

Die zukünftige Entwicklung des Luftverkehrs wird in erster Linie durch Faktoren wie Bevölkerung, Einkommen, Außenhandel und Freizeit bestimmt. Alle Vorhersagen zur Entwicklung dieser Faktoren in Europa lassen auf ein weiteres Wachstum im Luftverkehr schließen. Die strukturellen Veränderungen in der Bevölkerungsentwicklung z.B. in bezug auf die tendenzielle Zunahme der Zahl älterer Menschen oder auch der Zahl kleinerer Haushalte bis hin zu Einpersonenhaushalten führen zu größerem Privatvermögen mit positivem Effekt auf die Mobilität. In der Vergangenheit waren die Wachstumsperioden des Luftverkehrs durch hohes Wachstum des nationalen Einkommens bei gleichzeitig sinkenden Reisekosten gekennzeichnet. Der Außenhandel ist die entscheidende Variable, die die Nachfrage im internationalen Geschäftsreiseverkehr bestimmt.

Alle Prognosen für den Luftverkehr gehen davon aus, daß bisher keine Sättigungstendenzen zu erkennen sind. Weltweit wird eine Verdopplung der Verkehrsleistung (Pkw/Jahr) von 1986 bis zum Jahr 2000 erwartet. Die DLR-Prognose schätzt für den Luftverkehr der Bundesrepublik Deutschland unter Status-quo-Bedingungen einen Zuwachs an Flugreisen von 60% zwischen 1986 (20 Mio. Reisen) und 2000 (32 Mio. Reisen).

Die Maßnahmen zur Liberalisierung des Luftverkehrs in Europa sollen nach Vorstellungen der EG-Kommission zu mehr Konkurrenz und damit zu niedrigeren Tarifen, zu mehr Direktverbindungen und zu mehr Verkehrsaufkommen führen. Es ist zu klären, welchen Rationalisierungsspielraum (und damit Möglichkeiten zur Tarifsenkung) die Luftverkehrsgesellschaften noch haben, ob ab 1993 der Flugtreibstoff versteuert werden muß und ob auf innereuropäische Flugscheine Mehrwertsteuer erhoben wird, um das eventuelle Wachstum bedingt durch die Liberalisierung abschätzen zu können.

Die Deregulation in den USA weist allerdings auf mögliche negative Entwicklungen hin, die in Europa auch auftreten könnten:

- Konzentration auf wenige Luftverkehrsgesellschaften durch wachsenden wirtschaftlichen Druck
- Angestrebte Verbesserung der Flächenbedienung ist nicht gesichert
- Generelles Sinken des Tarifniveaus fraglich
- Wettbewerbsdruck kann zur Vernachlässigung der Sicherheitsstandards führen (Einsatz von sehr altem Fluggerät)
- Kapazitätsprobleme an Flughäfen und im Luftraum

Restriktionen für den Luftverkehr

Eine Reihe von Problemen des Luftverkehrssystems spricht allerdings gegen ein kontinuierliches Dauerwachstum der Nachfrage:

- Ökologische Probleme, wie Lärm und Luftverschmutzung
- Wandel im Wertesystem der Bevölkerung, insbesondere bezogen auf Umweltaspekte
- Kapazitätsengpässe im Luftraum und an Flughäfen

Der Lärm der ständig steigenden Anzahl startender und landender Flugzeuge führt zunehmend zu Protesten der betroffenen Bevölkerung. Der Lärm ist im Augenblick der Hauptgrund für die öffentlichen Proteste gegen den Bau neuer Startbahnen oder gar Flughäfen. Heute wird auf vielen Flughäfen die Kapazitätsgrenze (Anzahl der maximal möglichen Flugbewegungen) von den Lärmgrenzwerten bestimmt, insbesondere bei Nacht. Die Flugzeuge werden zwar von Generation zu Generation leiser, aber der Dauerschallpegel hat durch den starken Zuwachs an Flugbewegungen trotzdem nicht abgenommen.

Die Luftverschmutzung durch den Luftverkehr ist nachweislich kleiner als 1% der vom Verkehr insgesamt erzeugten Emissionen. Aber in der letzten Zeit mehren sich die Stimmen, die behaupten, daß die Emission der Flugzeuge in großen Höhen erheblich zum Treibhauseffekt beitrüge. Hier erscheint Forschung dringend notwendig, um zu klaren Aussagen und eventuell Abhilfe zu kommen.

Obwohl der Wertewandel in der Bevölkerung die treibende Kraft dafür war, daß die Freizeit mehr zum Reisen und insbesondere zum Flugreisen genutzt wurde als in der Vergangenheit, zeigt sich auch, daß die Erhaltung der Natur mehr und mehr Priorität erhält. Wenn die Bürger, die mit dem zunehmenden Lärm und der Luftverschmutzung konfrontiert werden, in steigendem Maße gegen Infrastrukturprojekte im Verkehrsbereich opponieren, ist dieser Protest ein Zeichen für die zunehmend höhere Bewertung einer intakten Umwelt.

Der grundsätzliche Gegensatz zwischen den Forderungen der Flughafennachbarn nach einer intakten Umwelt und den Wünschen der reisenden Bevölkerung nach ungestörtem Reiseablauf kann nicht durch Planungsmaßnahmen beseitigt werden. Man muß davon ausgehen, daß dieser Konflikt größer wird, da auf der einen Seite die Umweltbelange wichtiger werden, auf der anderen Seite der Luftverkehr noch stark wächst.

Erhebliche Hindernisse für das langfristige Wachstum des Luftverkehrs ergeben sich aus den vorhandenen Kapazitäten der Flughäfen und des Luftraums. Einige der größten europäischen Flughäfen wie London-Heathrow oder Frankfurt operieren bereits an der Kapazitätsgrenze, andere Flughäfen werden bald diesen Punkt erreichen. Gleichzeitig ergeben sich zunehmend Verspätungen im Luftverkehr durch Flugsicherungsprobleme im europäischen Luftraum, die im wesentlichen durch die vielen unterschiedlichen nationalen Systeme bedingt sind. Daher muß damit gerechnet werden, daß es in Zukunft Probleme bei der Befriedigung der Nachfrage im Luftverkehr geben wird.

2.5 Beispiel "Telematik"

Einleitung und Überblick

Mit dem Begriff "Telematik" wird anhand der Verschmelzung der Wortbestandteile "Telekommunikation" und "Informatik" treffend das qualitativ "Neue" dieser technischen Neuerungen, die Symbiose von Übertragung (oder auch "Kommunikation") und Verarbeitung sowie Speicherung von Informationen, wiedergegeben. Aus der Integration und Vernetzung verschiedenartigster Kommunikationsformen (Sprache, Text, Daten und Bilder) und Kommunikationsinhalte gehen Wirkungen einher, die sich in unterschiedlichsten wirtschaftlichen und gesellschaftlichen Bereichen niederschlagen. Das Bündel von Wirkungen, welches von diesen Innovationen dabei speziell beim Verkehr zum Tragen kommt, ist aufgrund der Komplexität der Telematik und vor allem wegen ihrer vielfältigen Anwendungsmöglichkeiten in sich verschiedenartig, d.h. stark heterogen (Stichwort: "Ambivalenz der Wirkungen") und von daher insbesondere unter einer räumlich bzw. regional ausgerichteten Sichtweise schwierig abzuschätzen.

Um die einzelnen, eng miteinander vermaschten Wirkungspotentiale der Telematik auf den Verkehr aufzeigen und zur Diskussion stellen zu können, wird im folgenden der Versuch unternommen, das Wirkungsgefüge der Telematik auf das Aufkommen und die Struktur des Verkehrs in zwei Komplexe aufzugliedern; und zwar erstens in die Wirkungen, die sich aus der Anwendung der Telematik als "Raumüberwindungstechnik" bzw. als Transportmedium für nichtphysische Güter (Informationen) ergeben, sowie zweitens in die Auswirkungen auf den Verkehr, die durch den Einsatz der Telematik als Produktions-, Organisations- und Distributionstechnik sowie als Meß- und Regelungstechnik verursacht werden. Den Abschluß dieses Beitrags bilden Schlußfolgerungen zu den sich hieraus ergebenden Bedingungen und Anforderungen für Raumordnung und Landesplanung.

Telematik als "Raumüberwindungstechniken"

Sofern überwiegend der "Kommunikationsaspekt" betrachtet wird, können die Neuerungen der Telematik als nachrichtentechnische Verkehrsträger für den Transport von Informationen (also von nichtphysischen Gütern) angesehen werden. Die Telematik erlaubt es, vermutlich mehr als bisher die "klassischen" Telekommunikationstechniken wie Telefon oder Telex, Informationen auszutauschen und die dafür bislang erforderlichen Ortsveränderungen nebst den damit verbundenen physischen Verkehren wegfallen zu lassen. Bekannte Beispiele für solche Substitutionsmöglichkeiten des physischen Verkehrs sind Anwendungen wie Videokonferenzen, Teleheimarbeit, Telebanking oder Teleshopping.

Mehrere Untersuchungen haben sich der Frage nach der Art und dem Umfang des Substitutionspotentials solcher Innovationen angenommen (vgl. z.B. HENCKEL u.a., 1984; ROTACH/ KELLER, 1988). Je nach den in diesen Studien den Berechnungen zum Substitutionspotential zugrundeliegenden Annahmen zur Geschwindigkeit der Ausbreitung und dem Umfang der Anwendung dieser Neuerungen wurden Substitutionspotentiale für Videokonferenzen auf den Geschäftsreiseverkehr, für Teleheimarbeit auf den Berufsverkehr und für Teleshopping und - banking auf den Einkaufsverkehr von nahe 0 bis zu 20% errechnet. Gering sind die Substitutionseffekte besonders dann, wenn - wie z.B. im Falle des Teleshoppings - Einsparungseffekte im Einkaufsverkehr durch den Warenlieferverkehr mehr oder weniger kompensiert werden.

Vermehrt finden sich Hinweise dafür, daß durch die Telematik nicht nur Verkehr substituiert, sondern auch induziert wird. Dabei geht es nicht um "Ersatzverkehre", so wie die Verlagerung vom Einkaufsverkehr auf den Warenlieferverkehr im obigen Beispiel, sondern vielmehr sind hiermit neu hinzukommende Verkehre oder die räumliche und zeitliche Ausdehnung bereits bestehender Verkehrsströme angesprochen. Die zusätzlichen Verkehre beruhen dabei zum einen auf den mittels Substitution sowie - hierauf wird später noch eingegangen - mittels Effektivierung und Rationalisierung in der Gestaltung des Verkehrs gewonnenen "Freiräumen" im Sinne freigewordener Kapazitäten (Kapital, Zeit etc.). Als ein Beispiel hierfür mag die Ausweitung des Ausflugs- und Urlaubsverkehrs als Folge des durch Teleheimarbeit eingesparten Berufsverkehrs und der bei Teleheimarbeit u.U. veränderten Zeitorganisation des Alltags dienen. Zum anderen ermöglichen die Neuerungen in der Telematik die Aufnahme neuer, aufgrund großer Entfernungen, zeitlicher Überschneidungen oder zeitlicher Restriktionen bislang nicht oder nur unter erschwerten Bedingungen verwirklichbarer Kontakte. Dies kann im Bereich der Wirtschaft für Geschäftsbeziehungen wie auch in privaten Bereichen für den Freundes- und Bekanntenkreis zutreffen.

Ob nun mengenmäßig mehr Verkehr substituiert als induziert wird (oder umgekehrt), kann derzeit noch nicht abschließend beurteilt werden. Wird retrospektiv die Entwicklung der Verbreitung von ähnlich revolutionären telekommunikativen Einrichtungen wie z.B. des mittlerweile über 100 Jahre alten Telefons betrachtet, dann ist begründet zu vermuten (der wissenschaftliche Nachweis fehlt allerdings noch), daß diese Technik nicht dazu beigetragen hat, physischen Verkehr zu reduzieren, sondern wahrscheinlich eher, direkt oder in unterstützender Form, die

Induktion zusätzlichen Verkehrs bewirkte (vgl. hierzu z.B. CERWENKA, 1984; HEINZE/KILL, 1987). Telematik und physischer Verkehr sind weniger durch Induktions- oder Substitutionsbeziehungen als vielmehr durch gegenseitige Abhängigkeiten charakterisiert. Die Neuerungen der Telematik dienen dabei vorrangig der Vorbereitung und Koordination von Verkehr. Die zunehmend wichtiger werdenden Abhängigkeiten zwischen beiden Technikbereichen werden z.B. daran ersichtlich, daß Telematikanwendungen - wie die Entwicklung des Mobiltelefons verdeutlicht - nun auch während physischer Transportvorgänge genutzt werden können.

Vergleicht man alte und neue Techniken zur Kommunikation und deren Anwendungsmöglichkeiten, dann spricht mehr dafür als dagegen, daß die derzeitigen Trends der Verkehrsentwicklung keine Wende erfahren. Ein Grund dafür, daß die Substitutionsthese in der wissenschaftlichen Diskussion bislang größere Beachtung gefunden hat, könnte darin liegen, daß die Substitution von Verkehr in Form von Ursache-Wirkungs-Ketten vergleichsweise leicht aufzudecken ist. Dagegen ist die Ermittlung induzierten Verkehrs mit dem ''Nachteil behaftet'', die durch die Telematik zumeist in Form von sog. Sekundäreffekten bewirkte Zunahme des Verkehrs kaum von anderen Faktoren (wirtschaftliche Entwicklung etc.) isolieren zu können. Vielleicht liegen die weit verbreiteten Hoffnungen zu den Substitutionswirkungen der Telematik auf den Verkehr aber auch nur darin begründet, daß Verkehr nicht mehr allein als Problemlösungsmittel zur Überwindung von Distanzen etc., sondern zunehmend als umweltbeeinträchtigender und wohnqualitätsmindernder Faktor (Lärm, Luftschadstoffe) empfunden wird.

Selbst wenn es hinsichtlich des Verkehrsaufkommens zu einem ''Nullsummenspiel'' von substituiertem und induziertem Verkehr kommen sollte, so steht fest, daß es aufgrund der von einer Substitution und Induktion unterschiedlichen Betroffenheit einzelner Verkehrsbereiche (Berufsverkehr etc.) zu strukturellen Veränderungen in der regionalen und zeitlichen Auslastung von Verkehrsnetzen und im modal split kommen wird. Wie diese im einzelnen aussehen werden, ist allerdings, da diese Veränderungen auf einer nachgeordneten Ebene eintreten, noch weitaus schwieriger abzuschätzen (vgl. CLAISSE, 1983; GARRISON/DEAKIN, 1988).

Telematik als Organisationsinstrument in der Logistik

Wirkungen auf den Verkehr ergeben sich auch aus der durch die Telematik ermöglichten Integration von Arbeitsprozessen und -vorgängen in der Produktion mit Verwaltung und Distribution. Diese Vernetzung verschiedener Ebenen innerhalb von Betrieben, zwischen verschiedenen Betrieben (Zulieferer-Endverarbeiter usw.) sowie zwischen Betrieben, öffentlichen Behörden und den einzelnen Individuen ermöglicht es vor allem, Transportvorgänge besser zu koordinieren sowie zu beschleunigen und die mit der zunehmenden Arbeitsteilung und Spezialisierung verbundenen Transaktionskosten (Logistikkosten für Transport und Lagerhaltung) zu reduzieren. Diese Entwicklung ist u.a. darauf zurückzuführen, daß die Transport- und Liegezeiten an den gesamten Durchlaufzeiten bei der Erstellung von Gütern immer stärker zugenommen haben und mittlerweile bei rund 85% liegen. Kosten für Transport und Lagerung nehmen absolut, wie auch an den Gesamtbetriebskosten gemessen, zu (SCHIELE, 1986, zit. nach LÄPPLE, 1989).

Die Logistik wird im wirtschaftlichen Wettbewerb aber nicht nur aus Kostengründen in Zukunft an Bedeutung gewinnen. Die vergleichsweise stark vom Außenhandel abhängige, hochspezialisierte und -technisierte Marktwirtschaft in der Bundesrepublik erfährt derzeit - u.a.

auch aufgrund der Einführung des EG-Binnenmarktes und einer damit verstärkten Konkurrenz von EG-Niedriglohnländern (Portugal etc.) - einen Strukturwandel, der durch eine zunehmende Abkehr von der Massenproduktion hin zur Einzelgüteranfertigung "nach Wunsch" charakterisiert ist (Stichwort: "Flexible Spezialisierung") (vgl. u.a. KUNZMANN, 1989; LÄPPLE, 1989). Damit verbunden ist eine Veränderung in dem Umfang und in der Zusammensetzung von Gütertransporten ("Güterstruktureffekt"). Ermöglicht wird dieser Umstrukturierungsprozeß durch flexiblere Produktionsweisen und -zeiten ("just-in-time-production"). Notwendig hierfür ist eine verkehrs- bzw. transportmäßig bessere Koordination zwischen zuliefernden und endverarbeitenden Industrien und den einzelnen Distribuenten der erzeugten Güter, die nur über eine entsprechend flexible Anpassung des Transportsystems erreicht werden kann ("Logistikeffekt") (SCHMIDT, 1987; WENDRICH, 1986).

Unmittelbare Wirkungen im Verkehr werden sich dabei, vor allem in Form einer Zu- wie auch Abnahme des Verkehrsaufkommens, u.a. ergeben durch:

- zunehmende Auflösungserscheinungen traditioneller Lagerhaltung zugunsten einer mobiler und flexibler operierenden Logistik ("Rollende Lager"),

- einen erhöhten Transportbedarf, der auf den anhaltenden Trend einer Abnahme des Einzelfertigungsanteils bei den einzelnen Zulieferbetrieben zurückzuführen ist,

- Veränderungen in Art und Umfang der Transportladungen, weg von Massengütern hin zu hochwertigen Investitions- und Konsumgütern mit niedrigeren Stückzahlen,

- eine Optimierung in der Zusammenstellung von Transportladungen (Abnahme von Leerfahrten) und eine verbesserte Koordination in der Routenwahl.

Indirekte Wirkungen auf den Verkehr ergeben sich bei dem durch die Telematik ermöglichten wirtschaftsstrukturellen Wandel vor allem durch:

- eine Förderung bzw. Stärkung bestehender Standortkonzentrationen an EG-Binnenmarkt orientierten, verkehrsgünstig gelegenen Standorten sowie eine Aufgabe bzw. einen Bedeutungsverlust altindustrialisierter und verkehrsmäßig weniger attraktiv gelegener Standorte,

- die Entstehung neuer Standortkonzentrationen, vor allem im Bereich von Flughäfen ("Airportcities") und an internationalen, nationalen sowie regionalen Umschlagplätzen des Gütertransports ("Güterverteilzentren"),

- eine weiter anhaltende räumliche Ausdehnung der Märkte ("Internationalisierung der Wirtschaft") - letztendlich durch den EG-Binnenmarkt angetrieben bzw. forciert.

Verbunden mit diesem wirtschaftsstrukturellen Wandel sind auch Veränderungen in gesellschaftlich-sozialen Bereichen, die sich auf der Individualebene durch flexiblere Arbeitszeitregelungen oder neue Formen der Erwerbstätigkeit (verstärkte Heimarbeit, Selbständigkeit etc.) auch im Bereich des Verkehrs, insbesondere dabei vor allem durch räumliche und zeitliche Verschiebungen in der Nutzung einzelner Verkehrsträger (modal split) und der Verkehrsinfrastruktur ausdrücken werden (vgl. z.B. WASCHKE, 1987).

Die Einführung des EG-Binnenmarktes hängt eng mit diesen Umstrukturierungsprozessen zusammen; der gemeinsame Markt ermöglicht es, Transportvorgänge über "ehemalige" Grenzen hinweg zu beschleunigen (Wegfall von Stillstandzeiten bei der Zollabfertigung etc.) und Marktaktivitäten im Rahmen des allgemeinen "Internationalisierungstrends" zu erweitern. Resultat der Marktliberalisierung dürfte vorrangig eine Zunahme des Güterverkehrs sein (vgl. SCHMIDT, 1989), die sich innerhalb der Bundesrepublik vor allem durch eine stärkere verkehrliche Belastung grenznaher Regionen als Folge vermehrten Durchgangsverkehrs sowie grenzüberschreitenden Quell- und Zielverkehrs niederschlagen wird. Dagegen zeichnet sich bereits schon heute als Folge der Marktliberalisierung eine Zunahme des Geschäftsreiseverkehrs ab (vgl. SZ vom 3./4. März 1990).

Schlußfolgerungen aus der Sicht der Raumforschung und Landesplanung

Die Folgen der Auswirkungen, die sich aus der Telematik und der Einführung des EG-Binnenmarktes ergeben, werden - ceteris-paribus-Bedingungen in der (verkehrs-)politischen Entwicklung vorausgesetzt - deshalb summa summarum den Trend einer Zunahme des Verkehrs eher beschleunigen als bremsen sowie zu - teilweise gravierenden - Veränderungen im modal split und in der räumlichen und zeitlichen Belastung der Verkehrsinfrastruktur führen. Ordnungspolitische EG-Regelungen, wie z.B. die Kabotagefreigabe, welche eine Absenkung des Leerfahrtenanteils im Güterverkehr bewirken wird (HAHN, 1989), müssen - da eine weiter anhaltende Zunahme des Verkehrs auf Dauer aus umwelt- und gesellschaftspolitischen Gründen nicht mehr tragbar sein wird - um weitere verkehrsreduzierende Maßnahmen erweitert werden. Die Telematik kann hierzu unter konsequenter Ausnutzung ihrer Substitutionspotentiale zumindest teilweise beitragen, sofern die Anwendungen gezielt zur Rationalisierung physischen Verkehrs herangezogen werden bzw. sofern eine solche Anwendung eine (ordnungs-) politisch entsprechende Förderung erfährt. Da Telematik und (physischer) Verkehr eng miteinander zusammenhängen, muß seitens der Regional- und Landesplanung allerdings darauf gedrängt werden, daß die für die Nutzung der Telematik notwendige, sich derzeit im Ausbau befindliche Infrastruktur (ISDN, Glasfaser) innerhalb der Bundesrepublik in allen Regionen angeboten wird und Schnittstellen zum Ausland geschaffen werden. Des weiteren müssen - allein um einen Disparitätenzuwachs zwischen verdichteten und ländlichen Regionen zu vermeiden - Instrumente entwickelt und Maßnahmen gefördert werden, welche die Diffusion von Anwendungen der Telematik in peripher gelegenen Regionen unterstützen (vgl. KÖHLER, 1987). Forschungsaktivitäten auf EG-Ebene hierzu werden derzeit gerade initiiert (vgl. EG-KOMMISSION, 1989). Beachtet werden sollte allerdings, daß nur diejenigen Telematikanwendungen eine Förderung erfahren, die dazu beitragen, Verkehr zu substituieren oder zumindest besser zu koordinieren, und nicht solche Formen der Anwendung unterstützt werden, die zu von den Verdichtungsräumen ausgehenden Entzugseffekten führen, somit die Abhängigkeit der Peripherie von den Zentren erhöhen und als Folge davon u.U. einen Anstieg des Verkehrsaufkommens zwischen diesen Räumen bedingen (vgl. WÜRTH, 1989). Dies setzt jedoch, da der Kenntnisstand im Bereich Telematik und Verkehr in dieser Hinsicht gering ist, entsprechend differenziert ausgerichtete Forschungsarbeiten sowie Erprobungs- und Fallstudien - nicht nur auf EG-Ebene, sondern auch innerhalb der Bundesrepublik Deutschland - voraus.

Einer weiter anhaltenden Zunahme des Verkehrs - bei konsequenter Ausnutzung der Substitutionspotentiale der Telematik u.U. in reduziertem Umfang - ist jedoch nicht von vorneherein und generell mit einem Ausbau der Verkehrsinfrastruktur zu begegnen. Flexiblere Fertigungsprozesse, flexiblere Arbeits- und Betriebszeiten in der Wirtschaft, neue telematikgestützte Anwendungsformen wie Teleshopping etc. sowie die Nutzung der Telematik als Meß- und Regeltechnik zur Lenkung von Verkehrsströmen (Stichwörter: "Verkehrsleitsysteme", "Intelligentes Auto") ermöglichen es, sowohl zeitliche als auch räumliche Belastungsspitzen der Infrastruktur zu reduzieren bzw. zu kappen. Hier wird die Regional- und Landesplanung in Zukunft gefordert sein, Einfluß auf einen den jeweiligen lokalen oder regionalen Erfordernissen entsprechenden Rück- und Umbau sowie den in Einzelfällen erforderlichen Aus- oder Neubau der Klassischen Verkehrsinfrastruktur zu nehmen. Dies wird insbesondere an den Grenzen zu den Nachbarländern notwendig sein, um funktionsfähige Schnittstellen zu schaffen. Die durch den zunehmenden Verkehr bedingten Überlastungserscheinungen der Infrastruktur - abgesehen von sonstigen Folgeerscheinungen wie Umweltprobleme etc. - werden allerdings damit auf Dauer weniger gelöst, als vielmehr zeitlich verzögert bzw. herausgeschoben.

2.6   Beispiel "Binnenschiffahrt"

Dank der Freiheit der Mannheimer Akte von 1868 hat die internationale Rheinschiffahrt schon seit Jahren das vollzogen, wonach die europäische Wirtschaftsgemeinschaft seit langem - nunmehr aber mit Nachdruck im Hinblick auf die 90er Jahre - strebt. Deshalb gibt es im Rheinstromgebiet auch kein Wasserstraßennetz mit engen Grenzen; es bietet sich vielmehr eine Infrastruktur für die Schiffahrttreibenden an, die von den Signatarstaaten der Mannheimer Akte - einschließlich Großbritanniens - frei genutzt werden kann. Das gilt für die Befahrung der Schiffahrtswege wie für das Zusammenspiel von Angebot und Nachfrage im grenzüberschreitenden Verkehr, so daß sich in dem anfangs umrissenen geographischen Bereich die Rheinschiffahrt schon heute als das liberale Verkehrssystem des westeuropäischen Raumes darstellt. Das war zwar nicht immer so, gilt jedoch wieder seit dem Jahre 1956, d.h. nach Aufhebung der Kabotage für den innerdeutschen Rheinverkehr.

Dies vorausgesetzt, könnte man meinen, Interpretationsprobleme gebe es nicht mehr. Das stimmt nicht ganz, denn die Freiheit der Rheinschiffahrt hat von je her gravierende Nachteile aus der Sicht des Gewerbes mit sich gebracht. Davon zeugen die Einrichtung internationaler Ordnungswerke wie die Durchführung internationaler Wirtschaftskonferenzen. Zu nennen sind hier Kartelle, Pools und Konventionen sowie eine internationale Stillegungsregelung auf EG-Basis. Überdauert hat de facto keines dieser Ordnungswerke, denn die nationalen Egoismen verhinderten - trotz aller liberalen Grundeinstellungen - letztlich ein Wirksamwerden. Da nutzte es auch nichts, daß sich bereits 1952 die Zentralkommission für die Rheinschiffahrt mit der permanenten Krise des Gewerbes befaßt hat - und dann wiederum die EG-Kommission in den 70er Jahren -, doch ohne Erfolg.

Worauf kann diese Entwicklung zurückgeführt werden? Allein auf die Instabilität des Marktes durch eine sich ständig ändernde Nachfrage (quantitativ), durch die Notwendigkeit der Vorhaltung einer Kapazitätsreserve und durch das inverse Verhalten vieler Investoren, die bei jedem Silberstreifen am Horizont Wachstumschancen für die Binnenschiffahrt sehen und demzufolge in das langlebige Wirtschaftsgut "Binnenschiff" investieren.

Die Folge sind immer wiederkehrende Überkapazitäten mit der Konsequenz desolater Frachtenmärkte, vielfach sogar bei zufriedenstellender Beschäftigung, aber bei weitem nicht kostendeckenden Preisen (diese Situation herrscht im Augenblick vor).

Ein permanentes Ungleichgewicht gibt es nunmehr wieder seit den Jahren 1979/80. Da ein Marktgleichgewicht aus eigenen Kräften nicht erreicht werden konnte, hat sich das internationale Gewerbe seit zwei Jahren in vielen Sitzungen und Konferenzen zusammengefunden, um mit Hilfe der EG-Kommission zu Strukturbereinigungsmaßnahmen in der Binnenschiffahrt zu kommen. Diese Maßnahmen sind vom EG-Ministerrat inzwischen beschlossen worden. Sie gelten ab dem 28.4.1989 und umfassen

- international koordinierte, nationale Abwrackaktionen sowie
- eine Marktzugangsregelung, die sog. Alt-für-Neu-Regelung.

Mit Hilfe der genannten Maßnahmen hofft das Gewerbe zu einer etwas größeren Stabilität der internationalen Märkte zu kommen, was letztlich der Sicherung der wirtschaftlichen Existenz der Betriebe dienen soll.

Die bisherigen Ausführungen haben gezeigt, daß bei der vorhandenen Konstellation nur internationale Regelungen zur Festigung der Wirtschaftskraft beitragen können. Zur Interessenlage in der Bundesrepublik ist anzumerken, daß sich die Binnenschiffahrt darum bemühen wird, den nationalen Ordnungsrahmen, d.i. das innerdeutsche Frachtsystem, zu erhalten.

Die Frage des Anpassungsbedarfs läßt sich am besten vor dem Hintergrund der Infrastrukturpolitik beantworten. Die Binnenschiffahrt strebt nicht nach einer weiteren Verästelung des vorhandenen Wasserstraßennetzes; sie mißt vielmehr dem Ausbau der vorhandenen Wege Priorität bei. Die Mittel für die Bundeswasserstraßen sind in diesem Jahr um 50 Mio. DM auf 1,88 Mrd. DM (+ 2,6 %) erhöht worden, wobei diese Steigerung fast ausschließlich den investiven Mitteln zugute kommt, die um 46 Mio. DM auf 812 Mio. DM (+ 6,0 %) angehoben wurden. Der langjährigen Forderung des Binnenschiffahrtsgewerbes, die für den Ausbau und die Substanzerhaltung notwendigen Mittel bereitzustellen, wird damit im wesentlichen entsprochen.

Mit einem Anteil von nur 7,5 % des Verkehrshaushaltes beansprucht die Binnenschiffahrt, die knapp 25 % der Verkehrsleistung im Güterfernverkehr erbringt, nur einen bescheidenen Bruchteil. Angesichts der offensichtlich trotz Fortschritten bei der Haushaltskonsolidierung erkennbaren knappen Finanzdecke des Verkehrsetats erscheint der möglichst nutzbringende Einsatz der Mittel von großer Wichtigkeit. Je knapper die Mittel werden, desto notwendiger wird es sein, Prioritäten festzulegen und die Substanzerhaltung sowie die Realisierung vordringlicher, durch Kosten-Nutzen-Untersuchungen geprüfter Rationalisierungsmaßnahmen zu konzentrieren. Darüber hinaus ist eine schnelle Nutzbarmachung der bereits vorgenommenen Investitionen von nicht zu unterschätzender Bedeutung, um größere Schiffe oder eine höhere Abladung zulassen zu können. Dies trägt entscheidend dazu bei, die Produktivität des Schiffeinsatzes zu verbessern.

Zurück zum Binnenmarkt - und damit zu den Zukunftsaussichten für die Binnenschiffahrt. Zu vermuten ist, daß der Transport von höherwertigen Gütern wesentlich stärker steigen wird als der der Grundstoffe. Die Binnenschiffahrt ist in erster Linie ein Massenguttransportmittel; sie wird deshalb am Verkehrswachstum unterproportional beteiligt sein, hofft aber, daß sie ihre Position auf dem europäischen Markt halten kann, worauf zumindest die neuesten Langzeitprognosen hindeuten.

2.7   Beispiel ''Seeschiffahrt''

Über die Schiffahrt und insbesondere die Küstenschiffahrt wird im Rahmen der Diskussion zum EG-Binnenmarkt i.a. wenig gesagt. Dabei wird vielfach übersehen, daß die europäische Küstenschiffahrt einen Anteil von etwa 35 % am gesamten innereuropäischen grenzüberschreitenden Verkehr hat.

Indirekt wird die Schiffahrt unter raumstrukturellen Gesichtspunkten bei der Frage nach dem Wettbewerb der nordwesteuropäischen Seehäfen angesprochen, wobei im weiteren mögliche Veränderungen aus der Liberalisierung der Hinterlandverkehre auf die deutschen Seehäfen abgeleitet werden. So wird erwartet, daß die Deregulierung der Verkehrsmärkte zu einem Abbau der Unterschiede zwischen dem vergleichsweise teuren Inlandstransport und dem kostengünstigeren Verkehr über die Rheinmündungshäfen führen wird.

Weniger für die Hochseeschiffahrt als vielmehr für die Küstenschiffahrt sind investive und ordnungspolitische Maßnahmen der konkurrierenden Landverkehrsträger wichtige Rahmenbedingungen. Zu denken ist im besonderen an Infrastrukturverbesserungen bei Straße und Schiene, an Großvorhaben wie Alpentransit, Skandinavienverbindungen, Elektrifizierung von Eisenbahnstrecken (Schleswig-Holstein oder z.B. Iberische Halbinsel).

Unmittelbar betroffen ist die Küstenschiffahrt von einer möglichen Kabotageänderung, die es ausländischen Reedern ermöglicht, auf deutschen Relationen tätig zu werden, umgekehrt aber auch deutschen Reedern erlaubt, auf Auslandsmärkten anzubieten. Dieser Effekt wird seitens der deutschen Küstenschiffahrt nicht unbedingt negativ eingeschätzt, da die deutsche Flotte durchaus als wettbewerbsfähig einzuschätzen ist.

Das weitere Wachstum des Seehafenumschlags in der Hamburg-Antwerpen-Range wird weitgehend vom Containerumschlag bestimmt werden. Als Ergebnis weiter zunehmender Stückgutverschiffungen und langfristiger Annäherung der Containerisierungsgrade an eine Sättigung ist bis 2000 in etwa von einem linearen Anstieg auszugehen, was gegenüber 1988 eine Steigerung des Umschlags in den Nordrangehäfen von 5,4 Mio. TEU auf 9,3 Mio. TEU bedeutet (+ 70 %).

Bei der Entwicklung der Marktanteile dürften die deutschen Seehäfen bis 2000 im Containerumschlag einen Anteil von 33 % am Umschlag der Nordrangehäfen halten können.

Auch die Häfen sind zunehmend als Teil logistischer Transportketten zu betrachten. Gerade die norddeutschen Universalhäfen haben mit modernen Informatik- und Telekommunikationssystemen erhebliche Anstrengungen unternommen, um wettbewerbsfähig zu bleiben.

Die durchaus positive Entwicklung der deutschen Häfen konnte allerdings das Zurückbleiben des Nordens hinter der Wirtschaftsentwicklung des Südens nicht verhindern, es deutet sich jedoch heute eine gewisse Stabilisierung auf einem niedrigeren Niveau an.

Die deutschen Seehäfen sind in die weltweite Entwicklung des Seehandels eingebunden, wobei die weitere Entwicklung der Containerverkehre wesentlich wichtiger sein wird als das Wachstum der Öl- und Massengüterverschiffungen (letztere: + 1,6 % p.a. bis 2000).

Die weltweiten Gesamtverschiffungen von knapp 3,7 Mrd. Tonnen (+ 6 % gegenüber 1987) setzen sich zu 29 % aus Rohöl, zu 9 % aus Mineralölprodukten, zu 25 % aus Massengut und zu 37 % aus sonstiger Ladung zusammen.

Mit zunehmendem Welthandelsvolumen und Annäherung an ein Gleichgewicht zwischen angebotener und nachgefragter Tonnage haben sich die Schiffahrtsmärkte zunehmend befestigt (höhere Frachtraten vor allem bei Reise- und Zeitchartern). In der Linienschiffahrt - vor allem in der Nordatlantik-Containerfahrt - herrschen noch deutliche Überkapazitäten mit unbefriedigenden Frachtraten.

Trotz zunehmenden Welthandels und stark expansiven deutschen Außenhandels ist die deutsche Handelsflotte, d.h. Schiffe unter deutscher Flagge, erheblich geschrumpft. Grund sind vor allem die Ausflaggungen der Schiffe unter Liberia-, Panama-, Zypern- und anderen Billigflaggen.

Als Maßnahme zum Stoppen dieser Entwicklung wurde das sog. Zweitregister geschaffen, das möglicherweise von einem EURO-Register begleitet werden könnte. Die Einschätzung der Effekte ist heftig umstritten.

Im EG-Rahmen gibt es Bemühungen um eine EG-Schiffahrtspolitik, die im weiteren mit dem Schlagwort "Positive Measures" umschrieben werden kann.

3.   Raumbedeutsame Aspekte

1.   Die Durchsetzung raumordnerischer Ziele und Erfordernisse ist wesentlich von der inhaltlichen und finanziellen Ausrichtung der Verkehrspolitik abhängig. Dies gilt in besonderem Maße für die Verwirklichung eines europäischen Binnenmarktes und die Gründung einer europäischen Union - Unternehmungen, die nur über umfassende und tiefgreifende Integrationsprozesse zum Erfolg geführt werden können. Von der Natur der Sache her müssen hier dem Ausbau einer europäischen Verkehrsinfrastruktur und der Harmonisierung der Verkehrsordnungen zentrale Bedeutung zugeordnet werden.

2.   Eine zuverlässige und konkrete Abschätzung der räumlichen Auswirkungen der vollständigen europäischen Integration ist zur Zeit noch nicht möglich. Gleichwohl lassen sich hier einige erste Überlegungen zur Diskussion stellen:

2.1   Die insgesamt erwarteten Vorteile des vollendeten europäischen Binnenmarktes werden den einzelnen Regionen in z.T. sehr unterschiedlichem Maße zuwachsen. Dabei werden vor allem die großen Agglomerationen mit hoher Wirtschaftskraft und guter Infrastruktur an Standortattraktivität gewinnen. Es ist davon auszugehen, daß gerade diese Räume vorrangig durch leistungsfähige Verkehrssysteme verbunden werden - soweit sie es nicht schon sind -, da von ihnen die größten ökonomischen Impulse zu erwarten sind. Dieses wird zu einer weiteren Begünstigung

dieser Räume führen (u.a. Hochgeschwindigkeitseisenbahnnetz, Kanaltunnel).

2.2 Auch Regionen in bisher nationaler Grenzlandlage werden in einem europäischen Binnenmarkt ihre Standortsituation verbessern können, sofern sie nicht auch im neuen Integrationsraum ihre periphere Lage beibehalten. Hierbei ist Voraussetzung, daß diese Regionen an die Verkehrssysteme der großen Agglomerationen angeschlossen werden.

2.3 Wirtschaftsschwache und auch im Maßstab des europäischen Binnenmarktes periphere Regionen bedürfen der besonderen Förderung. Die Reform der EG-Regionalpolitik wird dieser Forderung grundsätzlich gerecht. Darüber hinaus sind die verkehrsinfrastrukturellen Voraussetzungen zu schaffen, damit diese Regionen nicht von den Agglomerationen Zentraleuropas isoliert werden. Ansonsten besteht ernsthaft die Gefahr tendenziell wachsender räumlicher Disparitäten, da der europäische Binnenmarkt vor allem die Standortbedingungen in den ohnehin wachstumsstarken Zentren und Regionen verbessert. Hier steht die Bundesrepublik in einer besonderen Verantwortung, denn ihre Raumordnungspolitik ist flächendeckend auf Entwicklung und Ausgleich ausgerichtet - im Gegensatz zu einer sich auf wenige Wachstumspole konzentrierenden zentralstaatlichen Politik der meisten europäischen Länder.

3.   Aus diesen Annahmen folgt geradezu zwangsläufig die Forderung nach zeitlich fixierten und finanziell abgesicherten Verkehrswegeprogrammen/-plänen, die in ein abgestimmtes europäisches Verkehrskonzept im Rahmen eines europäischen Raumordnungskonzeptes einzubinden sind.

Der anhand solcher Programme bzw. Pläne zu vollziehende Ausbau der europäischen Verkehrsinfrastruktur ist in umweltpolitischer Hinsicht vor allem in Zentraleuropa mit erheblichen Konflikten verbunden.

Insbesondere im Straßen- und Luftverkehr nehmen die Überlastungen der großen Verkehrsmagistralen permanent zu und verschärfen die verkehrsbedingten Umwelt- und Sicherheitsprobleme. Dabei erscheint unstrittig, daß die Vollendung des EG-Binnenmarktes zu einer weiteren deutlichen Zunahme des ohnehin aufgrund der allgemeinen Wirtschaftsentwicklung und des Freizeitverhaltens stetig wachsenden Personen- und Güterverkehrs führen wird.

4.   Hier sind Überlegungen einer langfristigen Umorientierung der Verkehrspolitik unumgänglich, um die wachsende Verkehrsnachfrage mit den Erfordernissen des Umweltschutzes und der Verkehrssicherheit in Einklang zu bringen.

Ausgangspunkt muß das Leitziel sein, den Individualverkehr zu reduzieren und umweltfreundliche, energiesparende und sichere öffentliche Verkehrssysteme zu entwickeln. Wesentliche konzeptionelle Elemente sind dabei:

- der vorrangige Ausbau der Eisenbahninfrastruktur;
- die konsequente Vorrangstellung und Förderung des ÖPNV;
- die strenge Anwendung des Verursacherprinzips bei den Folgewirkungen der einzelnen Verkehrssysteme;
- die Schaffung wirksamer ordnungspolitischer, steuer- und abgaberechtlicher Rahmenbedingungen zur Entlastung des Straßen- und Luftverkehrs.

Dabei ist auch zu klären, inwieweit das Verkehrsaufkommen vom Wirtschaftswachstum abgekoppelt werden kann und wieviel Mobilität sich langfristig ein vollendeter europäischer Markt bzw. eine europäische Union aus ökologischer und ökonomischer Sicht überhaupt noch leisten kann.

4. Tendenzen in der Entwicklung einer europäischen Verkehrsinfrastruktur: Thesen aus raumordnerischer Sicht

Die Aufhebung der Grenzen zwischen den EG-Ländern sowie die Anpassung zahlreicher Rechtsvorschriften und Regulierungen der einzelnen EG-Mitgliedsländer an den gemeinsamen Markt wirken sich auch auf den Verkehr als Resultat veränderter Marktbeziehungen und Anforderungen an die dazu notwendige Verkehrsinfrastruktur aus. Wirkungen wie auch Anforderungen wurden bislang zumeist nur aus sektoraler Sicht beurteilt und von den gut funktionierenden Verkehrs-Fachplanungen bearbeitet, wie z.B. dem Eisenbahnverkehr, dem Flugverkehr, dem Straßenverkehr und (zeitlich vorausgehend) dem Wasserstraßenverkehr. Aus der Sicht einer integrativen Verkehrspolitik, die darüber hinaus noch die ''räumliche'' Komponente berücksichtigt, sind die zu erwartenden Veränderungen in der Verkehrsentwicklung bislang selten betrachtet worden. Vor allem unter dem Blickwinkel einer Koordination von Fachplanungen im Bereich des Verkehrswesens innerhalb einer europäischen Raumordnung soll in dem folgenden Katalog von Thesen deshalb aus der Sicht der Raumordnung auf einzelne bereits bestehende oder zu erwartende Verkehrsprobleme der EG-Binnenmarktliberalisierung eingegangen sowie Lösungsansätze dazu diskutiert werden.

1. Eine Integration der Verkehrswege und -mittel darf nicht hinter den derzeitigen Bestrebungen zur Harmonisierung der Wirtschaft und der für den Marktmechanismus notwendigen Rechtsgrundlagen zurückstehen. Eine leistungsfähige Verkehrsinfrastruktur ist nicht nur Folge, sondern auch eine wesentliche Voraussetzung für wirtschaftliches Wachstum, das aus der Sicht der Raumordnung zum Abbau regionaler Benachteiligungen beitragen soll. Die Planung des Straßen-, Schienen, Wasser- und Luftverkehrs wird daher stärker unter europäischen Gesichtspunkten erfolgen müssen, wie dies beim Wasserstraßenverkehr schon lange realisiert und bei den anderen Verkehrswegen im Werden ist. Umgekehrt heißt dies aber nicht, daß regionale Besonderheiten in Zukunft nicht mehr berücksichtigt werden sollen.

2. Die Hauptursachen für die derzeit entstehenden bzw. für die bereits vorhandenen Engpässe bei den verschiedenen Verkehrsträgern, insbesondere beim Straßenverkehr, sind vor allem auf einen Anstieg der Personenverkehrsleistung und weniger als allgemein vermutet auf den Güterverkehr zurückzuführen. Zwischen 1980 und 1987 nahm die Verkehrsleistung (Fahrzeugkilometer) im Personenverkehr um 60 Mrd. Fzkm und im Güterverkehr nur um 2 Mrd. Fzkm zu (siehe Beitrag Aberle). Daraus folgt zweierlei:

- Bei der Planung der zukünftigen Verkehrsinfrastruktur sollte nicht, wie es bei den Harmonisierungsbestrebungen der Wirtschaft intuitiv nahegelegt wird, ausschließlich die für Güterverkehre notwendige Infrastruktur betrachtet werden;

- es wäre bei dieser Sachlage zu prüfen, ob nicht eine Verlagerung von großen Teilen des Personenverkehrs von der Straße auf die Schiene in vielen Bereichen leichter und mit größeren

Entlastungseffekten zu realisieren wäre als eine Verlagerung des Güterverkehrs. Dies würde die regionalpolitisch erwünschte Ansiedlung von Betrieben in der Fläche, abseits von Schienenverkehrswegen, weiterhin begünstigen und den zum Großteil auf die Verdichtungsräume und deren Zentren gerichteten Individualverkehr zumindest in den Hauptverkehrsrelationen zielgerecht auf Massenverkehrsmittel verlagern.

3. Im Transitverkehr wird zu einseitig auf Engpaßbeseitigung durch Ausbau bestehender Routen hingearbeitet. Am Beispiel der größten Verkehrsengpässe in Europa, den Transitrouten über die Alpen, zeigt sich, daß Strecken, wie z.B. der Gotthardtunnel, schon kurz nach der Eröffnung überlastet waren und nach den Prognosen wiederum kurz nach der Eröffnung der Kapazitätserweiterung überlastet sein werden. Es ist deshalb unumgänglich, nicht nur die bestehenden, häufig ausschließlich auf einen Verkehrsträger ausgerichteten Transitrouten auszubauen, sondern gezielt Verkehrsverlagerung auf noch leistungsfähige Verkehrsträger zu fördern und - aus der Sicht der Raumordnung - sinnvolle Transitrouten für verschiedene Verkehrsträger offenzuhalten; dies gilt ganz besonders für die Umschlaginfrastruktur (Terminals).

Abzuwägen ist dabei, ob Verkehre auf den Zubringern zu solchen Transitstrecken gebündelt oder räumlich getrennt bzw. gestreut erfolgen sollen. Umweltwirkungen, siedlungsstrukturelle wie auch ökonomische Gesichtspunkte sind dazu verstärkt zu berücksichtigen.

4. Die Diskrepanz zwischen den Ausbaupolitiken in den verschiedenen Mitgliedsländern der EG behindert bzw. beeinträchtigt die Realisierung einer leistungsfähigen länderübergreifenden Infrastruktur. Dies gilt insbesondere für die Schiene, die dazu beitragen kann (könnte), den Straßen- und Luftverkehr erheblich zu entlasten. Die Vorschläge für ein zusammenhängendes europäisches Hochgeschwindigkeitsnetz kommen angesichts der langen Realisierungszeiträume etwas spät (siehe Beitrag Kracke).

5. Der Schienenverkehr kann vom Straßenverkehr sowohl Güter- als auch Personentransporte übernehmen. Dies wird allerdings in größerem Umfang nur für den Verkehr zwischen den Verdichtungsräumen gelten, und dies voraussichtlich auch nur dann, wenn die dafür erforderlichen Netze rechtzeitig zur Verfügung stehen und höhere Geschwindigkeiten zulassen. Die Raumordnung muß dabei eine Anbindung des Straßengüterverkehrs an den Schienengüterverkehr durch entsprechende Flächenausweisungen für Umschlagplätze berücksichtigen, um die Bedienung in der Fläche zu gewährleisten, aber auch, um in Zukunft die strukturpolitisch erwünschte Ansiedlung von Gewerbebetrieben im Ländlichen Raum zu ermöglichen bzw. den vorhandenen Bestand zu sichern.

6. Die Anbahnung neuer und die Ausweitung bestehender wirtschaftlicher Kontakte, ein verstärkter Wettbewerb und Veränderungen im Freizeitverhalten/-tourismus lassen den Flugverkehr weiterhin zunehmen und die Koordinierungsprobleme und Kapazitätsengpässe eher größer als geringer werden. Durch leistungsfähige Hochgeschwindigkeitsbahnen kann allerdings eine Entlastung des innereuropäischen Luftverkehrs auf mittleren Distanzen (ca. 300 bis 600 km) bewirkt werden. Dem steht eine Zunahme des Flugverkehrs bei Langstreckenflügen sowie im Regionalluftverkehr gegenüber. Letzteres wird u.a. dadurch begünstigt, daß im Flugverkehr in Zukunft häufiger kleine Maschinen mit weniger als 70 Sitzen genutzt werden, da diese auf die Länder-Gesamtkapazität nicht angerechnet werden. Damit eröffnen sich auch Chancen für Regionen mit kleineren Flughäfen. Um Überlastungserscheinungen auf Flughäfen und Flugstrec-

ken und die daraus resultierenden Gefährdungspotentiale für die Bevölkerung, nebst Beeinträchtigungen durch Lärm etc., so gering wie möglich zu halten, ist aus Sicht der Raumordnung zum einen eine Konzentration des Fernflugverkehrs auf wenige international konkurrenzfähige Flughäfen erstrebenswert sowie ein Konzept für Regionalflughäfen zu entwickeln, welches mit allen anderen Verkehrsträgern und den bestehenden Raumnutzungen abgestimmt ist.

7. Aufgrund der zu erwartenden Kapazitätsengpässe im Luftverkehr zwischen den hochrangigen, international konkurrenzfähigen Verdichtungsräumen erschiene die Einführung eines neuen Verkehrssystems, z.B. Transrapid, zweckmäßig. Aus Sicht der Raumordnung trifft dies aber nur dann zu, wenn bei einer Konzeption der hierfür notwendigen Infrastruktur eine Abstimmung mit dem Schienenhochgeschwindigkeits- und dem Luftverkehrsnetz erfolgt (siehe Beitrag Masuhr), so daß der Entlastungseffekt in den zu durchquerenden Räumen einsichtig gemacht werden kann. Die Realisierungsprobleme im Zusammenhang mit Raumordnungs- und Planfeststellungsverfahren wurden bisher zwar angesprochen (z.B. Breitling 1988), aber erheblich unterschätzt. Die "politische Durchsetzbarkeit" nützt heute angesichts des "Wackersdorf-Effekts", wo die Industrie letztendlich auf ein "politisch durchgesetztes" Projekt verzichtete, wenig.

8. Aus raumordnerischen Gesichtspunkten stößt die Realisierung eines Netzes für Magnetschwebebahnen deshalb auf in ihrem Umfang und in ihrer Bedeutung derzeit noch kaum absehbare Schwierigkeiten. So wird zwar vermutet, "daß der aufgeständerte Fahrweg unter den Kriterien: Grunderwerb, Geländezerschneidung, Sonderbauwerke, Trassierung, Flurbereinigungs- und Planfeststellungsverfahren besondere Vorteile aufweist" (BMFT 1985: 3.2-17) und daß durch die Aufständerung bei der Magnetschwebebahn eine flexible Anpassungsfähigkeit an die Landschaft bestehe (Abraham 1988); Erfahrungen zu der Bewertung dieser Kriterien in Raumordnungs-, insbesondere aber im Planfeststellungsverfahren hätten erstmals bei dem eingeleiteten, aber inzwischen eingestellten Raumordnungsverfahren für die Strecke Hannover - Hamburg (Niedersächsisches Ministerium des Innern 1988) gewonnen werden können.

Zwar weist die Magnetschwebebahn unbestrittene Vorteile in der Umweltfreundlichkeit hinsichtlich von Schadstoffemissionen auf, doch bewirkt die aus Sicherheitsgründen und wegen fahrzeugtechnischer Voraussetzungen notwendige Einzäunung bzw. Aufständerung der Fahrwege und der bei Ausnutzung des Geschwindigkeitsvorteils unumgängliche Lärmschutz eine hochgradige Zerschneidung der Landschaft. Weitere betriebstechnische Voraussetzungen, wie ausreichend große Kurvenradien und Neigungen, dürften eher die Flexibilität bei der Auswahl von Trassen für eine Transrapid-Strecke verringern als erhöhen. Da eine Trassenführung, um Zerschneidungseffekte so gering wie möglich zu halten, aus raumordnerischer Sicht nur entlang bestehender Verkehrswege erfolgen sollte, sind die Planungsspielräume für ein solches Verkehrssystem in der Bundesrepublik gerade in den dichtbesiedelten Regionen ausgesprochen gering. Abzuschätzen ist dabei heute noch nicht, auf welche Widerstände solche Projekte in Verwaltung und Öffentlichkeit in der Planungs- und Realisierungsphase treffen (Bürgerbeteiligung im neuen Raumordnungsverfahren, Erörterungstermine im Planfeststellungsverfahren). Von großer Bedeutung für die zukünftige Siedlungsentwicklung ist im Falle einer Realisierung der Magnetschwebebahn - ähnlich wie bei den Hochgeschwindigkeitsbahnen - auch die Anzahl und Lage der Haltepunkte; je weniger dies aber sind, desto weniger unmittelbaren Nutzen bringen sie den durch die Streckenführung belasteten Streifen und erhöhen somit den Realisierungs-Widerstand.

9. Innerhalb der Bundesrepublik können sich bei einer verstärkten Ausrichtung der Verkehrs-

infrastruktur auf europäische Maßstäbe für die Entwicklung einer ausgewogenen Raumstruktur sowohl Chancen als auch Gefahren ergeben. Zu untersuchen wäre hier, wie sich das wirtschaftliche Wachstum unter regionalen Gesichtspunkten verteilen könnte und welchen Einfluß dabei welche Verkehrsinfrastruktur hat.

Die hier angesprochenen Probleme könnten um eine Vielzahl von Fragen erweitert werden:
- Wie soll das anhaltende Verkehrswachstum in Europa langfristig bewältigt werden?

- Welche Gesichtspunkte für die großräumige Erschließung müssen bei einem zunehmenden Personen- und Güterverkehr zwischen Ost und West beachtet werden?

- Welche Veränderungen können sich aus einer zunehmend an europäischen Maßstäben orientierten Verkehrsinfrastruktur auf das Siedlungsgefüge im allgemeinen wie auch auf das Standortgefüge von Gewerbe, Industrie und Handel ergeben?

- Inwieweit kann die Telekommunikation dazu beitragen, physischen Verkehr zu ersetzen, und in welcher Art und Weise sind hierfür Voraussetzungen zu schaffen?

Zur Lösung der angesprochenen Probleme und offenen Fragen sowie zur Verwirklichung einiger der aufgezeigten Lösungsansätze sollten nicht nur die Fachplanungen im Verkehrsbereich auf europäischer Ebene zusammenarbeiten.

Obwohl mit größeren inhaltlichen und methodischen Schwierigkeiten zu rechnen ist, sollte auch eine europäische Raumordnungskonzeption in Angriff genommen werden.

Ähnliche Schritte könnten auch im Bereich der Wissenschaft unternommen werden, z.B. auch durch eine "EARL" (Europäische Akademie für Raumforschung und Landesplanung). Da der Verkehrsbereich aufgrund der geschilderten Engpässe eine außerordentlich hohe "Dringlichkeit" aufweist, wäre er für eine "EARL" als Pilotbereich geeignet.

5.   Verkehrsentlastungspolitik als dritter Weg

Verkehrspolitische Optionen

Das erwartete Verkehrswachstum wird die Folge eines gesteigerten Wirtschaftswachstums in Europa sein. Diese Entwicklung ist unter dem Aspekt des wirtschaftlichen Wohlstandes erwünscht.

Kontrovers ist jedoch, wie das Verkehrswachstum bewältigt werden soll. Zwei Wege rivalisieren miteinander:

- Investitionen in die Verkehrsinfrastruktur (angebotsseitige Expansionspolitik),
- Verkehrsreduktion und Verlagerung des Verkehrs von der Straße auf die Schiene und den ÖPN (nachfrageseitigeRestriktionspolitik).

Beide Ansätze sind unverzichtbar; sie führen jedoch - wenn sie nicht integriert werden - zu ineffizienten Lösungen.

Das Leitbild der Zukunft heißt 'Entlastungspolitik': mehr Verkehrsleistungen ohne zusätzliche Verkehrsbelastung. Es läßt sich der Tendenz nach durch einen höheren Rationalisierungsgrad im Verkehrssektor erreichen. Eine solche Produktivitätssteigerung in den Systemkomponenten Verkehrsmittel, Verkehrsinfrastruktur und Verkehrsoperationen setzt eine integrierte Verkehrspolitik voraus.

Verkehrsentlastung und Raumordnung

Verkehrsentlastung entschärft den Konflikt zwischen dem Ausdehnungsdruck des Verkehrs und dem Raumordnungsanspruch nach Gleichwertigkeit der Lebensbedingungen:

- Verkehrsentlastung ermöglicht eine Befriedigung des Verkehrsbedarfs ohne gigantischen Infrastrukturausbau und ohne Wohlfahrtsverluste aus einer dirigistischen Verkehrsverlagerung.

- Verkehrsentlastung entkräftet die vermeintliche 'Sachzwang'-These der Expansions- und Restriktionsstrategien; sie eröffnet zum Teil spontane und kurzfristige Kapazitätspotentiale.

- Eine auf die Superagglomerationen fixierte Infrastrukturpolitik vernachlässigt Anpassungsprozesse von Bevölkerung und Wirtschaft. Infolge von Kostensteigerungen in den Zentren wird es zu Verlagerungen von Wohn- und Standorten in das Umland und in die Region kommen.

- Für diesen Ausbreitungseffekt der Ballung in die angrenzenden Gebiete fehlen dann unter Umständen die erforderlichen Verkehrsanbindungen und Verkehrskapazitäten. Das Reservepotential für Siedlung, Gewerbe und Verkehr kann nicht ausreichend erschlossen werden.

- Großräumige Verkehrsverbindungen können einen 'Peripherie-Effekt' für die Fläche nach sich ziehen. Indem diese Räume eine ungünstigere Anbindungsqualität haben, verlieren sie an Attraktivität; die Marktdurchsetzung ihrer Produktionen wird erschwert.

- Hohe Infrastrukturbelastungen großräumiger Verkehrsverbindungen mit Störungen der Anwohner lösen unter Umständen kleinräumig das 'Transit-Syndrom' aus (Straßenverkehr, Flughäfen). Investitionsprojekte werden dadurch politisch blockiert.

- Technische, ökonomische und finanzielle Grenzen bestehen sowohl für Ausbauprogramme der Verkehrsinfrastruktur als auch für Verlagerungsstrategien zum öffentlichen Verkehr (Kapazitätsengpässe bei Eisenbahn und ÖPNV).

- Administrative Verkehrsrestriktionen und -verlagerungen erzeugen volkswirtschaftliche Kosten, indem die Nachfrager nicht mehr die Verkehrsmittel entsprechend ihrer Leistungsanforderung wählen können.

Das Instrumentarium der Entlastungspolitik

Träger der Verkehrsentlastung im Personen- und Güterverkehr sind die Anbieter und Nachfrager von Verkehrsleistungen. Die staatliche Verkehrspolitik kann die Rationalisierungsintensität durch Rahmenbedingungen (z.B. Wettbewerbsordnung, Wegekostenanlastung) oder durch flankierende Maßnahmen (z.B. Investitionen, Finanzhilfen, ökonomische Anreize) fördern. Den Verkehrsteilnehmern bleibt ein hoher Freiheitsgrad. Der Ansatz ist insofern marktwirtschaftlich ausgerichtet; er wird nachhaltig unterstützt von der Ordnungsprogrammatik der Deregulierung.

Die Entlastungspolitik erstreckt sich auf ein breites Spektrum von Ansatzpunkten und Maßnahmen:

a) Rationalisierung im Straßengüterverkehr
- Steigerung der Fahrzeugauslastung im Straßengüterverkehr,
- Substitution von Werkverkehr (mit ungünstiger Auslastung) durch gewerblichen Verkehr,
- Optimierung der Nutzfahrzeuggröße und der Struktur der Fahrzeugflotte,
- effiziente Einsatzdisposition und Fuhrparkmanagement,
- Steigerung der logistischen Leistungsqualitäten durch neue Informationstechnologien,
- stärkere Transportbündelung und Ausweitung der Hauptläufe.

b) Internationalisierung des Verkehrsmarktes
- Auslastungseffekte des wachsenden grenzüberschreitenden Verkehrs und des Ausländeranteils,
- Trend zur europäischen Spedition,
- Kooperationen und Netzverflechtungen von Speditionen.

c) Rationalisierung durch Kooperation
- Kapazitätsauslastung und Fahrzeugeinsparung im Straßengüterverkehr (u.a. INTAKT),
- Kooperation als Auffangnetz bei Angebotsstraffungen der Eisenbahn.

d) Effizienzsteigerung der Straßeninfrastruktur
- Beseitigung punktueller Engpässe im Straßennetz,
- Verkehrsbeeinflussung und Traffic Management (u.a. Leiten auf optimale Fahrtrouten, vorbeugende Alternativroutenempfehlung),
- das 'intelligente' Auto (u.a. PROMETHEUS).

e) Modal Split-Änderung zugunsten der Eisenbahn im Personen- und Güterverkehr
- Preispolitik,
- Verbesserung der Leistungsqualitäten,
- Marktsteigerungen im grenzüberschreitenden Güterverkehr,
- Hochleistungsschnellverkehr,
- Integration der Eisenbahn in regionale Verkehrskonzepte,
- Kapazitätsgrenzen der Eisenbahn.

f) Steigerung des kombinierten Verkehrs
- Angebotsstrategie der Bundesbahn: Kernnetz und Ergänzungsnetz,
- Angebotserweiterung und Entschärfung der Schnittstellenproblematik,

- Verkehrspolitische Förderung des kombinierten Verkehrs.

g) Einsparpotentiale durch Telekommunikation
- Rationalisierung der Transportabläufe,
- Substitution von Verkehrsnachfrage.

Hemmnisse und Grenzen der Verkehrsentlastungspolitik

Das Verkehrswachstum der Zukunft erfordert eine Integration von Investitionen in die Verkehrsinfrastruktur, ordnungspolitischer Einflußnahme und Verkehrsentlastungspolitik. Der potentielle Beitrag der Entlastungspolitik für die großräumigen Verkehrsströme wird insgesamt unterschätzt und nicht hinreichend gefördert.

- Eine Ursache mag darin liegen, daß die Verkehrspolitik keinen unmittelbaren Durchgriff auf die verkehrsentlastenden Verhaltensweisen hat. Entlastungen folgen aus den individuellen Entscheidungen der Verkehrsnachfrager und -anbieter. Die Verkehrspolitik kann nur Anreize geben. Tatsächlich sind Anreize vielfach wirkungsvoller als direkte Interventionen. Von daher sollte die Verkehrspolitik die Entlastungsmöglichkeiten stärker als bisher aufgreifen.

- Für den Weg der Entlastung müßte vor allem von der Raumordnungspolitik plädiert werden. Ihre Ziele werden bei großräumigen Verkehrsanbindungen bedroht. Die Raumordnungspolitik sollte daher ihre Anforderungen an die Infrastrukturausstattung noch deutlicher artikulieren und Alternativen der Transporteinsparung herausarbeiten. Die Argumentation sollte weniger auf das defensiv-verteilungspolitische Ziel des strukturellen Nachteilsausgleichs abstellen und statt dessen die offensiv-wachstumsorientierte Rolle der Raumstruktur als Kapazitäts- und Potentialreserve betonen.

- Die Verkehrsentlastungspolitik könnte möglicherweise im Verhältnis zur Investitions- und Ordnungspolitik den Eindruck relativer Wirkungslosigkeit erwecken. Empirische Abschätzungen des verkehrlichen Entlastungsvolumens stehen noch am Anfang. Erste Ergebnisse dokumentierten jedoch durchaus ihre Leistungsfähigkeit. So wird nach unseren Berechnungen eine Steigerung der Kapazitätsauslastung von 30 % im Straßengüterfernverkehr einen Rückgang der Fahrleistungen von 10 % nach sich ziehen. Ein anderes Beispiel: Ein gepoolter Ladungsaustausch im Transportgewerbe reduziert den Fahrzeugbestand der kooperierenden Unternehmen um 30 %. Die Substitution von Werkfernverkehr (Auslastungsgrad: 45 %) durch gewerblichen Verkehr (Auslastungsgrad: 60 %) wird den Fahrleistungsanstieg abschwächen.

- Schließlich hemmen Planungsmängel die Entlastungspolitik. Die Planungspraxis ist vielfach großräumig ausgelegt; die Auswirkungen der Verkehrsentlastung werden in den Prognosen vernachlässigt. Dies gilt für die Bundesverkehrswegeplanung, die Investitionsmaßnahmen zum Gegenstand hat und Raumordnungsziele nicht adäquat berücksichtigt. Noch dürftiger ist die Berücksichtigung von Kriterien der Entlastung und der Raumordnung in der Planung europäischer Verkehrsanbindungen. Im Rahmen einer EG-Verkehrswegeplanung müßten noch einige der Mitgliedsländer überzeugt werden, daß der Raumordnungsanspruch es wert ist, stärker als bisher berücksichtigt zu werden.

6. Fragenkatalog

1. Welche Anforderungen an die großräumige Verkehrserschließung sind aus raumordnungspolitischer Sicht zu stellen angesichts

- einer Dominanz verkehrlicher Aspekte in der bisherigen Raumordnung?
- der erheblichen Konfliktfelder und Engpässe bei den Eisenbahnen, dem Alpentransit und dem Luftverkehr (Flughäfen und Flugsicherung)?

2. Welche Beiträge zu einer Verkehrsnetlastungspolitik bzw. zu einer Verringerung des Verkehrsaufkommens können aus der Sicht von Raumordnung, Landes- und Regionalplanung geleistet werden?

3. Wie verteilt sich wirtschaftliches Wachstum auf die Raumstrukturen in Europa?

- Sind die bisherigen auch die künftigen Wachstumsregionen?
- Brauchen die Wachstumsregionen und die Förderregionen eine unterschiedliche europäische Verkehrserschließung?

4. Bringt eine Konzentration der europäischen Verkehrswegeplanung auf großräumige Verkehrserschliessung Chancen oder Gefahren für eine ausgewogene Raumstruktur?

- Welche Konsequenzen ergeben sich für die innerregionale Verkehrserschließung?
- Welche Konsequenzen ergeben sich für die regionale Raumnutzung?

5 .Bestehen eigenständige Interessen der Nichtagglomerationen?

- Welche wären das?
- Wie können diese durchgesetzt werden?
- Welche Rückwirkungen auf die Agglomerationen ergeben sich?

6. Wie kann das Verkehrswachstum in Europa bewältigt werden?

- Durch Investitionen in welche Verkehrsinfrastruktur?
- Durch Ordnungspolitik im Güter- und Personenverkehr?
- Durch Erschließung der Entlastungspotentiale im Güterverkehr?
- Durch Ausbau der Telekommunikation?
- Durch Bau leistungsstärkerer Fahrzeuge zur Rationalisierung und Verkehrsbeschleunigung?

7. Welche Gesichtspunkte für die großräumige Verkehrserschließung müssen bei einer künftig verstärkten osteuropäischen Kooperation bereits jetzt berücksichtigt werden

- bei den Verkehrswegen und Verkehrsträgern?
- bei der europäischen Raumordnung?

8. Welche Rolle haben jetzt und künftig ''Transitregionen'' und ''Transitflughäfen'' in Europa?

- Welche berechtigten raumordnungspolitischen Eigeninteressen haben diese ''Transitregionen''?
- Welche unverzichtbaren europäischen Transitfunktionen haben sie zu erfüllen?
- Welche politischen Engpässe in der Verkehrsabwicklung und im Ausbau der Verkehrswege bestehen, und mit welchen ist künftig zu rechnen?
- Welche Lösungsmöglichkeiten für Konflikte bestehen?

- Folgt aus einer "Verstopfung" der Transitregionen eine Rückbildung der Arbeitsteilung?

9. Können für eine wirksame Verkehrsverlagerung von der Straße auf die Schiene die derzeitigen Engpässe bei der Bahn abgebaut werden?

- Welche Engpässe sind das beim Personal, dem rollenden Material und dem Streckennetz?
- In welchen Fristen und zu welchen Kosten wären sie abbaubar?
- Wäre das politisch überhaupt durchsetzbar?

10. Welche Zukunft haben die nationalen Hochleistungsschnellverkehrssysteme ICE, TGV und Transrapid in einem europäischen Verkehrssystem?

- Für welche europäischen Verbindungen ist ein europäisches System notwendig?
- Hätte das Transrapid-System unter europäischem Blickwinkel eine Chance?

11. Sind künftig Europabahnen statt nationaler Eisenbahnen notwendig?

- nationale Verkehrswege?
- europäische Betreiber?

12. Welche Konsequenzen ergeben sich für die Verkehrspolitik und die Raumordnungspolitik, wenn die Engpässe bei der Bahn nicht in angemessenen Fristen beseitigt werden können?

- Sind weitere Straßenbauten notwendig und möglich?
- Welche betrieblichen und standörtlichen Rückwirkungen hat das?
- Folgt daraus eine Rückbildung der Arbeitsteilung, und welche raumordnerischen Konsequenzen hätte das?

13. Brauchen wir eine europäische Verkehrsplanung und -finanzierung?

- Für welche Verkehrswege und Verkehrsträger?
- Aus welchen Gesichtspunkten der Raumordnung?

14. Welche Wirkung hätte eine private (Mit)Finanzierung des Infrastrukturausbaus auf

- die zeitliche Verfügbarkeit?
- auf die Verkehrsaufteilung (modal-split)?
- auf die Durchsetzbarkeit?

15. Mit welchen Veränderungen des Standortgefüges ist bei den vorhandenen und für die Zukunft zu erwartenden politischen Engpässen, die einem weiteren Ausbau der Verkehrsinfrastruktur entgegenstehen, zu rechnen?

7. Zusammenfassender Diskussionsbericht

7.1 Überlastungen und Verminderungspotentiale

In der Diskussion im Anschluß an die Kurzreferate wurden die wesentlichen Aussagen zu den einzelnen Verkehrsträgern wie auch zu den Notwendigkeiten einer besseren Verknüpfung der einzelnen Systeme miteinander bestätigt. Darüber hinaus wurde eine Reihe von Einzelpunkten aufgegriffen und wurden mehrere - im wesentlichen querschnittsorientierte - Einzelprobleme vertieft.

Wiederholt wurde auf das Erreichen bzw. Überschreiten von Kapazitätsgrenzen im Personenverkehr und bei den wichtigsten Verkehrsträgern Straße, Schiene und Luft hingewiesen. Es ist danach offenkundig, daß der infrastrukturelle Aspekt des Verkehrs, die Versorgung mit Infrastruktur, mehr und mehr in den Hintergrund getreten ist und allenfalls auf EG-Ebene möglicherweise noch eine gewisse Rolle spielt. Statt dessen steht zunehmend die Frage der Grenzen der Infrastrukturausstattung, insbesondere der Flächeninanspruchnahme im Vordergrund; so z.B. bei den Siedlungsflächen und den negativen Begleiterscheinungen nahezu ubiquitärer Ausstattung mit Straßeninfrastruktur, wie zunehmender Versiegelung und erheblicher Immissionen. Die Grenzen der Belastbarkeit sind deshalb sowohl rein betriebswirtschaftlich (im Sinne der quantitativen Kapazität) als auch ökologisch (im Sinne einer noch akzeptierbaren Belastung) zu sehen.

Ein wichtiges Stichwort ist in diesem Zusammenhang die grundsätzliche Frage nach der individuellen Mobilität. Diese hat in den letzten 30 Jahren zwar nur mäßig zugenommen, wenn man die Häufigkeit der Beförderungsfälle als Maßstab zugrunde legt (Zeitbudget für Mobilität). Wird jedoch die Länge der einzelnen Wege betrachtet, d.h. die physisch zu überwindende Distanz (Wege-Budget), so zeigt sich hier ein durchaus als ''dramatisch'' zu bezeichnender Anstieg. Bezogen auf den motorisierten Individualverkehr muß gleichzeitig festgestellt werden, daß das Netz der Bundesfernstraßen bis auf wenige und vereinzelte kleinere Teilstücke ausgebaut und damit die Grenze der erreichbaren Kapazität definiert ist. Wenn mit einem wesentlichen weiteren Ausbau hier realistischerweise nicht mehr zu rechnen ist, stellt sich die - wiederholt angeklungene - Frage der bestmöglichen Ausnutzung vorhandener Kapazitäten. Es erscheint nicht undenkbar, hierfür beispielsweise in den Fällen zeitlich und räumlich stark gebündelter Nachfrage bestimmte Formen der Bewirtschaftung zu entwickeln, um gewisse Verkehrsgrundfunktionen überhaupt aufrechterhalten zu können; aber auch, um volkswirtschaftliche Kosten zu vermeiden. Nach Angaben der Bundesanstalt für das Straßenwesen entstehen z.B. jährlich allein durch Staus Kosten in einer Größenordnung von ca. 15 Mrd. DM. Es wird angeregt, Ansätze in dieser Richtung weiter zu verfolgen.

Wenn sich die Mobilität vor allem in einer Verlängerung der Wege niederschlägt, so offenbart sich hier eine eminent räumliche Dimension. Wiederholt wurde im Plenum die Frage nach der Wirksamkeit von Raumordnung, Landes- und Regionalplanung in der Vergangenheit angesprochen. Sicherlich war sie nicht immer so effektiv, wie es aus heutiger Sicht zu wünschen gewesen wäre. Bei einer in die Zukunft gerichteten Betrachtung erscheint es jedoch vordringlich, nach Ansatzpunkten zu suchen, wo aus der Sicht räumlich bedeutsamen Planungshandelns Anlässe für eine Verlängerung von Verkehrswegen verringert oder gar beseitigt werden können. Auf der Basis entsprechender Ursachenforschungen könnten dann Wege für eine Verhinderung weiteren Wachstums des Wege-Budgets oder eventuell sogar für eine Reduzierung in Angriff genommen werden. Mehrfach klang die Notwendigkeit hierzu an, die insbesondere aus der Sicht räumlich besonders belasteter Regionen als praktisch unabweisbar eingeschätzt wird.

Ergänzend zu räumlich determinierten Planungsgründen wurde aber auch darauf hingewiesen, daß immer noch vieles im Verkehr stattfindet bzw. sich als Verkehr äußert, was unmittelbar mit Verkehr nichts zu tun hat. Insofern manifestieren sich im Planungsträger Verkehr auch Kompensationseffekte, die vielleicht an ganz anderer Stelle und in anderer Form - und ohne verkehrsplanerisches Engagement - zu beseitigen wären. Hierin liegt natürlich eine besondere Schwierigkeit, die schnell auch Grenzen des Planungshandelns in Konturen sichtbar werden läßt.

Weitere konkrete Fragen der Verkehrsminderung betrafen den Güterverkehr. Dort können entsprechende Ansätze beispielsweise bei einer Abkehr vom Werkverkehr oder auch bei Ladungsaustauschgemeinschaften gesehen werden. In diesem Zusammenhang sei auf die in letzter Zeit zunehmend diskutierte Frage nach Güterverkehrszentren hingewiesen, die künftig in größerer Zahl errichtet werden müssen, um zu einer besseren Abwicklung des Güterverkehrs zu kommen.

Hoffnungen auf eine Verminderung des - physischen - Verkehrsaufkommens gründen sich in jüngerer Zeit vielfach auf die neuen Techniken im Bereich Information und Kommunikation. Dieser Aspekt wurde mehrfach angesprochen. Im Ergebnis herrschte die Vermutung vor, daß in einem gewissen Umfang Potentiale für den Ersatz von räumlichem Verkehr vorhanden sind. Gleichzeitig deuten aber manche Anzeichen durch andere Arten auf die Induktion neuer Verkehrsströme hin. Letztlich ist es dann eine Frage des Saldos, inwieweit die neuen Informations- und Kommunikationstechniken tatsächlich zu einer Entlastung beitragen können. Diese Frage muß derzeit als offen bezeichnet werden. Hierüber sollten weitere Untersuchungen angestellt werden.

7.2   Umweltschutz und Ökologie

Neben den Grundsatzfragen des Entstehens von Verkehr und den zunehmend deutlicher werdenden Kapazitätsgrenzen bei einzelnen Verkehrsträgern wurden immer wieder auch andere Grenzen angesprochen: Fragen von Umweltschutz und Ökologie. Es wurde vielfach als Mangel angesehen, daß Fragen des Naturhaushalts und der Flächendisposition in der bisherigen Verkehrsplanung oft von untergeordneter Bedeutung waren. Es herrscht der Eindruck, daß insbesondere beim motorisierten Individualverkehr, dem Schwerlastfernverkehr und dem Luftverkehr Grenzen der Belastbarkeit des Naturhaushalts bereits vielfach überschritten sind. Dies gründet sich auf die vom Verkehr ausgehenden Emissionen der bekannten Verbrennungsgase (''Treibhauseffekt'') als auch auf die räumlich dissipative Verteilung von nur schwer oder gar nicht abbaubaren bzw. sich mittelfristig sogar kumulierenden Giftstoffen, von Schwermetallen bis hin zu Dioxinen und Furanen.

Hier werden in zunehmendem Maße Umweltschäden festgestellt, ohne daß eine Heilung oder Verminderung für die bereits eingetretenen Schäden erkennbar wäre. Erst recht ist derzeit nicht erkennbar, wie eine weitere Zunahme der Belastungen, insbesondere in Form der nicht rückholbaren dissipativen Verteilung von Schadstoffen, verhindert werden kann oder wie gar eine Verringerung zu erreichen wäre.

7.3 Kosten und Preise

Die Diskussion der Auswirkungen des Erreichens von Kapazitätsgrenzen in der Nutzung von Verkehrsinfrastruktur vor dem Hintergrund eines vielfachen Überschreitens von ökologischen Grenzen führte zum Aspekt der Maßnahmen, wie der Preisgestaltung im Verkehr, d.h. der ökonomisch direkten Zurechnung der tatsächlichen Kosten. Wenn dem Verkehr alle diejenigen direkten und indirekten Kosten zugerechnet werden würden, die er verursacht, würden manche Preise erheblich höher ausfallen. Es gibt Vermutungen, nach denen sowohl der individuelle wie auch der öffentliche Personenverkehr auf jeweils unterschiedliche Weise subventioniert werden. Ähnliches kann für zumindest einige Bereiche des Güterverkehrs angenommen werden. Wenn das so ist, gehen von den vorhandenen Preisen mehr oder weniger verzerrte bzw. falsche Signale aus und führen zu "falschen" Mengenströmen. Über den Umfang dieser Fehlallokationen herrschen zwar unterschiedliche Vermutungen vor, aber über die generelle Einschätzung herrscht Konsens.

Insofern ist festzustellen, daß der Verkehrsbereich nicht dem Anspruch einer Marktwirtschaft entspricht. Eine Schätzung ging beispielsweise davon aus, daß der Schwerlastfernverkehr auf der Straße nur ca. 60 % seiner tatsächlichen Kosten trage. Die gleiche Zahl beim Bahnverkehr betrage 80 %. Dabei seien noch nicht einmal die sozialen Kosten mit in Ansatz gebracht. Aktuelles Beispiel für direkte bzw. indirekte Subventionierung ist der Trend zur sogenannten "just in time"-Produktion. Dies ist nichts anderes als die bewußte Externalisierung von betrieblichen Lagerkosten und in dieser extremen Form ohne den ohnehin subventionierten Verkehrsbereich nicht denkbar. Ein Ansatz zum Abbau der Subventionen und zur Einrechnung der effektiven Kosten könnte etwa in einer deutlichen Anhebung der fahrleistungsabhängigen Beiträge gesehen werden. Dies ist marktwirtschaftlich sinnvoller als eine schlichte Verhinderung der "just in time"-Produktion. Der Hebel ist daher bei der Preisgestaltung anzusetzen.

Diese Erkenntnis (Stichwort: Preisgestaltung) kann als ein Ergebnis des Symposions festgehalten werden. Insofern sind auch Raumordnung, Regional- und Landesplanung gefordert, um die Voraussetzungen für eine Berücksichtigung aller tatsächlichen Kosten in der individuellen Kostenrechnung mit zu schaffen. Damit ist eine Richtung angedeutet, die für räumliches Planen künftig an Bedeutung gewinnen wird: die Internalisierung der externen Kosten. So wird der Preispolitik auch unter raumbedeutsamen, kapazitativen und ökologischen Gesichtspunkten ein zunehmendes Gewicht zukommen. Dabei kann vermutet werden, daß in nicht unerheblichem Maße regional unterschiedliche Rahmenbedingungen vorhanden sind, die zu regionalen Differenzierungen in der Preisgestaltung führen. Aufgabe räumlich orientierten Planungshandelns sollte es künftig sein, entsprechende Entwicklungen tatkräftig vorzubereiten und mit Hilfe des raumordnerischen Instrumentariums mit zu unterstützen.

7.4 Flächenpotentiale

Die Vertreter der räumlichen Planung machten mehrfach auf die Flächenknappheit aufmerksam. Es wurde - teilweise nachhaltig - darauf hingewiesen, daß die bis vor kurzem möglicherweise noch vorhandenen Flächenreserven zumindest regional aufgebraucht seien. Weitere Flächen sind in einzelnen Regionen vielfach schlicht nicht mehr vorhanden, und zwar weder für die Straße noch für die Schienen noch gar für ein neues und zudem auch unter Fachleuten umstrittenes

Verkehrssystem wie Transrapid. Nimmt man die Schärfe der Auseinandersetzung bei planerischen Verkehrsvorhaben als Gradmesser, die insofern auch als Ersatzindikator für die indirekte Kosten/Preis-Situation angesehen werden kann, so ist hier unübersehbar und durchweg unbestritten eine drastische Zunahme der Intensität zu beobachten. Damit werden faktisch Signale für ein vergleichsweise hohes Preisniveau gesetzt.

Der Mangel an Flächenreserven rührt nicht zuletzt auch von einer - zumindest teilweise - tendenziell dispersen Raum- und Siedlungsstruktur her. Die unbefriedigende Realisierung der Zielvorstellungen von abgewogener räumlicher Ordnung hat auch bescheidene Hoffnungen auf solche Reserveflächen zunichte gemacht, die nach Art und Zusammensetzung als für den Verkehr geeignet angesehen worden wären. Ob unter den sich abzeichnenden sozio-ökonomischen Rahmenbedingungen noch eine Umkehr möglich ist, wäre zu untersuchen.

Insofern liegt hier ein doppelter Engpaß vor. Denn einer der Gründe für das enorme Anwachsen insbesondere des motorisierten Individualverkehrs bedingt andererseits u.a. mit die praktische Unmöglichkeit, genau diesem Verkehr weitere Flächen zur Verfügung zu stellen (abgesehen von den vielfältigen und in der Diskussion wiederholt hervorgehobenen eigentlichen ökologischen Gründen). Diese Situation ist auch mittelfristig nicht umkehrbar und muß als Datum für alle weiteren Überlegungen angesehen werden.

7.5 Neue Verkehrssysteme: Beispiel Transrapid

In der Flächenknappheit, d.h. dem Aufbrauch natürlicher Ressourcen und dem Erreichen der Belastbarkeitsgrenzen, liegt sicherlich einer der Gründe für die Schwierigkeiten des Transrapids, als ernsthafte Fortentwicklung für den dichtbesiedelten mitteleuropäischen Raum und insbesondere für die verkehrsmäßig flächendeckend erschlossene Bundesrepublik anerkannt zu werden. Mehrfach wurde dieses neue System als Entlastung für andere Verkehrssysteme zwar angesprochen, blieb aber von einer auch nur einigermaßen einheitlichen Beurteilung weit entfernt. Die Spannbreite der Argumente reichte vom Betonen der denkbaren Substitution innerdeutschen Luftverkehrs über weniger raumbedeutsame Belange (evtl. ''Option für den Export'') bis hin zum Herausarbeiten der durch die reale Entwicklung im Schienenverkehr überholten Ausgangsvoraussetzungen für den aus den 60er Jahren stammenden Entwicklungsauftrag; vereinzelt wurde von einem ''Fossil'' aus einer Zeit, als die theoretische Maximalgeschwindigkeit auf der Schiene mit 200 km/h angenommen wurde, gesprochen. Im Ergebnis ist somit der Transrapid aus räumlicher Sicht, insbesondere als ökologisch wirksame Entlastung für überlastete andere Verkehrsträger, umstritten. Eine Integration in die vorhandenen Verkehrsträger im Sinne einer bausteinartigen Verknüpfung mit anderen Verkehrssystemen ist aus der Sicht von Raumordnung, Landes- und Regionalplanung derzeit nicht erkennbar.

7.6 Integration der verschiedenen Systeme

Gerade letzteres war ein mehrfach diskutiertes Merkmal für eine zukunftsgerichtete und an den Belangen von Raum- und Siedlungsstruktur orientierte Verkehrspolitik. Immer wieder wurde die Notwendigkeit einer Verknüpfung der einzelnen Verkehrsträger angesprochen, die sich planerisch nahezu zwingend aus volkswirtschaftlichen Gründen - wie auch wegen der vielfach sichtbaren Kapazitätsgrenzen - ergibt. So wurde kritisiert, daß nach wie vor jeder Träger seine eigene Sicht der Entwicklungen habe und, mehr oder weniger losgelöst von den übrigen Verkehrssystemen, seine eigenen Planungen vorantreibe. Eine Koordination der unterschiedlichen Planungen, insbesondere unter systemübergreifenden kapazitativen, ökonomischen und ökologischen Gesichtspunkten, findet danach zu wenig statt. Ausdrücklich wurde betont, daß auch der Bundesverkehrswegeplan einem solchen Anspruch noch nicht genüge, sondern allenfalls ein erster Baustein für eine planerische Vernetzung der verschiedenen Verkehre sein könne.

Eine gewisse Tendenz in diese Richtung scheint - dem Beispiel der Wasserstraßen folgend - bei den Neubaustrecken der Deutschen Bundesbahn für den Fernschnellverkehr bzw. im Verhältnis der entsprechenden Neu- und Ausbauplanungen der meisten europäischen nationalen Eisenbahngesellschaften zueinander feststellbar zu sein. Hier findet europaweit zumindest eine grobe Abstimmung statt, über die mit gewissem Stolz über das nach zähen Verhandlungen erreichte Ergebnis inzwischen in einer mehrfarbigen Broschüre für die Öffentlichkeit berichtet wird. Wenn diese Abstimmungen weiter vorangetrieben und vor allem eine Verbindung mit den übrigen Verkehrsträgern vorgenommen werden könnte, wäre ein wichtiger Schritt in Richtung auf eine Integration der unterschiedlichen Verkehrssysteme getan.

Es kann als ein abschließendes Ergebnis dieser Tagung bezeichnet werden, daß ein solcher Schritt generell als unerläßliche Voraussetzung für ein zukunftsgerichtetes, an raumordnerischen Notwendigkeiten orientiertes verkehrspolitisches Handeln angesehen wird. Damit ist die Richtung markiert, die für die künftige Arbeit von Raumordnung, Regional- und Landesplanung gelten muß: Voraussetzungen mit zu schaffen, daß endlich eine Abstimmung zwischen den verschiedenen Verkehrsträgern vorgenommen und auf eine Integration der Gesamtverkehrsplanung schrittweise hingearbeitet wird. Dabei ist davon auszugehen, daß die weiteren Entwicklungen durchaus teilweise mit größeren Unsicherheiten behaftet sind und darum angesichts der Langlebigkeit und Kostenintensität der Verkehrssysteme mit der größtmöglichen Vorsicht vorgegangen werden sollte. Auch unter diesem Gesichtspunkt kann räumliche Planung mit ihren Erfahrungen eine wichtige Hilfe sein. Denn bei der Abstimmung unterschiedlicher fachlicher Lösungsansätze wird immer auch die spezifische raumordnerische Kompetenz für ein regional differenziertes Vorgehen in unterschiedlichen Regionen und verschiedenen Raumtypen gefragt sein. Raumordnung, Landes- und Regionalplanung sind aufgerufen, diese Kompetenz wahrzunehmen und so die Suche nach zukunftsorientierten Gesamtlösungen aktiv mit zu gestalten.

7.7 Thesen

Will man Verlauf und Ergebnisse der gesamten Tagung im Bereich "Raumordnung und Verkehr" in kurzen Thesen zusammenfassen, so lassen sich folgende Hauptgesichtspunkte formulieren:

1. Die Entwicklung bei den einzelnen Verkehrsträgern ist gekennzeichnet durch

- eine weiter wachsende Bedeutung der Straße für den Güterverkehr bei häufig gleichzeitiger Überlastung einzelner Strecken und einem im wesentlichen abgeschlossenen Ausbau;
- eine Renaissance der Eisenbahn im Personenverkehr durch Ausbau eines abgestimmten europäischen Schnellbahnnetzes bei ansonsten ebenfalls häufigem Erreichen der Kapazitätsgren-

zen auf den Hauptmagistralen, insbesondere im Güterverkehr;
- die umstrittene Einführung des Schnellbahnsystems Transrapid auf einer Referenzstrecke mit dem langfristigen Anspruch einer Luftverkehrssubstitution;
- ein teilweise absehbares Erreichen der Kapazitätsgrenze im Luftverkehr, insbesondere in der Bodenabfertigung, sinkendes Interesse der Airlines am innerdeutschen, aber wachsendes Interesse am innereuropäischen Luftverkehr;
- relativ wenig Veränderungen bei der Binnenschiffahrt, da sie faktisch bereits einen EG-Binnenmarkt hat;
- eine durchschlagende Bedeutung des Containers für die künftige Seeschiffahrt auf relativ stabilisiertem niedrigem Niveau der deutschen Seehäfen;
- die schließlich weitverbreiteten, aber möglicherweise zu unrealistischen Hoffnungen auf eine Substitution physischen Verkehrs durch Telekommunikation, wobei eher das Gegenteil, bei allerdings nicht unerheblichen Auswirkungen auf die Struktur des Gesamtverkehrs, zu erwarten ist.

2. Viele Anzeichen deuten - ceteris paribus - auf eine weitere globale Zunahme hin, von der insbesondere der Güterverkehr betroffen sein dürfte (EG-Binnenmarkt).

3. Zu bedenken ist, daß vielfältige direkte und indirekte Subventionen nahezu aller Verkehre zu verzerrten Preisen führen. Damit werden verzerrte Marktsignale gesetzt, die dann zu überhöhten Mengenströmen führen. Raumordnung, Landes- und Regionalplanung sind aufgefordert, einen Beitrag zu einer angemessenen und räumlich differenzierten Internalisierung der externen Kosten zu leisten.

4. Neben den ökonomischen Grenzen werden ökologische Restriktionen immer deutlicher sichtbar und zwingen zu einer Überprüfung und Fortentwicklung der Verkehrspolitik.

5. Die dichtbesiedelte BRD mit ihrer teilweise dispersen Raum- und Siedlungsstruktur ist verkehrsmäßig praktisch erschlossen und grundsätzlich auch an die europäischen Magistralen angeschlossen. Das Flächenpotential für weitere Verkehrswege ist erschöpft: weitere Flächen zur Erweiterung der Infrastruktur stehen in nennenswertem Umfang nicht zur Verfügung.

6. Künftige strukturelle Veränderungen im Verkehr sind deshalb kaum über einen flächenbezogenen Ausbau, sondern nahezu ausschließlich über eine Optimierung der vorhandenen Träger (und ihre optimale Koordination miteinander) denkbar.

7. Erste Ansätze zu einer Integration der Planungen unterschiedlicher Träger sind aufzugreifen und weiter voranzutreiben. Dabei ist das Ziel einer kapazitativ, ökonomisch und ökologisch abgestimmten räumlichen Gesamtplanung im Auge zu behalten.

8. Die neuen Informations- und Kommunikationstechniken bieten Chancen von physischem Raumüberwindungsbedarf. Allerdings werden die konkreten Möglichkeiten hierzu zurückhaltend beurteilt.

9. Eine hinreichende Begründung für den neuen Verkehrsträger Transrapid ist aus räumlicher Sicht und für die konkrete Situation in der BRD nur schwer zu finden.

Agrarpolitik und Flächennutzung

1. Vorbemerkung

Da durch die gemeinsame Agrarpolitik bereits seit Jahrzehnten im Bereich des Handels mit landwirtschaftlichen Erzeugnissen binnenmarktähnliche Verhältnisse vorliegen, wird die Vollendung des Binnenmarktes in diesem Bereich keine einschneidenden Änderungen bringen. Änderungen wird es vor allem im Bereich des Ernährungsgewerbes geben, aber ihre Auswirkungen auf die landwirtschaftliche Produktion werden in räumlicher Hinsicht begrenzt sein. Gleiches dürfte für einige direkte Änderungen im Bereich der Agrarpolitik gelten.

Aus regionaler Sicht ist sehr viel entscheidender, wie die künftige gemeinsame Agrarpolitik ausgestaltet sein wird. Wird sie stärker liberale oder protektionistische Züge tragen? Eine Auseinandersetzung mit den räumlichen Auswirkungen dieser Politikoptionen steht daher im Mittelpunkt der folgenden Betrachtungen. In diesem Zusammenhang ist auch der Frage nachzugehen, inwieweit die Änderung des Integrationskonzeptes - von der Politikintegration durch Harmonisierung hin zu einer Marktintegration durch eine gegenseitige Anerkennung nationaler Regelungen - Niederschlag in der Gestaltung der gemeinsamen Agrarpolitik findet.

Der vorliegende Beitrag lag der Diskussion in der Arbeitsgruppe "Agrarpolitik und Flächennutzung" als Vorbereitungspapier zugrunde. Die während der Sitzung vorgebrachten Anregungen zur Berücksichtigung weiterer thematisch relevanter Aspekte sind - soweit möglich - in den Text eingearbeitet worden. Sie beziehen sich in erster Linie auf Fragen der Flächennutzung und des künftigen Flächennutzungsmanagements.

2. Die bisherige gemeinsame Agrarpolitik und ihre Ergebnisse

2.1 Die gemeinsame Agrarpolitik bis 1984

Seit der 1962 erfolgten Einführung der ersten gemeinsamen Agrarmarktordnungen hat die Agrarpolitik der Gemeinschaft versucht, den in Art. 39 des EWG-Vertrages verankerten Zielen der Steigerung der Produktivität der Landwirtschaft und der Erhöhung der Pro-Kopf-Einkommen der in ihr tätigen Personen, der Marktstabilisierung und der Sicherung der Versorgung zu angemessenen Preisen überwiegend durch Einsatz von Instrumenten der Markt- und Preispolitik gerecht zu werden. Die Kompetenz für diese Politik ging praktisch ganz auf die Gemeinschaft über. Nach und nach wurden für alle wichtigen Märkte Marktordnungen mit politisch festgelegten Preisen eingeführt, die gegenüber dem Weltmarkt durch Abschöpfungen, gegenüber Angebotsschwankungen auf dem Binnenmarkt durch weitgehend unbegrenzte Interventionen abgesichert wurden. Auf diese Politik und einen starken technischen Fortschritt, dessen Übernahme durch sie beschleunigt wurde, ist es zurückzuführen, daß die Gemeinschaft bei immer mehr Erzeugnissen strukturelle Überschüsse aufwies und - gestützt durch Exporterstattungen - zum weltweit zweitwichtigsten Exporteur an Agrarerzeugnissen wurde.

Diese Entwicklung war zwangsläufig mit zunehmenden Marktordnungskosten verbunden. Lagen sie Mitte der 70er Jahre noch bei rd. 4 Mrd. ECU, so waren es 1984 bereits 18 Mrd. ECU. Mit zunehmenden Überschüssen mußten Verbraucher und Steuerzahler zunehmend mehr ausgeben, als bei den Landwirten als zusätzliches Einkommen ankam.

Flankiert wurde die Markt- und Preispolitik durch eine Strukturpolitik, die im wesentlichen darauf ausgerichtet war, den Inhabern von Betrieben mit unzureichenden Produktionsgrundlagen den Ausstieg aus der Landwirtschaft und den verbleibenden Betrieben die Übernahme der freiwerdenden Produktionskapazitäten zu erleichtern (Strukturrichtlinien von 1972). Die Erleichterung der Übernahme freiwerdender Produktionskapazitäten, insbesondere durch Förderung einzelbetrieblicher Investitionen, konzentrierte sich bis Anfang der 80er Jahre auf sog. "entwicklungsfähige Betriebe" bei allmählicher Begrenzung nach oben (Prosperitätsschwelle, Begrenzung der Viehaufstockung). Eine andere Zielsetzung verfolgte die 1975 eingeführte Förderung der Landwirtschaft in Berggebieten und benachteiligten Gebieten, mit der u.a. durch Gewährung der Ausgleichszulage ein Beitrag dazu geleistet werden sollte, die Landbewirtschaftung auch unter ungünstigen Standortbedingungen aufrechtzuerhalten.

Für die Strukturpolitik zog die Gemeinschaft in zunehmendem Maße eine Rahmenkompetenz an sich, obwohl es sich dabei um typisch regionale Aufgaben handelt, die das Grundgesetz der Bundesrepublik weitgehend den Ländern zuweist. Die Rechtfertigung für ein Tätigwerden der Gemeinschaft ergibt sich zum einen aus der Zielsetzung des EWG-Vertrages, zum anderen auch aus dem Zusammenhang zwischen Strukturpolitik und Markt- und Preispolitik. Es sollte verhindert werden, daß einzelne Länder eine auf Produktionssteigerung ausgerichtete Agrarstrukturpolitik betreiben, deren Folgekosten auf die Gemeinschaft abgewälzt werden. Außerdem sollte verhindert werden, daß eine Strukturpolitik betrieben wird, die das Verbot wettbewerbsverzerrender nationaler Beihilfen (Art. 92 EWG-Vertrag) verletzt.

Trotz der erwähnten Kostensteigerung konnte die gemeinsame Agrarpolitik nicht verhindern, daß die durchschnittlichen Einkommen der landwirtschaftlichen Betriebe in der Bundesrepublik Deutschland seit Mitte der 70er Jahre nicht mehr stiegen. In der Tendenz nahmen die Einkommensunterschiede innerhalb der Landwirtschaft zu. Unter günstigen Produktionsbedingungen bildeten sich hochintensive Betriebsformen mit der Gefahr einer zunehmenden Umweltbelastung heraus; andererseits kam es nicht zu einer nennenswerten Aufgabe der Landbewirtschaftung unter ungünstigen Standortbedingungen. In der Tierhaltung erfolgte - mitverursacht durch die hohe Preisstützung für Futtergetreide und die Ausklammerung nicht auf Getreide basierender Futtermittel aus dem Außenschutz - eine Konzentration auf Standorte, an denen Importfuttermittel besonders preiswert zur Verfügung standen.

2.2 Änderungen der gemeinsamen Agrarpolitik seit 1984

Unter dem Druck steigender Überschüsse und zunehmender Marktordnungskosten sah sich der Ministerrat in den letzten Jahren veranlaßt, dem langjährigen Drängen der EG-Kommission nachzugeben und entscheidende Änderungen vorzunehmen. Dabei wurden für die einzelnen Märkte unterschiedliche Wege beschritten.

Auf dem Milchmarkt hatten die Produktionszunahme und die durch wachsende Überschüsse ausgelöste Kostensteigerung ein solches Ausmaß erreicht, daß eine Rückführung der Produktion in dem erforderlichen Umfang über Preissenkungen innerhalb kurzer Frist für nicht mehr möglich gehalten wurde. Sie hätten ein Ausmaß haben müssen, das im Hinblick auf die Einkommenssituation in den auf die Milchproduktion angewiesenen Betrieben nicht zumutbar erschien. Deshalb wurde der Weg der Mengenbegrenzung gewählt. Mit der 1984 eingeführten Milch-Garantiemengenregelung (Quoten) wurde der Selbstversorgungsgrad von 122 % auf 115 % gesenkt. Erst eine weitere Quotenkürzung um 9,5 % (in der Bundesrepublik um 8,5 %), die im wesentlichen 1987 wirksam wurde, führte die Produktion so weit zurück, daß sie vom Binnenmarkt und - nach wie vor mit hohen Exporterstattungen - vom Weltmarkt aufgenommen wird.

Bei den übrigen Märkten entschieden sich Kommission und Ministerrat für eine Lockerung der Preisgarantien und des Interventionsmechanismus. So wurden 1986 die Interventionspreise für Getreide um 5 % gesenkt. Außerdem wurden verschärfte Qualitätsstandards, verbunden mit Preisabschlägen, und eine Mitverantwortungsabgabe von 3 % eingeführt. Es folgten Beschlüsse, durch die die Intervention zeitlich begrenzt und die zum Ausgleich der Lagerkosten gewährten Zuschläge herabgesetzt wurden. Beim Ankauf werden nur noch 94 % des Interventionspreises gezahlt.

Die auf dem Brüsseler Sondergipfel vom 11./12.2.1988 beschlossenen Landwirtschaftsstabilisatoren sind der vorläufig letzte Schritt in dieser Richtung. Für Getreide, Ölsaaten und Eiweißpflanzen wurden Garantiemengen festgelegt, deren Überschreitung automatisch Preissenkungen auslöst.

Die Kommission hat außerdem immer wieder deutlich gemacht, daß sie es für notwendig hält, aus der Intervention, die sich zu einem Parallelmarkt entwickelt hatte, wieder ein Instrument zur Absicherung gegen außergewöhnliche Marktsituationen zu machen. Dementsprechend wurden Auslöseschwellen (z.B. bei Rindfleisch, Magermilchpulver und Butter) eingeführt, die der Marktpreis unterschritten haben muß, bevor die Intervention einsetzt.

Um ein erneutes Ausufern der Agrarausgaben zu verhindern, wurden im Rahmen der ''Agrarleitlinie'' vom April 1988 Obergrenzen für diese Ausgaben beschlossen. Danach sollen die Marktordnungsausgaben, die unter diese Leitlinie fallen, insgesamt nicht höher sein als der Betrag, der sich ergibt, wenn man den Ausgangswert von 27,5 Mrd. ECU für 1988 mit 74 % der Steigerungsrate des Bruttosozialproduktes der Gemeinschaft fortschreibt. In der Praxis bedeutet dies eine Ausgabensteigerung von real höchstens 2 % jährlich.

Die restriktive Preispolitik wird ergänzt durch Maßnahmen, die auf Produktionsbeschränkungen auf freiwilliger Basis ausgerichtet sind. So beschloß der Europäische Rat auf dem Brüsseler Sondergipfel vom 11./12.2.1988 die Einführung eines Flächenstillegungsprogramms. Danach müssen Flächenstillegungsprämien in allen Mitgliedstaaten obligatorisch angeboten werden.

Die Mitgliedstaaten können darüber hinaus auch Extensivierungsprämien anbieten. Weiterhin wurde die Einführung einer Produktionsaufgaberente beschlossen. Danach können die Mitgliedstaaten Haupterwerbslandwirten mit einem Alter von mehr als 55 Jahren ein vorgezogenes Altersgeld gewähren, wenn diese entweder die gesamte für den Markt bestimmte Erzeugung ihres Betriebes für mindestens fünf Jahre aufgeben oder ihre Flächen anderen Betrieben, die hauptberuflich bewirtschaftet werden, zur Aufstockung überlassen. Neben der Ausgleichszulage zugunsten der Landwirtschaft in den benachteiligten Gebieten, die im Laufe der Jahre in der Bundesrepublik Deutschland flächenmäßig und auch betragsmäßig erheblich ausgeweitet wurde, können mit der Effizienzverordnung vom Juni 1987 Beihilfen gewährt werden in Gebieten mit besonderer Notwendigkeit des Schutzes der Umwelt und der natürlichen Ressourcen sowie der Erhaltung des natürlichen Lebensraumes der Landschaft.

Eine Rahmenrichtlinie für vorübergehende Einkommensübertragungen zugunsten der Landwirtschaft wurde durch eine im Juni 1989 erlassene Verordnung des Ministerrats eingeführt. Sie ermächtigt die Mitgliedstaaten, landwirtschaftlichen Familienbetrieben, die durch die im Zusammenhang mit der Reform der gemeinsamen Agrarpolitik entstandenen neuen Marktgegebenheiten in Schwierigkeit geraten und wegen ihrer wirtschaftlichen und strukturellen Voraussetzungen nicht in der Lage sind, aus eigenen Kräften eine Anpassung erfolgreich durchzuführen, Einkommensbeihilfen zu gewähren, wenn ihre Einkommen bestimmte Schwellen nicht überschreiten.

Wichtige Beschlüsse wurden außerdem im agrimonetären Bereich gefaßt. Bereits zum 1.4.1984 wurde der damals zwischen 9,8 und 10,8 % betragende positive deutsche Währungsausgleich dadurch vermindert, daß drei Prozentpunkte den bestehenden negativen Währungsausgleichsbeträgen zugeschlagen und anschließend durch Preiserhöhungen in den Schwachwährungsländern abgebaut wurden. Zum 1.1.1985 erfolgte eine weitere Kürzung um fünf Prozentpunkte mit einer entsprechenden Senkung der Marktordnungspreise für die deutsche Landwirtschaft. Gleichzeitig wurde den deutschen Landwirten bis Ende 1988 ein Einkommensausgleich durch Erhöhung der Mehrwertsteuer um fünf Prozentpunkte zugestanden, der mit drei Prozentpunkten bis Ende 1991 weitergeführt werden darf. Weitere Beschlüsse vom Juni 1987 führten dazu, daß der deutsche Währungsausgleich mit Beginn des Wirtschaftsjahres 1988/89 zum Erliegen kam. Zum Ausgleich der damit verbundenen Preissenkungen wurde der Bundesrepublik zugestanden, den Betrag, der der Kürzung des Einkommensausgleichs über die Mehrwertsteuer von zwei Prozentpunkten zum 1.1.1989 entspricht (1,1 Mrd. DM), bis Ende 1992 den Landwirten in einer Form zuzuführen, die nicht an den Umsatz oder das Produktionsvolumen gebunden sein darf. Mit dem ''Gesetz zur Förderung der bäuerlichen Landwirtschaft'' vom Juni 1989 nutzte die Bundesrepublik diesen Handlungsspielraum aus. Für die Entstehung neuer Währungsausgleichsbeträge durch Auf- oder Abwertungen wurden verbindliche Abbaumechanismen vereinbart.

Zieht man die Gesamtheit der seit 1984 getroffenen Entscheidungen in Betracht, so wird deutlich, daß die gemeinsame Agrarpolitik tiefgreifende Änderungen erfahren hat. Kritiker sind allerdings der Auffassung, daß sie noch nicht weit genug gehen, da sie nur darauf hinauslaufen, das System der Marktordnungen finanzierbar und damit funktionsfähig zu erhalten, um so dem Druck auf eine wirkliche Liberalisierung unter weitgehender Preisgabe des Marktordnungssystems auszuweichen.

3. Auswirkungen der Vollendung des Binnenmarktes

3.1 Unmittelbare Auswirkungen auf Landwirtschaft und Agrarpolitik

Unmittelbare Auswirkungen dürften vor allem von Harmonisierungsbestrebungen im Bereich des Düngemittelrechts, des Pflanzenschutzrechts, des Tierschutz- und Tierseuchenrechts sowie bei der Koordinierung der Umweltpolitik ausgehen. Dabei ist noch offen, wie weit sich die Bundesrepublik mit ihrem Bestreben durchsetzt, in allen Bereichen, in denen die deutschen Anforderungen bereits jetzt höher sind als in anderen Mitgliedstaaten, ein möglichst hohes Niveau und einen möglichst wirksamen gemeinsamen Vollzug der Schutzbestimmungen zu erreichen, um Wettbewerbsnachteile für die deutsche Landwirtschaft zu vermeiden. Unmittelbare Auswirkungen ergeben sich außerdem aus der Tatsache, daß ein Währungsausgleich bisheriger Form nicht mehr möglich ist. Da - wenn überhaupt - mit der Verwirklichung einer Währungsunion erst sehr viel später zu rechnen ist, können Realignments nicht ausgeschlossen werden, die im Falle einer Aufwertung der D-Mark in der Bundesrepublik zu einer Senkung der Marktordnungspreise in Höhe etwa eines Viertels des Aufwertungssatzes führen. Nach der derzeitigen Beschlußlage kann die Bundesrepublik dafür vorübergehende Einkommensübertragungen als nationale Ausgleichsmaßnahme durchführen.

Aus einer schriftlichen Antwort der Bundesregierung auf eine Große Anfrage von Abgeordneten der CDU/CSU und der FDP vom April 1989 wird deutlich, daß die Bundesregierung in der geplanten Vollendung des Binnenmarktes einerseits Chancen für die deutsche Landwirtschaft sieht, andererseits aber auch Risiken. So sieht sie in der historisch bedingten kleinbetrieblichen Struktur in weiten Teilen der Bundesrepublik einen Wettbewerbsnachteil und erwartet eine Verstärkung struktureller Anpassungsvorgänge. Mögliche Wettbewerbsnachteile sieht sie darüber hinaus in den in der Bundesrepublik strengen Vorschriften, im Bereich des Umwelt- und Naturschutzes sowie des Baurechts. Soweit es im Bereich des Umwelt- und Naturschutzes nicht zu der von ihr angestrebten Harmonisierung auf hohem Niveau kommt, sieht sie eine Möglichkeit darin, für Auflagen, wie sie beispielsweise in Wasserschutzgebieten notwendig werden, einen angemessenen Ausgleich zu leisten.

Auswirkungen auf den Verbrauch von Nahrungsmitteln und auf die Handelsströme sind von der Harmonisierung der Verbrauchssteuern zu erwarten, wobei bislang aber noch nicht zu erkennen ist, wie sie realisiert wird. Mit Ausnahme von Dänemark wenden alle Mitgliedstaaten für landwirtschaftliche Erzeugnisse und Nahrungsmittel ermäßigte MWSt.-Sätze an, aber selbst diese Sätze liegen noch weit auseinander. Insgesamt gesehen reicht die Spannweite von 22 % in Dänemark bis 0 % in Großbritannien und Irland. Derartige Unterschiede sind mit einem Binnenmarkt unvereinbar, da sie zu erheblichen Handelsverlagerungen führen würden. Die von der Kommission vorgeschlagene Verengung auf eine Spannweite von 4 bis 9 % würde solche Handelsverlagerungen vermutlich auf grenznahe Bereiche beschränken.

Indirekte Auswirkungen für die Landwirtschaft sind von der Errichtung eines gemeinsamen Verkehrsmarktes zu erwarten. Die Senkung der Transportkosten dürfte zu einer Ausweitung der Marktgebiete führen und den Transportkostenschutz marktnah produzierender Anbieter aushöhlen.

Indirekte Auswirkungen dürften sich außerdem aus dem Prinzip der gegenseitigen Anerkennung nationaler Regelungen und dem daraus resultierenden verstärkten Wettbewerb auf der nachgelagerten Stufe ergeben. Produkte, die unter Beachtung von der Gemeinschaft anerkannter Regelungen in einem Mitgliedstaat hergestellt wurden, müssen in allen Mitgliedstaaten zum Verkehr zugelassen werden, auch wenn sie nationalen Rezeptur-Gesetzen nicht entsprechen (EuGH-Urteile zum deutschen Reinheitsgebot für Bier, zu den italienischen Herstellungsvorschriften für Pasta, zur deutschen Fleischverordnung sowie zur Verwendung pflanzlicher Stoffe in Milchprodukten).

3.1 Auswirkungen auf die nicht-landwirtschaftlichen Bereiche

Darüber, wie sich die Vollendung des Binnenmarktes auf das Arbeitsplatzangebot in ländlichen Regionen auswirkt, können gegenwärtig nur Vermutungen geäußert werden. Viel spricht dafür, daß der zu erwartende Wachstumsschub vor allem dort einsetzt, wo bereits jetzt die wirtschaftliche Aktivität besonders hoch und dynamisch ist. Dies sind in erster Linie Ballungs- und Ballungsrandgebiete sowie Regionen mit günstiger Wirtschaftsstruktur. Die erwartete Metropolenkonkurrenz kann einen Zentralisierungsschub auslösen und in dessen Folge der Tendenz nach zu einer Peripherisierung ländlicher Räume führen. Dies gilt hauptsächlich für die ländlichen Räume, die bereits jetzt als peripher eingestuft werden (Schleswig-Holstein, östliches Niedersachsen, Ostbayern, gesamtes Zonenrandgebiet), weniger für ländliche Regionen, die im Gravitationsfeld wirtschaftlicher Zentren liegen.

Von zentraler Bedeutung für die regionale Verteilung des aus der Vollendung des Binnenmarktes erwarteten Wachstums ist die Frage, welche Anforderungen hochqualifizierte Arbeitskräfte an ihr Lebensumfeld stellen. Die zuvor abgeleitete Erwartung, daß sich das Wachstum in starkem Maße an den bisherigen Zentren hoher Aktivität konzentrieren wird, bedarf einer gewissen Relativierung aufgrund der Erfahrung, daß ländliche Räume, vor allem wenn sie sich durch landschaftliche Attraktivität, gute Verkehrserschließung und -anbindung, eine bestimmte Ausstattung mit Einrichtungen des Gesundheits- und Bildungswesens sowie kulturellen Einrichtungen auszeichnen, gerade von hochqualifizierten Arbeitskräften als Wohnumfeld positiv bewertet werden. Verlierer dürften die ländlichen Räume sein, die peripher gelegen und schlecht mit Infrastruktur ausgestattet sind.

4. Rahmenbedingungen der Agrarpolitik

Ein Eingehen auf die Rahmenbedingungen der Agrarpolitik ist notwendig, um dem Mißverständnis vorzubeugen, die Agrarpolitik könne, wenn nur ein entscheidender Wille dahinterstünde, nahezu jede gewünschte Entwicklung herbeiführen. Eher trifft das Gegenteil zu.

Eine wichtige Rahmenbedingung ist die Bevölkerungsentwicklung. Nach vorliegenden Prognosen kann die deutsche Wohnbevölkerung von derzeit 56 Mio. bis zum Jahr 2030 auf 42,5 Mio. abnehmen. Die Auswirkungen der unerwartet großen Zahlen von Übersiedlern aus der DDR und deutschstämmiger Zuwanderer aus den Ländern des Ostblocks (Aussiedler) sowie die anhaltenden Außenwanderungsüberschüsse bei Asylanten und Ausländern bleiben hierbei allerdings unberücksichtigt. Für die deutsche Landwirtschaft bedeutet das, daß ihre Produktion im europäischen Vergleich überproportional zurückgehen muß, wenn sie sich primär auf die Belieferung des heimischen Marktes beschränkt und es ihr nicht gelingt, ihren Export, so wie es bisher der Fall war, weiter zu erhöhen. Für strukturschwache ländliche Regionen, insbesondere solche ohne besondere Attraktivität, ist bereits aus der Bevölkerungsentwicklung ein relativer Rückgang ihrer Wirtschaftskraft zu erwarten.

Auf die im EG-Vergleich ungünstigere Betriebsgrößenstruktur in der Bundesrepublik wurde bereits hingewiesen. Die Haupterwerbsbetriebe in der Bundesrepublik sind im Durchschnitt mit 28 ha LF zwar etwas größer als der EG-Durchschnitt (24 ha), doch ist ihre Flächenausstattung im Vergleich zu Großbritannien (98 ha), Frankreich (39 ha) und Dänemark (33 ha) erheblich geringer. In den Niederlanden und in Belgien bewirtschaften die Haupterwerbsbetriebe mit 21 ha bzw. 24 ha zwar kleinere Flächen, aber ihre Einkommenskapazität ist durch Gartenbaukulturen und intensive Viehhaltung beträchtlich höher, als es die Flächenausstattung zum Ausdruck bringt. Hinzu kommt, daß die niederländischen Viehhalter auf geringeren Flächen wirtschaften können, weil etwa die Hälfte ihres Futterbedarfs eingeführt wird.

Sehr ausgeprägt sind die Unterschiede in der Tierhaltung. So halten in der Bundesrepublik lediglich 3 % der Betriebe mehr als 400 Mastschweine, in den Niederlanden sind es 28 % und in Großbritannien 20 %. Während in der Bundesrepublik der Anteil der Betriebe mit mehr als 50 Milchkühen nur 3,2 % beträgt, sind es in Großbritannien 48 %, in den Niederlanden 34 %.

Ein weiteres Datum ist die Altersstruktur der landwirtschaftlichen Betriebsleiter. In der Bundesrepublik sind 32 % der Betriebsleiter älter als 55 Jahre und 15 % jünger als 35 Jahre, während in den Niederlanden 40 % in die erste Gruppe und 11 % in die zweite Gruppe fallen, in Frankreich 48 % in die erste Gruppe und 10 % in die zweite, in Großbritannien 48 % in die erste und 7 % in die zweite. Aus dem hohen Anteil der Betriebsleiter über 55 Jahre wird deutlich, daß sich in allen Ländern der Gemeinschaft erhebliche Strukturänderungen vollziehen werden. In der Bundesrepublik ist nur in der Hälfte der in den nächsten 10 Jahren zur Übergabe anstehenden Betriebe ein Nachfolger vorhanden, der den Betrieb weiterführen will. Die hohen Anteile der älteren Betriebsleiter und die geringeren Anteile der jüngeren Betriebsleiter in den übrigen Mitgliedstaaten lassen erkennen, daß dort mit dem Ausscheiden der alten Generation eine völlig andere Struktur entsteht. In der Bundesrepublik wird die Änderung der Agrarstruktur zwar auch tiefgreifend sein, aber nicht so weitgehend wie in den übrigen Mitgliedstaaten.

Zu den Rahmenbedingungen der Agrarpolitik gehört weiterhin der hohe technische Fortschritt, der den Landwirten weitgehend unabhängig von aktuellen Entwicklungen verfügbar ist. Allein aufgrund des biologisch-technischen Fortschritts wächst die Agrarproduktion um jährlich 1,5 bis 2 %.

Die landwirtschaftliche Produktion wird in Zukunft in wesentlich stärkerem Maße als bisher Rücksicht auf die Erhaltung der Umwelt nehmen müssen. Dies gilt vor allem für die Erhaltung der Artenvielfalt von Flora und Fauna, die heute in erster Linie durch die Landbewirtschaftung (allgemein intensive Wirtschaftsweise, Beseitigung bestimmter Biotope) bedroht ist. Hinzu kommt der Eintrag von Düngemitteln und Pflanzenschutzmitteln in das Grundwasser und in Oberflächengewässer sowie die Verminderung der Bodenfruchtbarkeit durch Erosion.

In der öffentlichen Meinung, beeinflußt durch einseitige Berichterstattung in den Massenmedien, gewinnen die Umweltwirkungen der Landwirtschaft mehr und mehr an Bedeutung. Dies hängt einerseits mit der objektiven Zunahme der von der intensiven Agrarproduktion ausgehenden Umweltbelastung zusammen, andererseits aber auch damit, daß das Ziel der Sicherung der Versorgung der Verbraucher mit Nahrungsmitteln übererfüllt wird und infolgedessen an Wertschätzung verliert.

Zu den Sachzwängen gehört auch die Notwendigkeit, die Belastungen der öffentlichen Haushalte in Grenzen zu halten, nicht zuletzt auch deshalb, weil es zunehmend schwieriger wird, dafür einen Konsens zu finden.

Schließlich werden durch die Tatsache, daß die Gemeinschaft Überschüsse mit Hilfe von Exporterstattungen auf dem Weltmarkt absetzt, die Interessen traditioneller Exportländer negativ berührt. Im Rahmen der Uruguay-Runde des GATT wird daher auf die Gemeinschaft ein zunehmender Druck ausgeübt, ihre Protektion gegenüber dem Weltmarkt dem Niveau nach zu reduzieren und flexibler zu gestalten. Damit ist auch die Forderung verbunden, die Produktion von Überschußerzeugnissen zu reduzieren.

5.   Optionen für die gemeinsame Agrarpolitik

Unter Berücksichtigung der im vorigen Kapitel dargelegten Rahmenbedingungen sowie der bereits erfolgten Entscheidungen sollen nunmehr zwei Optionen für die gemeinsame Agrarpolitik zunächst dargestellt und dann in ihren räumlichen Auswirkungen analysiert und beurteilt werden. Die beiden Optionen wurden so gewählt, daß sie sich innerhalb eines realistischen, durch Sachzwänge und vorgegebene Entscheidungen eingeengten Spielraumes bewegen und innerhalb dieses Spielraumes Eckpunkte markieren. Außerhalb dieses Spielraumes liegende Lösungen, die wahrscheinlich von einzelnen Gruppen präferiert würden oder für die das Argument theoretischer Geschlossenheit spräche, wurden nicht in die Betrachtung einbezogen, da die Wahrscheinlichkeit ihrer Realisierung gering eingeschätzt wurde.

Die betrachteten Optionen beziehen sich vorwiegend auf die EG-Agrarpolitik. Flankierende Maßnahmen der nationalen Agrarpolitik, soweit diese innerhalb des gegebenen institutionellen Rahmens möglich sind, werden nicht hier, sondern in Abschnitt 8.2 behandelt.

Bei den Alternativen für die gemeinsame Agrarpolitik handelt es sich um

- Option A: stärker am Markt orientierte Lösung,
- Option B: stärker an einer Erhaltung bestehender Strukturen orientierte Lösung.

Die beiden Optionen lassen sich durch folgende Elemente charakterisieren:

Option A

1. Abbau der Preisstützung mit Preissenkungen auch über die Stabilisatoren hinaus

2. Weitere Lockerung des Interventionsmechanismus, Abbau des Schutzmechanismus an den Außengrenzen im Rahmen des GATT

3. Beibehaltung der Garantiemengenregelungen, aber Einführung einer (regional begrenzten) Handelbarkeit von Lieferrechten bei Milch, langfristig: Lockerung

4. Keine Fortsetzung der Flächenstillegungs- und Extensivierungsprogramme

5. Weiterführung der Produktionsaufgaberente nur im Rahmen der bestehenden fakultativen Regelungen

6. Einkommensbeihilfen nur im Rahmen der bestehenden Beschlüsse (Übergangsregelung)

7. Räumliche und sachliche Einschränkung der Ausgleichszulage

8. Einführung von Standards für Umweltbelastungen bei Anwendung des Verursacherprinzips

9. Honorierung positiver Umweltleistungen als flankierende Maßnahmen

10. Keine Flächenbindung in der Viehhaltung.

Option B

1. Abbau der Preisstützung nur soweit im Rahmen der Agrarleitlinie und der Stabilisatoren (bei gleichzeitig mengenbeschränkenden Maßnahmen) unabdingbar

2. Keine weitere Lockerung des Interventionsmechanismus, Beibehaltung des Schutzmechanismus an den Außengrenzen

3. Beibehaltung der Garantiemengenregelungen, keine Handelbarkeit von Lieferrechten bei Milch ohne Futterflächen

4. Massives Angebot attraktiver Flächenstillegungs- und Extensivierungsprogramme, um die Überschreitung von Garantieschwellen möglichst auszuschließen

5. Obligatorische Einführung und Weiterführung der Produktionsaufgaberente mit ausschließlicher Stillegung der Flächen

6. Verstärkte Einkommensbeihilfen als Dauerinstrument unter Ausweitung des Finanzrahmens

7. Räumliche Ausweitung und finanzielle Verstärkung der Ausgleichszulage

8. Einführung von Umweltstandards im notwendigen Umfang, Gewährung von Ausgleichszahlungen

9. Honorierung positiver Umweltleistungen als Hauptinstrument der Umweltpolitik

10. Flächenbindung in der Viehhaltung (Verbot des Überschreitens von Obergrenzen).

Während Option A die Annahme einschließt, daß im Rahmen einer restriktiven Preispolitik Preissenkungen beschlossen werden, die über die Vorgaben der Landwirtschaftsstabilisatoren und der Agrarleitlinie hinausgehen, stellen diese Vorgaben für Option B die Obergrenze dar. Es wird bei Option B nicht unterstellt, daß die vorliegenden Beschlüsse wieder rückgängig gemacht werden. Die produktionsbeschränkenden Maßnahmen auf freiwilliger Grundlage werden aber ausgebaut und so attraktiv gestaltet, daß die Garantieschwellen der Stabilisatoren möglichst nicht überschritten werden. An die Einführung obligatorischer Flächenstillegungen oder eine Ausdehnung der Kontingentierung über Milch und Zuckerrüben hinaus ist nicht gedacht.

Da auch bei Option B nicht ausgeschlossen werden kann, daß es zu einem Druck auf die landwirtschaftlichen Einkommen kommt, vor allem dann, wenn es nicht gelingt, ein Überschreiten der Garantieschwellen zu verhindern, schließt diese Option verstärkte Einkommensbeihilfen als Dauerinstrument der Agrarpolitik ein, während bei Option A davon ausgegangen wird, daß Einkommensbeihilfen nur im Rahmen der bestehenden restriktiven Beschlüsse gewährt werden und der zeitliche Rahmen dafür nicht erweitert wird.

Bei beiden Optionen wird die Agrarpolitik nicht umhinkönnen, umweltpolitischen Problemen eine größere Bedeutung zuzumessen. Für Option A wird unterstellt, daß allgemein strenge Standards für die Zulässigkeit von Umweltbelastungen eingeführt werden, was nicht ausschließt, daß in speziellen Schutzgebieten weitergehende Auflagen erfolgen. Zumindest die allgemeinen Beschränkungen wären bei dieser Option nicht ausgleichsfähig. Bei Option B wird davon ausgegangen, daß ebenfalls allgemeine Standards für zulässige Umweltbelastungen eingeführt werden, in stärkerem Maße aber von der Möglichkeit Gebrauch gemacht wird, bestimmte Gebiete als Schutzgebiete auszuweisen und für dort vorgeschriebene Auflagen Ausgleichszahlungen zu gewähren. Hauptinstrument der Umweltpolitik wäre bei Option B die Honorierung positiver Umweltleistungen, etwa im Rahmen von Bewirtschaftungsvereinbarungen.

6. Räumliche Auswirkungen der beiden Politikoptionen

6.1 Regionstypen

Eine Betrachtung der räumlichen Auswirkungen der beiden Politikoptionen setzt eine Einteilung in Regionstypen voraus. Dabei besteht eine gewisse Schwierigkeit darin, die in der Raumforschung und der Landesplanung verwendete Einteilung mit einer Einteilung nach landwirtschaftlichen Ertragsbedingungen zu verbinden. Zwar besteht ein gewisser Zusammenhang dahingehend, daß sich - historisch bedingt - Verdichtungen weitgehend in Regionen mit günstigen landwirtschaftlichen Ertragsbedingungen herausgebildet haben, so daß im Umland solcher Verdichtungen häufig gute Ertragsbedingungen anzutreffen sind. Dieser Zusammenhang ist aber nicht zwingend. Gegenbeispiele ließen sich aus Mittelfranken (Umland des Dreiecks Nürnberg-Fürth-Erlangen) sowie aus dem weiteren Umland des Rhein-Main-Gebietes anführen. Auf der anderen Seite gilt, daß ein Zusammentreffen von peripheren ländlichen Regionen und schlechten Ertragsbedingungen zwar häufig, aber keineswegs durchgängig vorliegt. Gegenbeispiele wären Ostholstein und Teile Niedersachsens.

Verbindet man die beiden Gliederungsprinzipien, so erhält man eine Matrix mit sechs Feldern. Da für die hier anstehende Betrachtung zwischen dem ländlichen Umland großer Verdichtungsräume und dem ländlichen Umland in Regionen mit Verdichtungsansätzen die Unterschiede weniger gravierend sind als die Unterschiede in den landwirtschaftlichen Ertragsbedingungen, erscheint eine Zusammenfassung zulässig, bei der zwischen den folgenden vier Regionstypen unterschieden wird:

Regionstypen

Siedlungsstruktur	gute Ertragsbedingungen	schlechte Ertragsbedingungen
Ländliches Umland großer Verdichtungsräume	Typ 1	Typ 3
Ländliches Umland in Regionen mit Verdichtungsansätzen	Typ 1	Typ 3
Periphere ländliche Regionen	Typ 2	Typ 4

Genau genommen müßte bei einer Analyse der regionalen Auswirkungen agrarpolitischer Optionen auch die vorherrschende Agrarstruktur berücksichtigt werden. Zwar gilt hier der Zusammenhang, daß Gebiete mit guten Ertragsbedingungen in der Regel auch über eine bessere Agrarstruktur verfügen als Gebiete mit schlechten, aber auch dieser Zusammenhang ist keineswegs vollständig. Gegenbeispiele wären etwa die Schleswig-Holsteinische Geest mit schlechten Ertragsbedingungen und einer guten Agrarstruktur oder Teile Unterfrankens und Badens mit günstigen Ertragsbedingungen, aber einer durch (nicht nur im Nebenerwerb bewirtschaftete) Kleinbetriebe geprägten Agrarstruktur. Um das Gliederungsschema nicht zu überfrachten, wurde von einer Einbeziehung der Agrarstruktur abgesehen. Auf dieses Merkmal wird jedoch in den folgenden Überlegungen eingegangen, wo immer dies notwendig erscheint.

6.2 Die Auswirkungen der beiden Politikoptionen im Vergleich

Im folgenden wird der Versuch unternommen, die beiden in Kapitel 5 beschriebenen Politikoptionen in ihren räumlichen Auswirkungen zu analysieren. Ein solcher Versuch ist nicht unproblematisch, da Vereinfachungen notwendig sind und sich für jede Aussage auch Gegenbeispiele finden lassen. Bei den Aussagen kann es sich daher nur um Tendenzaussagen handeln, die auf bestimmten Annahmen beruhen. Soweit es der Raum erlaubt, werden diese Annahmen offengelegt. Wo mehrere Annahmen plausibel sind, werden sie genannt, und es wird gleichzeitig darauf eingegangen, welche Argumente für die eine oder die andere Annahme sprechen. In Fällen, in denen sich die Mitglieder der Vorbereitungsgruppe nicht für die eine oder andere Annahme entscheiden konnten, wurden Fragen für die Diskussion in der Arbeitsgruppe formuliert (vgl. Abschnitt 6.3).

Unter den dargelegten Vorbehalten lassen sich die räumlichen Auswirkungen der beiden Optionen zunächst wie folgt strukturieren:

Option A	*Option B*
1. Vorleistungseinsatz stärker rückläufig, insbesondere in den Regionstypen 3 und 4	Weniger stark rückläufig
2. Umfang der Bodennutzung stärker rückläufig, insbesondere in den Regionstypen 3 und 4	Weniger stark rückläufig
3. Nachwachsende Rohstoffe werden früher wettbewerbsfähig	Ohne Förderung nicht wettbewerbsfähig
4. Milchproduktion Konzentration in leistungsfähigen Betrieben und auf günstigeren Standorten; bei schlechter Betriebsstruktur Rückzug aus Regionstypen 3 und 4	Nur geringe Veränderungen
5. Veredelungsproduktion Fortsetzung der Konzentrationstendenzen	Geringere Konzentrationstendenzen und weniger Standortverlagerungen, bei Flächenbindung u.U. sogar Rückverlagerung (Gülleverordnung)
6. Betriebsstruktur starke Abnahme von a Vollerwerbsbetrieben mit geringer Faktorausstattung - weitgehende Aufgabe in Regionstyp 3 - Übergang in den Nebenerwerb bei ungenügendem Angebot an außerlandwirtschaftlichen Arbeitsplätzen in den Regionstypen 2 und 4 - Übergang in den Nebenerwerb bei Regionstyp 1 b Nebenerwerbsbetrieben bei Unterschreitung bestimmter Einkommensschwellen, teilweise Übergang zur Hobbylandwirtschaft; langfristig bleiben nur solche Betriebe in der hauptberuflichen Bewirtschaftung, die in der EG konkurrenzfähig sind	Weniger starker Strukturwandel Verharren in einer für viele kleinere Betriebe ungünstigen Wettbewerbsposition
7. Beschäftigungsstruktur stärkerer Übergang von der Landwirtschaft in nichtlandwirtschaftliche Bereiche, vor allem in den Regionstypen 1 und 3; bei 2 und 4 abhängig vom Angebot außerlandwirtschaftlicher Arbeitsplätze	Geringerer Berufswechsel Einkommen der Verbleibenden ist stärker von Förderung des Staates abhängig
8. Vor- und nachgelagerte Bereiche Abnahme, aber nur im Umfang der Intensitätsänderung, nicht der Strukturänderung	Geringere Änderungen
9. Wertschöpfung in den Regionstypen 1 und 3 höher als bei stärker konservierender Politik, in den Regionstypen 2 und	In den Regionstypen 1 und 3 geringer als bei stärkerem Strukturwandel, in den Regionstypen 2 und 4 höher, wenn dieser Effekt nicht von einer erfolgreichen Regionalpolitik kompensiert wird.

6.3 Offene Fragen

Zu 1 und 2:

Offensichtlich ist bei Option A mit einem stärkeren Rückgang des Vorleistungseinsatzes und der Bodennutzung zu rechnen. Dabei stellt sich die Frage: Reagieren Landwirte auf nachhaltig sinkende Erzeugerpreise an günstigen Standorten stärker oder schwächer als an benachteiligten Standorten?

Für "stärker" spricht das höhere Ausgangsniveau der speziellen Intensität und das größere Spektrum anbauwürdiger Alternativen, für "schwächer" spricht die hohe Grenzrentabilität von Intensitätssteigerungen an günstigen Standorten.

Die Aussage, daß die Gebietstypen 3 und 4 besonders betroffen sind, beruht auf der zweiten der genannten Annahmen. Wenn dies zutrifft, stellt sich die Frage: Kommt es in den Regionstypen 3 und 4 zur großflächigen Aufgabe der landwirtschaftlichen Nutzung und wenn ja, stellt sich die Forstwirtschaft als Folgenutzung ein, oder muß Brachfallen befürchtet werden?

Zu 3:

Neben der Aussage, daß bei Option A nachwachsende Rohstoffe eher wettbewerbsfähig werden, stellt sich die Frage: Gewinnt der Anbau von nachwachsenden Rohstoffen im Gefolge sinkender Erzeugerpreise für pflanzliche Produkte eher an günstigen oder an benachteiligten Standorten an Wettbewerbskraft?

Zu 4:

Bei Einführung einer - wenn auch gewissen Beschränkungen unterliegenden - Handelsfähigkeit von Milchlieferrechten werden Quoten aufgebender Betriebe vermutlich zunächst von Betrieben mit einer leistungsfähigen Milchkuhhaltung übernommen, die als Folge der Quoteneinführung und -kürzung über freie Stall- und Arbeitskapazitäten verfügen. Darüber hinaus stellt sich jedoch die Frage: Wird eine weitere Aufstockung von Milchkuhbeständen mit Neubau von Stallkapazitäten in Futterbaubetrieben (wie bisher) oder in Marktfruchtbaubetrieben stattfinden?

Zu 5:

Stark sinkende Futtermittelpreise führen über eine Zunahme der Produktion und den daraus resultierenden Rückgang der Erzeugerpreise zum verstärkten Ausscheiden von Grenzproduzenten. In regionaler Hinsicht stellt sich die Frage: Führen sinkende Erzeugerpreise bei Getreide dazu, daß die Wettbewerbskraft importierter Futterstoffe in der flächenunabhängigen Veredelung von Standorten mit Beschaffungsvorteilen für solche Futtermittel im Vergleich zu inländischem Getreide und Getreideüberschußgebieten abnimmt?

Eine Flächenbindung, wie sie Option B einschließt, würde eine Rückverlagerung der Produktion begünstigen.

Zu 6:

Option A führt mit Sicherheit zu einem stärkeren Strukturwandel als Option B. Für diese stellt sich die Frage: Ist es möglich, langfristig eine größere Zahl von Betrieben zu erhalten, darunter auch solche, die international nicht wettbewerbsfähig sind, oder führt der Verzicht auf die bewußte Herausbildung eines Kerns wettbewerbsfähiger Betriebe dazu, daß langfristig alle Betriebe - trotz Stützungsmaßnahmen und Ausweitung des Finanzrahmens - unter die Schwelle der Lebensfähigkeit absinken?

Zu 7:

Bei Option A wird es zweifellos zu einer stärkeren Änderung der Beschäftigungsstruktur kommen. In bezug auf Option B stellt sich die Frage: Kann das geringere Maß an Berufswechsel dauerhaft sein, oder muß ein im Zuge des Generationswechsels versäumter Berufswechsel später nachgeholt werden?

6.4 Auswirkungen auf die Flächennutzung

Welche Auswirkungen sich aus den beiden untersuchten Politikoptionen auf die Flächennutzung ergeben, läßt sich nur schwer abschätzen. Die restriktiver gewordene Agrarpreispolitik der EG beginnt erst zu greifen und hat somit noch keine deutlichen Spuren hinterlassen. Anhand von Überschlagskalkulationen, die die sich abzeichnenden Trends in der Entwicklung der Nahrungsmittelnachfrage und der Ertragsentwicklung in der Nahrungsmittelproduktion bis zur Jahrtausendwende verlängern, läßt sich aufzeigen, daß bis dahin etwa ein Drittel der bisher landwirtschaftlich genutzten Fläche aus der Nahrungsmittelproduktion ausscheiden könnte[1]).

Hinsichtlich der alternativen Verwendung dieses Flächenüberschusses wird eine ganze Reihe von Varianten diskutiert: Sie reichen von einer Verstärkung der Erstaufforstung über den Anbau von nachwachsenden Rohstoffen für die Industrieproduktion, das Bereitstellen von Flächen für Freizeitanlagen und Siedlungszwecke sowie für Naturschutz und Landschaftspflege, sehr extensive Formen der Weidenutzung bis hin zu einem mehr oder weniger gezielten Brachfallen von Flächen[2]).

Keine der Nutzungsalternativen kann für sich beanspruchen, allein den Flächenüberschuß aufzufangen. Große Hoffnungen sind zwar auf den Anbau nachwachsender Rohstoffe gerichtet, und durch eine Reihe politischer Maßnahmen wird die Entwicklung dieser Produktionsalternativen unterstützt. Für Produktionslinien, die auf mittlere Frist wettbewerbsfähig betrieben werden könnten, erscheint das Absatzpotential zur Zeit aber eng begrenzt.

Solche Überschlagskalkulationen und insbesondere Schätzungen, die das Potential einzelner alternativer Nutzungseinrichtungen umreißen, darf man sicher nicht überinterpretieren. Die Ergebnisse hängen ganz entscheidend von der jeweiligen Setzung der Prämissen ab. Überdies darf man nicht außer acht lassen, daß Art und Intensität der Flächennutzung ganz entscheidend durch den Kurs der Politik beeinflußt werden. Gleichwohl machen solche Kalkulationen deutlich, daß sich bei allen realistischen Politikoptionen eine erhebliche Veränderung in der Flächennutzung und in der Agrarstruktur vollziehen muß.

Die Umwidmung von Flächen steht in enger Wechselbeziehung zu der Preisentwicklung auf dem Bodenmarkt. Dies gilt sowohl für den Pachtmarkt als auch für den Kaufmarkt.

Auf dem Pachtmarkt war bis in die jüngste Vergangenheit trotz der seit 1984 rückläufigen Preise für landwirtschaftliche Erzeugnisse die Entwicklung im Durchschnitt noch durch ansteigende Preise gekennzeichnet, wobei es allerdings zu einer zunehmenden Differenzierung nach der Standortqualität kam. Daß sich rückläufige Preise für landwirtschaftliche Erzeugnisse noch nicht in einem durchschnittlichen Rückgang der Pachtpreise niederschlugen, ist darauf zurückzuführen, daß im Zuge des Strukturwandels zunehmend solche Betriebe als Nachfrager auf dem Pachtmarkt auftraten, die vor allem bei Maschinen, daneben auch bei Gebäuden und Arbeitskräften über ungenutzte Kapazitäten verfügten und damit deutlich über dem Reinertrag liegende Pachtpreise bieten konnten. In die gleiche Richtung wirkten Ertragssteigerungen als Folge des technischen Fortschritts sowie die Ausnutzung von Größendegressionen bei der Ersatzbeschaffung von Maschinen. Vor allem dann, wenn auf guten Standorten leistungsfähige Betriebe um freiwerdende Flächen konkurrieren, ist damit zu rechnen, daß die genannten Faktoren die Wirkungen eines Rückgangs der Erzeugerpreise auf die Pachtpreise für einen längeren Zeitraum kompensieren.

Die gegenteilige Situation ist gegeben, wenn ungünstige natürliche Standortbedingungen mit einer ungünstigen Agrarstruktur zusammentreffen. Kommt als weiterer Faktor ein ausreichendes Angebot außerlandwirtschaftlicher Arbeitsplätze hinzu, so können die Pachtpreise leicht gegen Null tendieren. Dieses Phänomen ist bereits in den 70er Jahren gelegentlich aufgetreten und hat sich unter dem Einfluß der restriktiven Preispolitik verstärkt fortgesetzt. Vor allem auf ungünstigen Grünlandstandorten in Mittelgebirgslagen ist es bereits zur unentgeltlichen Nutzungsüberlassung (z.T. in der Form einer stillschweigenden Duldung) gekommen.

Differenzierend auf den Pachtmarkt hat sich außerdem die Tatsache ausgewirkt, daß die Abgrenzung zwischen landwirtschaftlicher und gewerblicher Tierhaltung an ein bestimmtes Verhältnis zwischen Tierbestand und Flächenumfang gebunden ist. Um in den Genuß der in der Regel steuerlich günstigeren Behandlung als landwirtschaftliche Tierhaltung zu kommen, sahen sich Betriebe veranlaßt, landwirtschaftliche Flächen unabhängig von deren Ertragsfähigkeit hinzuzupachten. Die Gülleverordnungen in den norddeutschen Bundesländern haben diese Tendenz noch verstärkt.

Der Kaufmarkt für landwirtschaftliche Grundstücke ist in der Bundesrepublik durch eine besondere Enge gekennzeichnet. Normalerweise wechseln jährlich nur etwa 0,3 % der landwirtschaftlichen Fläche den Eigentümer. Als Käufer treten vorwiegend durch Industrie oder Infrastrukturvorhaben verdrängte Landwirte auf, die - vor allem auch aus steuerlichen Gründen - hohe Entschädigungssummen durch Wiedererwerb landwirtschaftlichen Bodens anlegen wollen. Verkäufer sind vorwiegend Landwirte, die zum Verkauf gezwungen sind, oder Erbengemeinschaften, in denen zumindest einzelne Mitglieder mehr an dem Verkaufserlös als an der Vermögensanlage in Grund und Boden interessiert sind. Eine stärkere Orientierung der Kaufpreise an den Ertragswerten, zu der Änderungen in den steuerlichen Vorschriften und die Aufhebung der Genehmigungspflicht nach dem Grundstücksverkehrsgesetz wesentlich beitragen könnten, würde dazu führen, daß sich der landwirtschaftliche Strukturwandel nicht vorwiegend über die Pacht, sondern in zunehmendem Maße auch über den Kauf von Flächen vollzieht.

Im Hinblick auf die Umwidmung bisher landwirtschaftlich genutzter Flächen ist zu erwarten, daß sich höherwertige Nutzungen - das sind vor allem Nutzungen für Freizeitaktivitäten - über den Markt durchsetzen werden. Ein Problem stellt sich hier vor allem darin, daß dort, wo eine ausreichende Nachfrage vorhanden ist, diese im allgemeinen nur befriedigt werden kann, wenn sich mehrere Landwirte, deren Flächen ein entsprechend großes zusammenhängendes Areal bilden, zusammenschließen.

Extensive Formen der landwirtschaftlichen Nutzung, insbesondere in der Form einer extensiven Beweidung (Mutterkühe, Schafe, Damtiere) werden sich vor allem unter ungünstigen Standortbedingungen durchsetzen, wenn eine verschärft restriktive Preispolitik dazu führt, daß Formen einer höheren Organisationsintensität unter diesen Bedingungen keine positive Grundrente mehr erlauben. Diese Entwicklung wird begünstigt, wenn solche extensiven Produktionsformen aus Gründen der Marktentlastung und bei gleichzeitiger Aufrechterhaltung einer landwirtschaftlichen Bewirtschaftung durch Prämien gefördert werden. Da Haupterwerbsbetriebe mit geringem bis mittlerem Flächenumfang über diese Betriebsformen kein ausreichendes Einkommen erzielen können, werden sie vor allem dort auftreten, wo die Bewirtschaftung weitgehend im Nebenerwerb erfolgt (sie bieten dann zwar nur ein geringes Ergänzungseinkommen, haben aber den Vorteil einer geringen Arbeitsbelastung), oder dort, wo sich aufgrund sinkender Bodenpreise, vor allem sehr geringer Pachtpreise, für eine kleine Zahl von Haupterwerbsbetrieben die Möglichkeit bietet, so große Flächen zu erwerben, daß auch mit diesen extensiven Nutzungsformen noch ein ausreichendes Einkommen erzielt wird.

Der Übergang zur forstlichen Nutzung wäre die konsequente Fortsetzung dieser Entwicklung. Tendiert der Pachtpreis für landwirtschaftliche Grundstücke gegen Null, so bietet sich für die Eigentümer nur die Möglichkeit, ihre Flächen anderen unentgeltlich zur Nutzung zu überlassen, sie brachfallen zu lassen oder sie einer forstwirtschaftlichen Nutzung zuzuführen. Da damit im allgemeinen eine positive Grundrente verbunden ist, ist sie den beiden anderen Alternativen überlegen. Trotzdem kann nicht davon ausgegangen werden, daß sie sich ohne weiteres einstellt. Ein wichtiger Grund dafür ist die Tatsache, daß die Überführung in eine forstliche Nutzung grundsätzlich einer Genehmigung bedarf, die nicht überall erteilt wird, vor allem dann nicht, wenn diese Nutzung Zielen der Landschaftsgestaltung zuwiderläuft. Außerdem scheuen viele Grundstückseigentümer eine Aufforstung, da sie mit hohen Anlage- und Anlaufkosten verbunden ist, während die Erträge erst künftigen Generationen zugute kommen. Aufforstungsprämien, wie sie bereits gewährt werden, können dazu beitragen, diese Vorbehalte zu vermindern. Beim Anbau schnellwachsender Holzarten fallen die Erträge wesentlich früher an. Hier sind es vor allem Unsicherheiten hinsichtlich der Verwertung des anfallenden Holzes und hinsichtlich der Rückumwandlung solcher Flächen, die bei den Grundstückseigentümern Bedenken hervorrufen.

6.5 Forderungen aus der Sicht unterschiedlicher Positionen

Die in dem vorangegangenen Kapitel wiedergegebenen Tendenzaussagen über die mögliche Entwicklung der Flächennutzung stehen unter dem Vorbehalt, daß sie in mehr oder weniger starkem Maße vom Einsatz politischer Instrumente abhängig sind. In welcher Richtung die Entwicklung beeinflußt werden soll und welche Instrumente dazu eingesetzt werden, hängt in starkem Maße davon ab, welches Leitbild man anstrebt und in welchem Maße man den

Marktkräften zutraut, eine Entwicklung herbeizuführen, die den eigenen Vorstellungen entspricht.

Die Aufassungen hierüber sind, wie kaum anders zu erwarten, recht unterschiedlich. Sie lassen sich im wesentlichen drei Positionen zuordnen, die - idealtypisch vereinfachend - als "marktwirtschaftliche", "raumordnerische" und "ökologische" Position bezeichnet werden können.

Vertreter der marktwirtschaftlichen Position erwarten selbst bei der von ihnen präferierten Option A keine schwerwiegenden negativen Auswirkungen auf die Flächennutzung in ländlichen Regionen. Aus ihrer Sicht ist der Rückgang der Bodenpreise, der sich aus einer weiterhin restriktiven Preispolitik ergibt, nichts anderes als die längst fällige Korrektur bisher überhöhter Preise. Für Regionen mit guten Ertragsbedingungen wird darin die Chance gesehen, daß sich Betriebe mit einer Flächenausstattung herausbilden, die auch bei deutlich geringerem Preisniveau lebensfähig sind, und in diesen Regionen (vor allem in Regionstyp 2) die landwirtschaftlich genutzte Fläche im wesentlichen in dieser Nutzung verbleibt. Unter ungünstigen Standortbedingungen wird erwartet, daß es in stärkerem Maße zu extensiveren Nutzungsformen kommt und daß diese im allgemeinen auch landschaftlich verträglich sind. Ein besonderer Regulierungsbedarf wird in dieser Hinsicht nicht gesehen. Im Gegenteil, die bestehenden Vorschriften, die eine Nutzungsänderung von einer Genehmigung abhängig machen, werden als zu weitgehend empfunden. Dasselbe gilt für steuerliche Vorschriften, wie die Abgrenzung zwischen landwirtschaftlicher und gewerblicher Tierhaltung und die Begünstigung der Wiederanlage von Veräußerungsgewinnen, die aus der Sicht dieser Position durch überhöhte Pacht- und Kaufpreise ökonomisch sinnvolle Nutzungsänderungen behindern.

Ein Deregulierungsbedarf wird vor allem gegenüber höherwertigen Nutzungen gesehen. Die Vorstellung, landwirtschaftliche Flächen seien "äußerst kostbar" und damit besonders schützenswert, solle aufgegeben werden, um eine Umwidmung für Erholungszwecke und sportliche Aktivitäten zu erleichtern. Ein weiterer wichtiger Ansatzpunkt wird in der Änderung des Baurechts gesehen. Aus der Sicht dieser Position sollten die Gemeinden ermuntert werden, in größerem Umfang Bebauungsflächen, insbesondere größere Baugrundstücke für Einfamilienhäuser, auszuweisen. Auch eine Bebauung im Außenbereich sollte grundsätzlich zugelassen werden.

Die Existenz des Problems der Folgenutzung bisher landwirtschaftlich genutzter Flächen wird weitgehend verneint. Es wird davon ausgegangen, daß bei der Aufhebung bisheriger Restriktionen der Marktprozeß überall zu sinnvollen Flächennutzungen führt, die sich allerdings von den bisherigen Nutzungen stark unterscheiden können. Wegen des insgesamt extensiveren Charakters dieser Nutzungsformen wird ihre ökologische Verträglichkeit weitgehend als gegeben vorausgesetzt. Der raumordnerische Bedarf wird gering eingeschätzt, da davon ausgegangen wird, daß die Nutzungsformen, die sich bei einer Steuerung über den Markt einstellen, die Präferenzen der Betroffenen wiederspiegeln und deswegen auf planerische Vorgaben weitgehend verzichtet werden kann.

Vor allem in dem letzten Punkt wird von der raumordnerischen Position ein diametral entgegengesetzter Standpunkt eingenommen. Option A wird wegen des stärkeren Strukturwandels eher kritisch beurteilt. Sollte dennoch diese Option verwirklicht werden, so wird ein erhöhter Handlungsbedarf für die Raumordnung gesehen. Es wird betont, daß die räumliche Verteilung der aus der landwirtschaftlichen Nutzung fallenden Flächen keineswegs dem Zufall überlassen bleiben dürfe, sondern auf der Grundlage eines räumlichen Entwicklungskonzeptes aktiv gestaltet werden müsse. Der Bedarf an Erholungsflächen, Flächen für Sportanlagen und Ausgleichsflächen der verschiedensten Art könne dort, wo er jeweils besteht, über den Markt allein nicht hinreichend zielgerecht gedeckt werden, sondern bedürfe der raumordnerischen Steuerung. Eine Zulassung des Bauens im Außenbereich wird wegen der Gefahr einer Zersiedlung der Landschaft grundsätzlich abgelehnt und die großzügige Ausweisung von Baugelände skeptisch beurteilt, da sie dem Konzept der Innenentwicklung und dem sparsamen Umgang mit ökologischen Ressourcen zuwiderläuft. Allgemein wird ein Defizit an großräumig-planerischen Überlegungen zu künftigen Flächennutzungsstrukturen und zu Folgenutzungen für aus der landwirtschaftlichen Nutzung ausscheidende Flächen beklagt.

Grundsätzlich wird aus der Sicht der raumordnerischen Position Option B präferiert, da von Option A neben einem Brachfallen bisher landwirtschaftlich genutzter Flächen in größerem Umfang auch eine Schwächung der Wirtschaftskraft ländlicher Räume befürchtet und die Aufrechterhaltung einer angemessenen wirtschaftlichen und sozialen Infrastruktur als gefährdet angesehen wird. Dies gilt vor allem für kleinstrukturierte und peripher gelegene ländliche Regionen (Regionstyp 4). Zwar liegt der Anteil der landwirtschaftlichen Erwerbstätigen auch in ländlichen Regionen selten über 10 %, aber wenn man die Beschäftigung in vor- und nachgelagerten Bereichen hinzurechnet, wird doch befürchtet, daß Wirtschaftskraft und Siedlungsstruktur solcher Regionen von einem weiteren Rückgang der Landwirtschaft nachhaltig betroffen werden. Vor allem für solche Regionen wird die Notwendigkeit gesehen, auf eine Erhaltung der Kulturlandschaft hinzuwirken und dafür auch agrarpolitische Instrumente gezielt einzusetzen.

Auf der anderen Seite wird befürchtet, daß auf guten Standorten die Intensität der landwirtschaftlichen Produktion nur geringfügig oder gar nicht zurückgeht. Vor allem als Folge eines rein marktwirtschaftlichen Konzeptes wird eine zunehmende räumliche Polarisierung der Landwirtschaft mit intensiver Nutzung einerseits und großflächiger Extensivierung bis hin zum Brachfallen von Flächen andererseits befürchtet.

Ökologische Erwägungen spielen sowohl in der marktwirtschaftlichen als auch in der raumordnerischen Position eine Rolle. Vertreter der marktwirtschaftlichen Position gehen davon aus, daß bei einer weiteren Rücknahme der Erzeugerpreise die Landwirte mit einer Verminderung der Bewirtschaftungsintensität reagieren werden, so daß sich daraus insgesamt eine größere Umweltverträglichkeit der Landwirtschaft ergibt. Die Entstehung von Nutzungsformen, deren Intensität unter der der üblichen landwirtschaftlichen Nutzung liegt, wird positiv beurteilt. Vertreter der raumordnerischen Position bezweifeln demgegenüber, daß sich bei einer Steuerung über den Markt jeweils ökologisch verträgliche Folgenutzungen einstellen, und sehen daher eine stärkere Notwendigkeit für den Staat, planend und lenkend einzugreifen.

Bei genauerem Hinsehen läßt sich eine darüber hinausgehende Position ausmachen, die - idealtypisch vereinfachend - durch das Attribut "ökologisch" charakterisiert werden kann. Ausgangspunkt dieser ökologischen Position ist eine Kritik an dem hohen Energieeinsatz der modernen Agrarproduktion. Solange der Einsatz an Fremdenergie in der Landwirtschaft begrenzt war, war diese auf weitgehend geschlossene Kreisläufe angewiesen. Dieser Landwirtschaft wird eine ökologische Verträglichkeit attestiert, wobei anerkannt wird, daß die durch sie geprägten Agrarökosysteme keine natürlichen Ökosysteme waren, daß es auch in dieser Landwirtschaft zu

Verarmungs- und Anreicherungsprozessen kam und auch in ihr ungeeignete Bewirtschaftungs- maßnahmen zur Zerstörung der Bodenfruchtbarkeit führen konnten. Hielten sich diese in Grenzen, so waren die Agrarökosysteme, nachdem sich ein Gleichgewichtszustand herausgebil- det hatte, stabil und durch eine große Artenvielfalt geprägt. Sie haben heute aus ökologischer Sicht eine gewisse Leitbildfunktion.

Mit der Möglichkeit, in nahezu unbegrenztem Maße in der landwirtschaftlichen Produktion Fremdenergie in Form von Düngemitteln, Pflanzenbehandlungsmitteln, motorischer Zugkraft und der an sie gebundenen Bearbeitungsgeräte sowie in anderen Teilen der Welt erzeugten Futtermitteln einsetzen zu können, trat eine grundlegende Änderung ein. Die Intensität wurde gesteigert, und in der pflanzlichen Produktion stiegen die Erträge. Durch die zunehmende Beherrschbarkeit des Produktionsprozesses wurde es immer leichter, ''Un''kräuter zu bekämp- fen, und die Regulierbarkeit des Wasser- und Nährstoffhaushalts führte zu einer weitgehenden Zurückdrängung spezifischer Biotope und der an sie gebundenen Lebensgemeinschaften. Durch stellenweise falschen Gebrauch der technischen Möglichkeiten wurden Erosion, Bodenverdich- tung und Eintrag von Dünge- und Pflanzenschutzmitteln in Grund- und Oberflächengewässer zu Problemen. Die Produktion der Tierhaltung wurde enorm gesteigert mit der Konsequenz, daß tierische Exkremente, denen im Rahmen einer geschlossenen Kreislaufwirtschaft die zentrale Funktion für die Erhaltung der Bodenfruchtbarkeit zukam, in Regionen mit hohem Viehbesatz zu einem Abfallprodukt wurden. Nicht selten war mit der Entsorgung dieses Abfallproduktes eine weitere Belastung des Grundwassers verbunden.

Aus ökologischer Sicht wird somit die generelle Senkung des Energieeinsatzes in der Landwirt- schaft zu der entscheidenden Schlüsselgröße. Aus dieser Sicht ist bereits die Frage nach der Folgenutzung bisher landwirtschaftlich genutzter Flächen falsch gestellt, denn sie setzt einen Polarisierungsprozeß voraus, in dessen Verlauf auf einem Teil der Flächen unter Fortsetzung des technischen Fortschritts mit hoher Intensität gewirtschaftet wird, während andere aus der Produktion ausscheiden. Würde hingegen der Energieeinsatz in der Landwirtschaft generell stark gesenkt, so käme es kaum dazu, daß Flächen ''überflüssig'' werden und deshalb aus der Produktion herausgenommen werden müssen.

Vertreter der ökologischen Position vermag daher weder die Option A noch die Option B zu befriedigen. Option A wird am negativsten beurteilt, weil sie den abgelehnten Polarisierungspro- zeß fördert. Option B kommt aus dieser Sicht einem Kurieren an Symptomen gleich. Von der Honorierung positiver Umweltleistungen - etwa durch Bewirtschaftungsvereinbarungen nach dem Muster des Wiesenbrüterprogrammes, der Ackerrandstreifenprogramme und anderer Pro- gramme, die inzwischen in allen Bundesländern angeboten werden - ist zwar ein Beitrag zur Erhaltung gefährdeter Arten zu erwarten, aber er kann nur begrenzt sein, und er bleibt weit hinter dem zurück, der durch großflächige Reduzierung des Energieeinsatzes erreicht werden könnte.

Wie die Zielvorstellungen eines radikal-ökologischen Ansatzes in der Agrarpolitik verwirk- licht werden könnten, ist derzeit nicht auszumachen. Maßnahmen in dieser Richtung wären nur EG-weit möglich, da nationale Alleingänge zu Wettbewerbsverzerrungen führen würden. Ein Beitrag zu einer größeren Umweltverträglichkeit könnte von einer Flächenbindung der Tierhal- tung ausgehen, jedoch ist damit die Gefahr verbunden, daß damit ungewollt eine Erhöhung der Pachtpreise verbunden ist, von der wiederum ein Anreiz zur intensiven Bewirtschaftung ausgeht. Eine Beschränkung der Futtermittelimporte wäre - abgesehen davon, daß sie aufgrund internationaler Verpflichtungen kaum möglich ist - dazu solange kein wirksamer Beitrag, als in der EG Getreide, das als Futtergetreide genutzt werden kann, im Überfluß produziert wird. Strengere Auflagen in der Anwendung von Handelsdünger und Pflanzenbehandlungsmitteln oder eine Verteuerung des Handelsdüngers würden zwar zu einem sorgfältigeren Einsatz und damit zu einer Verminderung direkter Belastungen führen, aber nur einen geringen Beitrag zur Verminderung des allgemeinen Intensitätsniveaus leisten. Dasselbe gilt für das Verbot von Wachstumsregulatoren. Alle diese Maßnahmen leiden an dem Grundübel, daß sie letztlich darauf hinauslaufen, durch staatliche Reglementierungen das zu verbieten, was technisch möglich und wirtschaftlich vorteilhaft ist. Dies ließe sich nur durch den Nachweis legitimieren, daß die angestrebte Verminderung des Energieeinsatzes einen volkswirtschaftlichen Nutzen erbringt, der die damit verbundenen volkswirtschaftlichen Kosten übersteigt. Ein solcher Nachweis scheitert daran, daß dazu auf Bewertungen zurückgegriffen werden müßte, die reine Werturteile darstellen.

7. Vergleichende Bewertung der räumlichen Auswirkungen der untersuchten Politikoptionen

War es bereits schwierig, die räumlichen Auswirkungen der untersuchten Politikoptionen abzuschätzen, so gilt dies in noch stärkerem Maße für deren Bewertung. Dies liegt vor allem daran, daß - wie bei der Beurteilung von Entwicklungstendenzen der Flächennutzung deutlich wurde - eine Bewertung von völlig unterschiedlichen Grundpositionen aus erfolgen kann. Da keiner dieser Grundpositionen eine Berechtigung abzusprechen ist, lassen sich Aussagen nur insoweit machen, als sie auf der Grundlage eines gemeinsamen Zielsystems eindeutig ableitbar sind. Sobald das gemeinsame Zielsystem verlassen wird, sind unterschiedliche Wertungen möglich.

Mit dieser Einschränkung und unter Hinweis auf die grundsätzlich in jeder Vereinfachung liegende Gefahr einer möglichen Relativierung durch Gegenbeispiele läßt sich eine vergleichende Bewertung der räumlichen Auswirkungen der untersuchten Politikoptionen in folgenden Tendenzaussagen zusammenfassen:

Option A

1. Aus ökonomischer Sicht
Bessere Ausschöpfung der komparativen Kostenvorteile. Bessere internationale Arbeitsteilung. Billigeres Angebot an Nahrungsmitteln. Geringere Belastung der öffentlichen Haushalte. In regionaler Hinsicht hängt das Ergebnis vom Erfolg der Regionalpolitik ab.

2. Aus gesellschaftlicher Sicht
Rückgang der Zahl selbständiger Existenzen. Das bäuerliche Element in der ländlichen Gesellschaft geht stärker zurück. Änderung im Charakter der Dörfer, vor allem in Regionstyp 4 (daneben auch in 2 und 3).

3. Aus ökologischer Sicht
Geringerer Betriebsmitteleinsatz positiv. Stärkere Umstellung auf intensiv angebaute nachwachsende Rohstoffe negativ. Großflächige Brache und übermäßige Aufforstung aus landschaftsästhetischen Gründen überwiegend negativ.

Option B

1. Aus ökonomischer Sicht
Geringere Ausschöpfung der komparativen Kostenvorteile. Geringere internationale Arbeitsteilung. Nahrungsmittelpreise werden auf höherem Niveau gehalten. Stärkere Belastung der
öffentlichen Haushalte.

2. Aus gesellschaftlicher Sicht
Stärkerer Erhalt selbständiger Existenzen, des bäuerlichen Elements sowie des Dorfcharakters.
Stärkere bürokratische Regulierung.

3. Aus ökologischer Sicht
Beibehaltung des Betriebsmitteleinsatzes negativ. Auswirkungen von Bewirtschaftungsvverein-
barungen positiv. Erhaltung des Landschaftscharakters positiv.

Bei ausschließlicher Betrachtung aus ökonomischer Sicht sprechen alle Argumente für Option
A. Lediglich in regionaler Hinsicht ist das Ergebnis nicht eindeutig, da es vom Erfolg der
Regionalpolitik abhängt. Kommt es bei Option A zu einem stärkeren Rückgang der Wirtschafts-
kraft ländlicher Regionen, so sind deren volkswirtschaftliche Kosten zu erfassen und zu bewerten.

Eine Bewertung der Ergebnisse aus gesellschaftlicher Sicht ist schwieriger, da hier weniger
eindeutige Kriterien vorliegen und das Ergebnis stark von Werturteilen abhängt.

Ein stärkerer landwirtschaftlicher Strukturwandel bedeutet einen stärkeren Rückgang in der
Zahl selbständiger Existenzen, auch wenn sich der Lebensstandard der Betroffenen und die
Lebens- und Arbeitsbedingungen der in der Landwirtschaft Verbleibenden dadurch verbessern.
Die Erhaltung selbständiger Existenzen kann allerdings fragwürdig sein, wenn diese trotz eines
hohen Einsatzes öffentlicher Mittel nur einen unterdurchschnittlichen Lebensstandard erlauben.

Der mit einem stärkeren Strukturwandel verbundene Rückgang des bäuerlichen Elements in
der ländlichen Gesellschaft kann zu einem Verlust an Selbständigkeit, an Tradition und Brauch-
tum sowie an Bereitschaft führen, in der kommunalen Selbstverwaltung, Vereinen, Genossen-
schaften usw. Verantwortung zu übernehmen. Hier kann es zu stärkeren Einschnitten kommen,
die aber auch durch ein verstärktes Engagement anderer Gruppen aufgefangen werden können;
eine allgemein gültige Bewertung ist deshalb kaum möglich.

Ein stärkerer landwirtschaftlicher Strukturwandel wird den Charakter der Dörfer zweifellos
verändern. Je stärker der Strukturwandel, desto größer ist der Zwang, traditionelle landschafts-
gebundene Gebäude durch moderne Wirtschaftsgebäude innerhalb oder außerhalb der Dorflage
zu ersetzen. Durch die Aufgabe landwirtschaftlicher Betriebe werden aber auch Möglichkeiten
eröffnet, einen Beitrag zur Erhaltung und Wiederherrichtung alter Bausubstanz, losgelöst von den
Zwängen eines landwirtschaftlichen Betriebes, zu leisten.

Eine Wertung aus ökologischer Sicht hängt von der jeweiligen Situation ab. Der bei Option A
geringere Betriebsmitteleinsatz ist positiv zu beurteilen. Eine stärkere Umstellung auf nachwachsende Rohstoffe kann sehr unterschiedliche Auswirkungen auf die Umwelt haben. Bei der
Erzeugung von Rohstoffen für die Bio-Äthanolgewinnung dürften die negativen Umweltwirkun-

gen überwiegen. Eine großflächige Anlage von Kurzumtriebsplantagen würde das Landschaftsbild sicher nachhaltig beeinträchtigen, in einer ausgeräumten Landschaft können sie aber auch eine Bereicherung darstellen. Die mit einem verstärkten Anbau von Pflanzen zur Ölgewinnung vebundene Auflockerung der Fruchtfolge kann ökologisch in vielen Fällen positiv zu werten sein. Das großflächige Auftreten von Brache wäre negativ zu beurteilen, auch wenn ein begrenzter Anteil an Brachflächen heute positiv gesehen wird. Noch stärker von der Situation abhängig ist die Beurteilung der Aufforstung.

Für Option B spricht neben der weitgehenden Erhaltung des gegenwärtigen Zustandes der Kulturlandschaft die Möglichkeit, bestimmte Bewirtschaftungsformen durch das Angebot einer breiten Palette attraktiver Bewirtschaftungsvereinbarungen zu erhalten oder herbeizuführen. Dafür spricht auch, daß Strukturelemente der Landschaft in dieser Option eine größere Chance haben, erhalten zu werden, als bei Option A. Dies muß bei einer Politik, die von der EG-Ebene aus eine Ausrichtung auf ökologische Ziele betreibt, erkauft werden durch eine starke Einschränkung von Freiheitsräumen sowohl für die Landwirtschaft als auch für die nationale Politik. Bei beiden Optionen wird unterstellt, daß Anforderungen an die Qualität des Trinkwassers durch Auflagen sichergestellt werden und die Belastung der Oberflächengewässer durch strengere Standards für die Ausbringung von Dünger und Pflanzenschutzmitteln reduziert wird.

8.   Schlußfolgerungen

8.1   Schlußfolgerungen für die Ausgestaltung der gemeinsamen Agrarpolitik

Die gemeinsame Agrarpolitik wird den seit 1984 eingeschlagenen Kurs weiter fortsetzen müssen. Schon aus Haushaltsgründen und zur Bewältigung von Aufgaben, die in anderen Bereichen als der Agrarpolitik auf die Gemeinschaft zukommen, wird sie an der Agrarleitlinie festhalten müssen, und sie wird auf Regelmechanismen nach der Art der Landwirtschaftsstabilisatoren nicht verzichten können. Sie wird bemüht sein müssen, Übersteuerungen bei Preissenkungen zu vermeiden, die selbst gut geführten Betrieben mit ausreichender Faktorausstattung auf durchschnittlichen Standorten längerfristig keine Kostendeckung erlauben und sie zur Aufgabe zwingen würden. Auf eine Beibehaltung der Garantiemengenregelungen bei Milch und Zucker wird sie nicht verzichten können. Die Erfahrungen mit den anderen flankierenden Maßnahmen zur Mengenreduzierung, durch die starke Preissenkungen verhindert werden sollen, sind bisher wenig überzeugend.

Das Flächenstillegungsprogramm ließ den Mitgliedstaaten einen erheblichen Gestaltungsspielraum, der von ihnen in höchst unterschiedlichem Maße genutzt wurde. Während einige Länder das Prämiensystem zunächst völlig unattraktiv für die Landwirte gestaltet und das Programm somit unterlaufen haben, wurde dieses Programm in der Bundesrepublik Deutschland vorwiegend für einen Einkommenstransfer an die Landwirtschaft genutzt. Der Effekt zur Entlastung der Produktionsüberschüsse dürfte in dem Maße zunehmen, in dem das Prämiensystem in anderen Mitgliedstaaten attraktiver gestaltet wird. Die inzwischen vorgesehene höhere Beteiligung an den Finanzierungskosten von seiten der EG, der ja auch der haushaltsentlastende Effekt einer geringeren Überschußproduktion zugute kommt, wird hier hilfreich sein. Nachhaltige Produktionseinschränkungen lassen sich auf diesem Wege aber nur erreichen, wenn die stillgelegte Fläche permanent ausgeweitet wird. Dies muß auf mittlere Frist die Finanzierungs-möglichkeiten überschreiten.

Die EG-Agrarpolitik wird sich deshalb weiterhin aus ihrer Verantwortung zur Sicherung der Einkommen in der Landwirtschaft zurückziehen und dies stärker der nationalen Agrarpolitik überlassen müssen. Auf der EG-Ebene wird deshalb die Option A im Vordergrund stehen müssen, die auf der nationalen Ebene durch Elemente der Option B ergänzt werden kann. Eine solche Flankierung der gemeinsamen Agrarpolitik durch nationale Maßnahmen bedarf aber einer Rahmensetzung durch die EG, damit es nicht zu einer mißbräuchlichen Verzerrung der Wettbe-werbsbedingungen kommt.

Diesen Weg hat die EG bereits seit 1984 verstärkt eingeschlagen: Die Mitgliedstaaten können eine Produktionsaufgaberente gewähren, und sie können auch vorübergehend Einkommensbei-hilfen an Betriebe gewähren, die durch die im Zusammenhang mit der Reform der gemeinsamen Agrarpolitik entstandenen neuen Marktgegebenheiten in Schwierigkeiten geraten sind.

Zur Entschärfung des Konfliktes zwischen Agrar- und Umweltpolitik wurden durch die Neu-fassung der Effizienzverordnung in genau abgegrenzten, durch die Gemeinschaft notifizierten Gebieten Beihilfen an Landwirte ermöglicht, die sich verpflichten, eine Bewirtschaftung durch-zuführen, die der Erhaltung oder Verbesserung der Umwelt dient. Da die Umweltprobleme zumeist standortspezifisch auftreten, ist es die vorrangige Aufgabe der EG, sich grenzüberschrei-tender Umweltprobleme anzunehmen und dafür zu sorgen, daß nicht unter dem Deckmantel umweltpolitischer Erfordernisse eine gezielte Verzerrung der Wettbewerbsbedingungen durch nationale agrarpolitische Maßnahmen betrieben wird. Der im Dezember 1988 vorgelegte Richtlinienentwurf, nach dem die Mitgliedstaaten verpflichtet werden sollen, ''empfindliche Zonen'' festzulegen, in denen besondere Wasserschutzauflagen zu beachten wären, geht weiter darüber hinaus[3]). Die Festlegung von besonderen Wasserschutzauflagen sowie restriktiver Regeln für die Ausbringung von organischem und mineralischem Dünger sollte vor dem Hintergrund der spezifischen Standortbedingungen und -anforderungen erfolgen und damit nicht der EG-Ebene überlassen sein.

8.2 Schlußfolgerungen für eine Ergänzung der gemeinsamen Agrarpolitik durch nationale Maßnahmen

Die nationale Agrarpolitik der Bundesrepublik hat den ihr von der Gemeinschaft eingeräumten Spielraum in der Vergangenheit zunehmend im Sinne einer Kompensation des von der restrikti-ver gewordenen gemeinsamen Preispolitik ausgehenden Einkommensdruckes genutzt.

Dies wird besonders deutlich an der Entwicklung der Ausgleichszulage im Rahmen des EG-Programms für Berggebiete und benachteiligte Gebiete. Sie wurde bis einschließlich 1985 nur in den Berggebieten und in den Kerngebieten der benachteiligten Agrarzonen (1,5 Mio. ha, d.s. 13 % der LF) gewährt. Bis dahin kamen 76 000 Betriebe in den Genuß dieser mit 110 Mio. DM dotierten Maßnahme (im Durchschnitt 1 400 DM/Betrieb).

In mehreren Schritten wurde die Ausgleichszulage - gestützt auf entsprechende Rahmenbe-schlüsse der EG - so ausgeweitet, daß derzeit 6,34 Mio. ha (52,7 % der LF) berechtigt sind. Im

Haushalt 1990 wurden dafür 738 Mio. DM bereitgestellt, womit 249 000 Betriebe im Durchschnitt einen Betrag von rd. 3 000 DM erhalten.

Will man die Landbewirtschaftung überall dort, wo sie unter dem Druck einer restriktiven Preispolitik zum Erliegen kommen könnte, auf jeden Fall weiterführen und auch möglichst viele Betriebe erhalten, so muß man die Ausweitung und den kompensatorischen Einsatz dieses Instruments begrüßen. Man wird dann aber auch die Frage beantworten müssen, auf welche Weise der somit kaum verminderte Zuwachs an Marktordnungsprodukten insgesamt und speziell an den begünstigten Standorten gebremst oder gar beendet werden kann. Verbindet man eine grundsätzliche Bejahung der Unvermeidlichkeit des Strukturwandels mit der Überzeugung, daß sich dadurch existenzfähige Betriebe in ausreichender Zahl herausbilden können, um großflächig die Weiterführung der Landbewirtschaftung an fast allen Standorten sicherzustellen, so fällt die Beurteilung eher negativ aus.

Eine Sonderstellung nimmt die Prämie von 90 DM/ha (mindestens 1 000 DM und höchstens 8000 DM je Betrieb) ein, die seit 1989 nach dem "Gesetz zur Förderung der bäuerlichen Landwirtschaft" gewährt wird. Ihre Wirkung ist ähnlich wie die der Ausgleichszulage, gegenüber der sie sich vor allem dadurch unterscheidet, daß sie ohne regionale Begrenzung gewährt wird. Man darf bei der Beurteilung dieser Maßnahme aber nicht verkennen, daß der Landwirtschaft damit ein gleich hoher Betrag zugeführt wird, wie sie ihn bis Ende 1988 aufgrund des um zwei Prozentpunkte höheren Einkommensausgleichs über die Mehrwertsteuer erhielt, und daß der Anlaß für diese Ausgleichszahlung der 1987 beschlossene preiswirksame Abbau des restlichen deutschen Währungsausgleichs war. Für den Binnenmarkt nach 1992 könnte dieser Maßnahme insofern Modellcharakter zukommen, als dann ein Währungsausgleich der bisherigen Art nicht mehr möglich sein wird, andererseits aber bis zur Vollendung einer Währungsunion Realignments nicht auszuschließen sind.

Ein weiterer Bereich, auf den die nationale Agrarpolitik in starkem Maße zurückgriff, um die Einkommenswirkungen der restriktiven Preispolitik teilweise zu kompensieren, ist die landwirtschaftliche Sozialpolitik, die ganz aus nationalen Mitteln gespeist wird. 1984 entfielen auf sie 3,5 Mrd. DM, 1989 sind es bereits (einschließlich Produktionsaufgaberente) 5,1 Mrd. DM. Die deutsche Agrarpolitik hat diesen Bereich stark ausgebaut, da er zu denjenigen gehört, die in nationaler Kompetenz verblieben. Allerdings zeigen die Vorbehalte, die seitens der Gemeinschaft gegen das Sozialversicherungs-Beitragsentlastungsgesetz gemacht wurden, daß die Gemeinschaft argwöhnisch darüber wacht, daß die Sozialpolitik nicht zu Beihilfen mißbraucht wird, aus denen Wettbewerbsverzerrungen resultieren können. Man darf nicht verkennen, daß betriebsbezogene Beihilfen 1987/88 bereits einen Anteil von 38 % am durchschnittlichen Gewinn der Vollerwerbsbetriebe erreichten und sich ihr Anteil 1988/89 nur aufgrund der in diesem Jahr starken Gewinnsteigerung auf 30 % verminderte.

Die Rahmenrichtlinien über die Flächenstillegung sind in der Bundesrepublik maximal genutzt worden. Daraus ergibt sich ein spürbarer Einkommenstransfer zugunsten der Landwirtschaft, während die Auswirkungen auf die Produktion und damit die erhoffte Marktentlastung zugunsten der Gemeinschaft gering bleiben. Die Umweltwirkungen der Flächenstillegung sind nicht durchweg eindeutig positiv zu beurteilen. Zudem führt die Höhe der Stillegungsprämien zur Verknappung und Verteuerung des Flächenangebots auf den Pachtmärkten und damit tendenziell zu einer Verzögerung des Strukturwandels. Landschaftsökologische Ziele lassen sich mit diesem

Instrument nicht effizient realisieren: Zwar bewirkt die Differenzierung der Stillegungsprämien, daß ihre Inanspruchnahme sich nicht ausschließlich auf die ertragsschwächsten Standorte beschränkt. Da jedoch die Prämien in der Mehrzahl der Bundesländer nach der durchschnittlichen Ertragsfähigkeit des ganzen Betriebes oder gar der ganzen Gemarkung bemessen werden, dürfte es sich bei den an günstigeren Standorten stillgelegten Flächen großenteils um geringwertige bzw. ungünstig gelegene Teil- und Randflächen handeln. Die räumliche Verteilung der stillgelegten Flächen läßt sich nicht hinreichend zielgerecht steuern, und die Flächen dürften überdies nach höchstens fünfjähriger Ruhe großenteils wieder in die landwirtschaftliche Nutzung zurückkehren. Zur Erreichung landschaftsökologischer Ziele wäre statt dessen die Förderung einer nachhaltigen Umwidmung bisher landwirtschaftlich genutzter Flächen für Aufforstung, Biotopschutz und Biotopvernetzung mit Hilfe längerfristig zu gewährender, evtl. degressiv zu bemessender Prämien sowie durch Erleichterung des Flächenaustausches zweckmäßig.

Aussagen, wie sich das inzwischen angelaufene Extensivierungsprogramm auswirken wird, sind noch nicht möglich. Die Bundesrepublik hat sich dafür entschieden, die ''quantitative Methode'', bei der eine Verminderung der Produktion um 20 % nachzuweisen ist, (außer für Modellvorhaben) auf Wein zu beschränken und im übrigen die ''produktionstechnische Methode'' anzuwenden, bei der sich der Landwirt für die Dauer von fünf Jahren zur Anwendung einer weniger intensiven Produktionsweise verpflichten muß. Bestand das Hauptziel des Programmes zunächst darin, einen Beitrag zur Verminderung der Überschußproduktion zu leisten, so lassen die Bedingungen, die bei der ''produktionstechnischen Methode'' erfüllt sein müssen, den Schluß zu, daß Umweltgesichtspunkte stärker in den Vordergrund traten. In welchem Umfang und wo dieses Programm vornehmlich angenommen wird, läßt sich noch nicht absehen.

Der Spielraum, den die Gemeinschaftsregelung bei der Produktionsaufgaberente bietet, ist von der Bundesrepublik durch Festsetzung der Altersgrenze auf 58 statt 55 Jahre nicht voll ausgeschöpft worden. Der Grund liegt vermutlich darin, daß viele hauptberuflich bewirtschaftete Betriebe mit unzureichenden Produktionsgrundlagen nur ein Einkommen erwirtschaften lassen, das - unter Berücksichtigung der Entlastung bei den Sozialversicherungsbeiträgen - weit unter dem vorgezogenen Altersruhegeld liegt. Diese Betriebe würden sich ökonomisch richtig verhalten, wenn sie von der angebotenen Maßnahme Gebrauch machen. Da die Maßnahme primär den Strukturwandel fördert, könnte sie einen wichtigen Beitrag dazu leisten, den ''Strukturwandelstau'' aufzulösen. Dazu könnte eine stärkere Ausschöpfung des gegebenen Spielraums sinnvoll erscheinen.

Stärkere Umweltauflagen oder eine Flächenanbindung der Tierproduktion sind nach EG-Recht möglich. Es ist jedoch zu berücksichtigen, daß zu sie Wettbewerbsnachteilen führen würden. Deshalb drängt die Bundesregierung auf EG-einheitliche Auflagen. Kommen sie nicht zustande, so könnte eine Alternative darin bestehen, Ländern, die schärfere Auflagen einführen, das Recht einzuräumen, deren negative Einkommenswirkungen durch Beihilfen auszugleichen. Dies gilt allerdings nicht nur für solche Auflagen und Beschränkungen, die eindeutig der Vermeidung von Umweltbelastungen und nicht in erster Linie Strukturzielen dienen. Ein entsprechender nationaler Handlungsspielraum müßte aber erst noch geschaffen werden.

Der Spielraum, den der neu gefaßte Art. 19 der EG-Effizienzverordnung bietet, sollte in Zukunft stärker als bisher genutzt werden. Bisher hat vor allem Bayern mit seinem ''Kulturlandschaftsprogramm'' davon Gebrauch gemacht. Die Gebietskulisse für dieses Programm umfaßt

39% der Nutzfläche, insbesondere Flächen in Natur- und Landschaftsschutzgebieten, Almen und Alpen, Flußtäler mit Grünlandflächen sowie erosionsgefährdete Hanglagen. Für jeden dieser Gebietstypen wurden die Förderungsvoraussetzungen und die Höhe der Förderung, die bis zu 650 DM/ha betragen kann, im einzelnen festgelegt. Die starke Resonanz, auf die das Programm - nicht zuletzt wegen der im Vergleich zu den mit den Bewirtschaftungsbeschränkungen verbundenen Einkommenseinbußen bewußt attraktiveren Prämiengestaltung - stößt, kommt darin zum Ausdruck, daß Ende 1988 bereits 30 000 Bewirtschaftungsvereinbarungen mit einer Fläche von 113000 ha und einer Prämiensumme von 37 Mio. DM abgeschlossen waren. In allen Bundesländern gibt es Programme (z.B. Ackerrandstreifenprogramme, Feuchtwiesenprogramme), die primär dem Erhalt der Artenvielfalt dienen und teils auf freiwilligen Vereinbarungen, teils auf Auflagen (auf der Grundlage der jeweiligen Naturschutzgebiete) in Verbindung mit Ausgleichszahlungen beruhen.

Außerhalb der Agrarpolitik wird es für ländliche Räume entscheidend darauf ankommen, welcher Spielraum für eine nationale Regionalpolitik verbleibt und wie dieser genutzt wird. Wie die Auswirkungen einer auf stärkeren Strukturwandel ausgerichteten gemeinsamen Agrarpolitik zu beurteilen sind, hängt in entscheidendem Maße davon ab, inwieweit es mit Hilfe der Regionalpolitik gelingt, attraktive Arbeitsplätze in ländlichen Regionen zu erhalten oder zu schaffen. Die Tendenz der Gemeinschaft, Investitionsbeihilfen nur in Regionen zuzulassen, die sich bezogen auf den Durchschnitt der Gemeinschaft durch einen starken Entwicklungsrückstand auszeichnen, stellt für die Bundesrepublik eine Gefahr dar, da ihre strukturschwachen ländlichen Regionen diese Bedingung in der Regel nicht erfüllen.

Anmerkungen

1) Ein Überblick über vorliegende Schätzungen findet sich bei G. Thiede: Landwirt im Jahr 2000, Frankfurt/München/Münster-Hiltrup/Wabern-Bern 1988, S. 223.

2) Über den Umfang möglicher Folgenutzungen gibt es nur vereinzelte Schätzungen. So wird etwa für die Aufforstung zur Nutzung als Hochwald ein Flächenpotential von 500 000 ha genannt, weitere 500 000 ha für schnellwachsende Baumarten (vgl. G. Thiede, a.a.O., S. 257/258). Aus ökologischer Sicht wird gefordert, mindestens 1 Mio. ha in eine naturnahe Nutzung zu überführen, wobei vor allem zu Lasten von Ackerflächen und intensiv genutzten Grünlandflächen natürliche Biotope, extensive Formen der Grünlandnutzung sowie naturnah genutzte Wälder eine Ausdehnung erfahren sollen.

3) In der Bundesrepublik Deutschland wären dies die Länder Schleswig-Holstein und Nordrhein-Westfalen sowie weite Teile Niedersachsens und Hessens, das Rhein-Neckar-Gebiet und Bayern südlich der Donau. Dänemark und die Niederlande wären vollständig betroffen, in Frankreich die Bretagne, das Pariser Becken, die Region nördlich von Bordeaux sowie weite Gebiete in Zentral- und Südfrankreich.

Entscheidungsstrukturen und Planungsinstrumentarium

1.   Fragestellung und begriffliche Abgrenzungen

Die hier vorgetragenen Überlegungen betreffen die Auswirkungen der EG-Integration ab 1992/ 93 auf politische Entscheidungs- und Verwaltungsstrukturen sowie auf das raumplanerische Gestaltungspotential und -instrumentarium. Sie können selbstverständlich nur exemplarischen Charakter haben (fokussiert auf besonders augenfällige Zusammenhänge). Für einzelne Handlungsfelder der Regional- und Raumordnungspolitik, die ein Konglomerat verschiedener Politikfelder mit jeweils anderen Akteuren-Konstellationen ist, müßten jeweils gesonderte Untersuchungen angestellt werden. Desgleichen kann die Regionsebene nur pauschal behandelt werden - für die notwendige Differenzierung nach Ländern fehlt hier der Raum.

Der Ansatz wurde weitgehend empirisch-prognostisch gehalten. Naturgemäß sind damit spekulative Aussagen verbunden, weil in komplexen Politikstrukturen mit einer Vielzahl von Handlungsträgern und "funktionalen Äquivalenten" (= substituierenden Formen der Problemlösung) sich Entwicklungslinien überlagern, wechselseitig blockieren oder ablenken können.

Tab. 1: Bezeichnung und Anzahl der Regionen

Land	Ebene I	Anzahl	Ebene II	Anzahl	Ebene III	Anzahl
D	Bundesländer	11	Regierungsbezirke[1]	31	Kreise	328
F	ZEAT (zones économiques d'aménagement du territoire)	8	Régions	22	Départements	96
I	Gruppi di Regioni	11	Regioni	20	Provincie	95
NL	Landsdelen	4	Provincies	11	COROP-Regio's	40
B	Régions	3	Provinces	9	Arrondissements	43
L	-	1	-	1		1
UK	Standard regions	11	Groupings of counties/ Local authority regions	35	Counties/Local authority regions	65
IRL	-	1	-	1	Planning regions	9
DK	-	1	Gruppen von Ämtern	3	Ämter	15
GR	RCE (Gruppen von Entwicklungsregionen)	3	Regionen (des Regionalentwicklungsdienstes	9	Nomoi	51
ESP[2]	Gruppen autonomer Gemeinschaften	7	Comunidades autónomas	17	Provincias	50
POR	Gruppen von CCR	3	CCR (Kommissionen der regionalen Koordination)	7	Gruppen von Concelhos	29
EUR 12	zus. Ebene I	64	zus. Ebene II	166	zus. Ebene III	822

1) Und nicht unterteilte Länder. 2) Ohne Ceuta Y Melilla.

Quelle: EUROSTAT, Systematik der Gebietseinheiten (NUTS)

Quelle: Kommission der Europäischen Gemeinschaften (Hrsg.), Dritter Periodischer Bericht der Kommission über die sozio-ökonomische Lage und Entwicklung der Regionen der Gemeinschaft, KOM (87) 230, Brüssel 1987, Anhang Tabelle 1.2, S. 14.

Der unklare Begriff "Region" wird hier - wie von der EG-Kommission - ganz allgemein verwendet. Wenn die Ebene der Regionalplanung angesprochen wird, so wird darauf besonders hingewiesen. Die EG-Kommission arbeitet mit drei Regionsebenen, wobei jede Ebene aber im EG-Vergleich sehr Unterschiedliches zusammenfaßt (s. Tabelle 1, Quelle: KRAUTZBERGER 1989). In der Bundesrepublik gehören zur Ebene I (EG = 64 Regionen) die 11 Länder; zur Ebene II (EG = 167 Einheiten) die 31 Regierungsbezirke, zur Ebene III (EG = 824 Einheiten) die 328 Kreise und kreisfreien Städte (nicht: Gemeinden). Die folgenden Überlegungen beziehen sich auf die drei Ebenen Bund, Länder, Gemeinden sowie auf die Regionalplanung.

Das Papier beschränkt sich auf die Auswirkungen der EG-Integration auf Entscheidungsstrukturen und das räumliche Planungssystem. Diskutiert werden lediglich Veränderungen in Kompetenzen und Einflußmöglichkeiten der Gebietskörperschaften. Obwohl die Europäisierung von Fachpolitiken (vor allem: Landwirtschaftspolitik, Verkehrspolitik, Regionalpolitik, Forschungs- und Technologiepolitik, Umweltpolitik, vgl. SCHWARZE 1988, 61 ff.) beträchtliche gebietskörperschaftliche, raumrelevante Auswirkungen hat, wird wegen dieser thematischen Beschränkung hier nicht darauf eingegangen. Auch Fragen der grenzüberschreitenden Planung - obwohl von wachsender Bedeutung - werden hier nicht vertiefend diskutiert; auf sie wird im letzten Kapitel lediglich verwiesen. Ebenfalls weitgehend außerhalb der Betrachtung bleiben die Auswirkungen der veränderten gebietskörperschaftlichen Einnahmesituation im Gefolge von Steueränderungen, z.B. der indirekten Steuern und der Gewerbesteuer.

Im folgenden Argumentationsgang werden zunächst die unterstellten politisch-administrativen Prämissen (2), die rechtlichen Rahmenbedingungen (3) sowie absehbare Entwicklungen im EG-Finanzsystem (4) skizziert. Daraus werden Verschiebungen in den Kompetenzen und Einflußmöglichkeiten der deutschen föderalen Ebenen (5) abgeleitet. In Kapitel (6) werden daraus teils normativ ausgerichtete Folgerungen gezogen, die im abschließenden Kapitel (7) für das System der Raum- und Regionalplanung differenziert werden.

2.   Annahmen zu den politisch-administrativen Rahmenbedingungen

(a) Das Jahr 1992/93 schafft keine grundsätzlich neuen politisch-administrativen Rahmenbedingungen, die zu neuen Anpassungsprozessen führen. Vielmehr ist auch der politisch-administrative Integrationsprozeß schon seit langem im Gange: "Hatte der Bundesrat 1960 nur ganze fünf EG-Dokumente zu bearbeiten, so waren es 1988 nicht weniger als 8000" (DAS PARLAMENT, 37-38/1989, S.16). "EG 1992" hat primär Symbolcharakter, womit Bewußtseinsänderungs-Prozesse beschleunigt und teilweise auch die auf Europa bezogenen "Weltbilder" der Entscheidungsträger restrukturiert werden.

(b) Der Integrationsprozeß ist trotz Institutionalisierung der "Europäischen Politischen Zusammenarbeit" (Europäischer Rat, Dez. 1974; Einheitliche Europäische Akte vom 28.02.1986) primär am Modell "bürokratischer Politik" ausgerichtet. Unter "bürokratische Politik" wird ein Ansatz verstanden, der politische Entscheidungen aus den Gesetzmäßigkeiten und Verhaltensmodellen der diese Entscheidungen vorbereitenden Verwaltung interpretiert. Hauptakteure sind danach die EG-Kommission und die nationalen Bürokratien, weil Kommissions-Vorschläge vom Rat zwar mehrheitlich abgelehnt (Art. 148, Abs.1), aber nur einstimmig abgeändert werden können (Art. 149, Abs.1). Als Verhaltensmuster bürokratischer Politik werden angenommen:

- Sektoralisierte Politik und Dominanz institutioneller Eigeninteressen (v.a.: Ressortegoismus),

- Rationalität des Handelns (politisch-administrative Kosten-Nutzen-Überlegungen), aber verzerrt durch institutionelle Eigeninteressen und ressortspezifischen Wahrnehmungs-Filter,

- vertikale Politikverflechtung entlang sektoraler Stränge ("Fachbruderschaften"),

- Konfliktminimierungsstrategien, insbesondere Status-quo-Orientierung: die Problemlösungen werden am bestehenden Rechts- und Institutionensystem ausgerichtet; es gilt das Prinzip der Besitzstandswahrung, faktische Einstimmigkeitsregel: Mit "Einstimmigkeitsregel" soll eine Konsensfindungsfigur beschrieben werden, wonach Problemfelder und Lösungsmöglichkeiten umdefiniert, Selbstverpflichtungen intensiviert und Einigungszwänge verstärkt werden, um zu einer von allen gemeinsam getragenen Lösung zu kommen. Die "Einstimmigkeitsregel" sichert den einzelnen Migliedsstaaten faktische Vetomacht und führt zu vergleichsweise konservativen Lösungen. Im Falle der EG-Integration wird sie durch den Rat verstärkt. Denn obwohl mit der Einheitlichen Europäischen Akte formal Mehrheitsentscheidungen eingeführt wurden (Art. 100 a (1), 148 (1)), behalten sich die Mitgliedstaaten Vetomacht vor (SCHARPF 1985, 326), z.B. über das Tätigwerden der Gemeinschaft in Umweltschutzfragen (Art. 130s). Aber selbst bei Mehrheitsentscheidungen ist es relativ leicht, die erforderliche Vetokoalition zusammenzubringen (KREILE 1989, 32).

Ferner gilt die "escape clause" (Art. 100a (4)), wonach sich die Mitgliedsstaaten unter bestimmten Bedingungen von gemeinsamen Regelungen "auskoppeln" können.

Zu den Folgen der "faktischen Einstimmigkeit" gehört, daß - mit Einschränkungen beim Umweltrecht - die Integration weitgehend über die wechselseitige Anerkennung nationaler Rechtsnormen und Verwaltungsvorschriften verläuft ("Ursprungslandprinzip")(vgl. Art. 100b; WEISSBUCH 1985, Ziff. 61 ff. und 77 ff.; SIEDENTOPF 1988, 985) .

(c) Die zu erwartenden Veränderungen werden aufgrund des spezifischen Integrationsansatzes der EG ("Markt-Integration" s.w.u.) selektiv wirken: in wirtschaftsnahen Bereichen schneller als in wirtschaftsferneren; in einzelnen Bereichen aber auch gar nicht. Gründe sind:

- Dominanz wirtschaftlicher Integrationsinteressen und -zwänge: Die Delors-Strategie (WEISSBUCH 1985) basiert auf dem Konzept der sog. "Marktintegration" (vgl. KREILE 1989, 26 f.). Die "Dynamik" der EG-Integration wird z.Zt. ausschließlich durch wirtschaftliche Interessen vorangetrieben, verstärkt durch Lobby-Arbeit der Verbände (vgl. SPIEGEL 1989, 140 f.). Das hat u.a. zur Konsequenz, daß

  - nahezu ausschließlich technische Parameter, die produktbezogen und wettbewerbsverzerrend wirken, in die Harmonisierung einbezogen werden, während verwaltungs- und planungssystematische Verfahrensregelungen vorerst wenig Beachtung finden (vgl. Tabelle 2: Zusammenstellung der bis 1992 zu harmonisierenden Regelungen, Quelle: KRAUTZBERGER 1989);

  - die weniger offensichtlichen Harmonisierungsbedarfe in wirtschaftsferneren Bereichen von der EG-Kommission eher vernachlässigt werden. Hier kommt der Harmonisierungsanstoß eher von den Mitgliedsländern oder vom Europäischen Parlament.

- Internationalisierung der Privatwirtschaft: Auch ohne politische Integrationsanstrengungen würde sich früher oder später die Begrenzung nationalstaatlicher Steuerungsfähigkeit und der Prozeß supranationaler Kooperation in der Wirtschaftspolitik beschleunigen. Das ist Folge der Internationalisierung der Privatwirtschaft in enger Wechselwirkung mit der Internationalisierung der Finanzmärkte, der fortschreitenden Währungsintegration, den neuen Verkehrs- und Kommunikationstechnologien, neuen Marketing-Konzepten und mit wachsendem technischen Normierungsbedarf im internationalen Wettbewerb.

(d) Die zu erwartenden Veränderungen im politisch-administrativen Bereich werden dagegen nur sehr langsam ablaufen. Gründe sind:

- Beharrungstendenz des bestehenden nationalen Institutionensystems, insbesondere des institutionell wie kognitiv-mental auf die nationale Sicht ausgerichteten Behördenhandelns;

- nur mittelbare Einflußmöglichkeiten der EG-Kommission gegenüber den Mitgliedsländern

Tab. 2: Vereinheitlichungsvorschläge für den EG-Binnenmarkt 1992

Sachgebiet	von Kommission und Rat ange- nommen	vom Rat noch zu ver- abschieden	von Kommis- sion noch vorzulegen	Insges.
1. Beseitigung materieller Schranken	27	24	52	103
1.1 Warenkontrolle	25	19	47	91
1.1.1 Verschiedene Kontrollen	(5)	(2)	(3)	(10)
1.1.2 Veterinär- und phytosanit. Kontrollen	(20)	(17)	(44)	(81)
1.2 Personenkontrolle	2	5	5	12
2. Beseitigung der techn. Hemmnisse	46	83	35	164
2.1 Freier Warenverkehr	27	38	15	80
2.1.1 Techn. Harmonisierung	(1)	(4)	(7)	(12)
2.1.2 Sektorale Vorschläge (z.B. Kfz-Abgabe, Lebensmittelrecht, Arzneimittel, Baumaschinen)	(26)	(34)	(8)	(68)
2.2 Öffentliches Auftragswesen	0	3	2	5
2.3 Freizügigkeit für Erwerbstätige	6	5	2	13
2.4 Dienstleistungen	9	21	9	39
2.4.1 Finanzdienstleistungen	(4)	(13)	(5)	(22)
2.4.2 Verkehr	(4)	(6)	(3)	(13)
2.4.3 Neue Technologien	(1)	(2)	(1)	(4)
2.5 Kapitalverkehr	2	1	0	3
2.6 Industrielle Zusammenarbeit	2	15	7	24
3. Beseitigung der Steuerschranken	2	19	4	25
Insgesamt	75	126	91	293

Quelle: 3. Bericht der Kommission ... über die Durchführung des Weißbuches (Stand: 23.3.1988)

- starker Vorbehalt nationaler Interessen, verstärkt durch fachpolitische Klientel-Bezüge (KREILE 1989, 34)

- faktische Vetomacht der Mitgliedsstaaten; der Erlaß von Maßnahmen durch die Kommission ist vom positiven Votum des Regelungsausschusses abhängig, in dem die Mitgliedsstaaten faktische Vetomacht haben; dieses Regelungsausschuß-Verfahren wird von den Mitgliedsstaaten favorisiert (BRUHA/MÜNCH 1987),

- Abhängigkeit der EG-Kommission von der Kooperationsbereitschaft der Mitgliedsstaaten im Vollzug (PERNICE 1989, 38 f.),

- nur begrenzte faktische Kontrollmacht der EG-Kommission über den nationalen Vollzug des EG-Rechts (allenfalls Kontrolle über den Europäischen Gerichtshof; sonst keine Nachprüfungs-Befugnis und Sanktionsmöglichkeiten; schwache Stellung der EG-Finanzkontrolle).

(e) Zudem werden Kompetenz-Änderungen zugunsten der EG-Kommission durch die beträchtlichen wirtschaftlichen und institutionellen Unterschiede der 12 Mitgliedsstaaten erheblich abgebremst. Das mindert die Harmonisierungsmöglichkeiten, die sich in den nicht unmittelbar wettbewerbsrelevanten Bereichen faktisch auf Rahmenvorgaben (Grundsätze, Leitlinien) beschränken und den Mitgliedsstaaten beträchtliche Gestaltungsspielräume belassen.

Dabei dürfte der stärkste dezentralistische (und die Aufwertung der EG-Kommission hemmende) Einfluß von den deutschen Ländern ausgehen, weil sie die einzigen Gebietskörperschaften mit staatsrechtlicher Qualität unterhalb der Staatsebene sind. Sie achten darauf, daß die EG-Kommission nicht Befugnisse an sich zieht, die nach deutschem Verfassungsrecht auch dem Bund nicht zustehen (denn ''die Bundesregierung wirkt auf EG-Ebene im Rat gesetzgeberisch auf Gebieten mit, die dem Bund auf nationaler Ebene von Verfassung wegen verschlossen sind'', KLEPSCH 1988, 78). Sie begrenzen über verschiedene Kanäle zu weitgehende EG-Regelungen und nutzen extensiv die Spielräume im Vollzug. Institutionell haben sie sich Einfluß gesichert durch:

- eigene Lobby-Arbeit: Die Länder unterhalten Länderbeobachter und Vertretungen in Brüssel (Länderbüros), benannten EG-Beauftragte in den Länder-Ressorts; Landespolitiker wurden in die EG-Kommission übernommen (z.B. Narjes, Schmidhuber), ehemalige EG-Direktoren gingen in Länderregierungen (z.B. Albrecht/Nieders., Schwarz/Schl.-Holst.),

- Bindung der Bundesentscheidungen an die Länder (Länderbeteiligungsverfahren; Bundesratsverfahren vgl. KLEPSCH 1988, 80 f.): in Reaktion auf die Einheitliche Europäische Akte hat der Bundesrat im Zustimmungsgesetz zur EEA (Art. 2) die Bundesregierung verpflichtet, von den Übertragungsmöglichkeiten des Art. 24 (1) GG nur zurückhaltend Gebrauch zu machen, nur scharf abgegrenzte Zuständigkeitsbereiche zu übertragen, die Verwaltungsvollzugs-Zuständigkeiten der Länder zu sichern und die Mitwirkung der Länder bei der Übertragung zu beachten (BR-DrS 150/86 vom 16.05.86, vgl. BRUHA/MÜNCH 1987; ZUMSCHLINGE 1989). Zu diesem Zwecke wurde 1988 die EG-Kammer des Bundesrates geschaffen, in die jedes Mitglied einen Vertreter entsendet und die für den Bundesrat bindende Beschlüsse fassen kann;

- Beirat der regionalen und lokalen Gebietskörperschaften bei der Kommission (1988 gegründet,

ABl. 1988, L 247/23).

(f) Der wesentliche Einfluß der "EG-Integration 1992" ist kognitiv-mentaler Natur: Das Denken und die Handlungsorientierung der relevanten Entscheidungsträger richten sich mehr auf die EG-Abhängigkeit ein, führen aber gleichzeitig auch zu stärkerer regionaler Ausrichtung. "Regionalismus" in diesem, die Identifikation mit der Region intensivierenden, gleichzeitig enge lokalistische Denkmuster überwindenden Sinne wird die Entscheidungen deutlicher als bisher prägen. Diese Orientierung findet zudem Unterstützung im wachsenden sozio-kulturellen Regionalismus, der mit Heimatbewußtsein, Traditions- und Sprachpflege, Orts- und Regionsbindung etc. verknüpft ist.

3.   Veränderungen in den rechtlichen Rahmenbedingungen der Raumplanung

Die europäische Ebene - hier gleichgesetzt mit der EG-Ebene - ist nicht einfach als eine dem deutschen Raumplanungssystem vorgeordnete (Planungs-)Ebene zu begreifen.

Die Europäische Gemeinschaft (EG) mit ihren Organen (Europäisches Parlament, Rat, Kommission) verfügt aufgrund der Verträge (EWG-Vertrag - EWGV, EGKS-Vertrag und Euratom-Vertrag) nach dem Prinzip der begrenzten Einzelermächtigung (vgl. BLECKMANN 1985, 58 ff.) prinzipiell nur über die ausdrücklich ihr zugewiesenen Kompetenzen.

Dazu gehört weder eine umfassende Koordinierungskompetenz mit fachübergreifender, zusammenfassender Aufgabenstellung nach Art der deutschen Raumordnung noch auch nur eine umfassende fachlich orientierte Steuerungs- oder Koordinierungskompetenz, wie sie in der Bundesrepublik für die regionale Wirtschaftspolitik etwa auf der Grundlage der Vorschriften über die Gemeinschaftsaufgaben (Art. 91a GG) oder für die Bundesinvestitionshilfen (Art. 104a IV GG) in Betracht kommt.

Gleichwohl ist eine Einflußnahme auf die einschlägigen nationalen Politiken im Sinne einer Harmonisierung und eines Abgleichs im Aufgabenverständnis der EG durchaus angelegt. Aber die Kompetenzausstattung und Instrumentierung erlaubt dafür nicht eine unmittelbare normativ-verpflichtende Umsetzung gegenüber den Mitgliedsstaaten.

Von seiten der EG wurde die Regionalpolitik ebenso wie die Umweltpolitik zwar nicht in ihrer ganzen Breite, so doch flankierend zur Gemeinschaftspolitik zu sich zunehmend verselbständigenden Politikbereichen ausgebaut (vgl. DAVID 1985, 5 ff.). Materiell-rechtlich wurden für die rechtliche Begründung insbesondere die Präambel, die Beschreibung der Aufgaben der WEG in Art. 2 sowie verschiedene Einzelvorschriften des EWGV (vgl. STABENOW zu § 130a Rn 7) herangezogen.Formal-verfahrensmäßig wurden die Umsetzungsakte dabei insbesondere auf Art. 100 EWGV, der den Erlaß von Richtlinien zur Angleichung gewisser Rechtsvorschriften vorsieht, sowie die den Erlaß von Vorschriften für unvorhergesehene Fälle erlaubende Vorschrift des Art. 235 EWGV gestützt.

Dabei ergab sich allerdings die Schwierigkeit, jede EG-Aktivität jeweils einzeln aus entsprechenden Vorschriften ableiten zu müssen, ohne auf entsprechendes, explizite Zielvorgaben enthaltendes primäres Gemeinschaftsrecht (z.B. in den Gemeinschaftsverträgen) zurückgreifen zu können, auf das sich sekundäres Gemeinschaftsrecht (Richtlinien, Verordnungen, Entscheidungen) ohne weiteres hätte stützen lassen.

Insoweit ist jedoch eine erhebliche Rechtsänderung durch das Inkrafttreten der Einheitlichen Europäischen Akte (EEA) am 01.07.1987 eingetreten, durch die u.a. der EWGV in wesentlichen Punkten ergänzt bzw. geändert worden ist. Einschlägig sind hier insbesondere die (neu eingeführten) Titel:

- Titel V. Wirtschaftlicher und sozialer Zusammenhalt (Art. 130a - 130e EWGV)
- Titel VII. Umwelt (Art. 130r - 130t EWGV).

Die relevanten Rechtsänderungen erschöpfen sich keineswegs in diesen Vorschriften, zumal diese explizit in einem Regelungszusammenhang zu anderen Vorschriften stehen, etwa der neueingeführten Beschlußverfahrensregelung des Art. 100a EWGV, der für das Europäische Parlament, aber auch u.U. für die Mitgliedsstaaten eine qualifizierte Verfahrensbeteiligung vorsieht.

Insbesondere für die Regionalpolitik der Gemeinschaft verschafft jetzt der Art. 130a EWGV den in der Präambel enthaltenen Grundsätzen des Zusammenhalts und der ausgewogenen Entwicklung des Wirtschaftsraumes der EG normativen Rang. Art. 130a Unterabs. 1 ist als strukturpolitische Generalklausel zu werten, die in den nachfolgenden Vorschriften (Art. 130b, c EWGV) weiter entfaltet wird. Die Vorschriften haben den Charakter weitgefaßter Rahmenvorgaben mit Zielcharakter, werden z.T. in der Literatur als Ziele bezeichnet. Die die Vorschrift ausführende VO (EWG) Nr. 2052/88 vom 24.07.88, ABl. L 185 S.9 ff., spricht indes von Rahmenvorgaben und bezeichnet zielmäßige Vorgaben in der VO selbst als Ziele. Die Generalklausel kann in Zukunft als Rechtsgrundlage für spezifisch regionalpolitisches Handeln der EG herangezogen werden (vgl. STABENOW zu Art. 130a Rn 1 ff.).

Indes ist nicht davon auszugehen, daß mit den neu eingeführten Vorschriften grundsätzlich neue einschlägige Kompetenzen aus dem bisherigen Kompetenzbestand der Mitgliedsstaaten an die EG übertragen worden seien. Durch die EEA ist vielmehr im wesentlichen lediglich eine Konsolidierung der Rechtsgrundlagen erfolgt, auf die sich jetzt die EG auf den Gebieten der Regionalpolitik und des Umweltschutzes für ihre Aktivitäten stützen kann. So bleibt nach wie vor eine inhaltliche Orientierung an der Präambel und an der Aufgabenregelung in Art. 2 EWGV bestehen. Durch die jetzige ausdrückliche Regelung werden aber u.a. etwa bisher bestehende Dispositionsfreiräume der Kommission reduziert, z.B. bezüglich einer Umorganisation der bestehenden Fonds der EG.

Obwohl das Gemeinschaftsrecht eine selbständige Rechtsquelle darstellt und unmittelbare Rechtswirkungen in den Mitgliedsstaaten gegenüber den staatlichen Organen (und natürlich auch den Bürgern) zu erzeugen vermag, geht es bei den hier interessierenden rechtlichen Rahmenbedingungen, mit denen die EG-Ebene auf die verschiedenen Raumplanungsebenen, -formen und -träger einwirkt, durchweg nicht darum, daß mit Gemeinschaftsrecht zweckgerichtet Rechtswirkungen in Richtung auf eine unmittelbare Einflußnahme auf nationale Raumplanungssysteme hervorgerufen werden sollen.

Gleichwohl können vom Gemeinschaftsrecht (auch: Richtlinien, Verordnungen, Entscheidungen der Kommission) vielfältige Wirkungen auf die institutionellen Gegebenheiten des nationalen Raumplanungssystems ausgehen, wobei diese vielfach nicht unbedingt rechtlicher Art sind, sondern durchaus faktisch-politischer Natur sein können, selbstverständlich auch unbeabsichtigt eintretende Nebenwirkungen mit umfassen.

Folgende aktuelle Beispiele mögen das schlaglichtartig beleuchten:

- Die UVP-Richtlinie der EG löst in der Bundesrepublik die Novellierung des ROG im Hinblick auf eine bundesrahmenrechtliche Regelung des Raumordnungsverfahrens (mit) aus.

- Der Europäische Gerichtshof überprüft eine Entscheidung der Kommission, mit der die Förderung einer rahmenplanmäßig im Rahmen der Gemeinschaftsaufgabe ''Verbesserung der regionalen Wirtschaftsstruktur'' (Art. 91a Nr. 2 GG) an Hand nationaler Förderkriterien ausgewiesenen Region als mit Art. 92 EWGV unvereinbar beanstandet worden ist.

- Die Fördermodalitäten der europäischen Fonds lösen politisch und wissenschaftlich Diskussionen über die Aufgabenverteilung zwischen Bund, Ländern und EG in bezug auf die Politikbereiche ''regionale Strukturpolitik'' bzw. ''Regionalpolitik'' aus (vgl. NEUPERT 1986; PÜTTNER/SPANNOWSKY 1986).

Diese Beispiele zeigen, daß die vom Gemeinschaftsrecht ausgehenden Rahmenbedingungen Wirkungen auslösen, die hinzutreten zu autonomen innerdeutschen Entwicklungen/Diskussionen und diese beeinflussen, zwar keineswegs alleinbestimmend, aber oft entscheidungserheblich (Beispiel: UVP-Integration in das Raumordnungsverfahren).

Diese vielfach außerhalb des engeren Norm- oder Entscheidungszwecks liegenden außerrechtlichen oder Neben-Wirkungen von Gemeinschaftsrecht lassen sich indes kaum generalisierend aktuell erfassen oder abschätzen noch gar für die Zukunft. Das soll hier deshalb auch nicht unternommen werden.

Anders verhält es sich vielleicht mit spezielleren Aspekten, etwa der über eine gewisse Zeit zurückzuverfolgenden Strategie der EG, die zunächst als flankierend konzipierten Politikbereiche ''Regionalpolitik'' und ''Umwelt'' stufenweise auszubauen und zu konsolidieren mit der Zielsetzung, diese in der Gemeinschaftspolitik politisch und rechtlich zu verankern und gegenüber den entsprechenden nationalen Politikbereichen zum Tragen zu bringen. Dabei handelt es sich vom Ansatz her um sektorisiertes Vorgehen, das aber über EG-Länderreferate resp. die nach nationalen Staaten differenzierende Fonds-Verteilung regionalisiert wird.

Die dazu auf den verschiedenen Gebieten (Statistik, Berichtswesen, Fondsgründungen etc.) unternommenen Schritte lassen im Zeitablauf eine zunehmende Verrechtlichung erkennen, um die genannten Politikbereiche innergemeinschaftlich, aber auch gegenüber den Mitgliedsstaaten zu konsolidieren. Dazu gehören:

- Datensammlung, Bildung statistischer Kategorien, Etablierung zentraler Aufgabenträger für die Statistik;
- Statuierung von Berichtspflichten der Mitgliedsstaaten, Vorgabe von Gliederungsschemata, Art und Weise der Datensammlung und -aufbereitung;

- Institutionalisierung von speziellen Aufgabenträgern; Etablierung von Fonds, Ausarbeitung von Vorschriften für die Vergabe der Fondsmittel;
- Ausarbeitung von periodischen Berichten, Aufstellung von (u.U. rechtlich unverbindlichen) Aktionsprogrammen, Vorlage der Programme an andere Organe zur Stellungnahme bzw. Herbeiführung von Entschließungen;
- Erlaß von Koordinierungsrichtlinien mit zunächst nur interner Zielrichtung, aber faktischen Außenwirkungen.

Die Verrechtlichungstendenzen dürften sich durchaus in die Zukunft projezieren lassen. Sie erzeugen raumplanungsrelevante Rahmenbedingungen für die Mitgliedsstaaten insbesondere insoweit, als diese Fondsmittel der EG in Anspruch nehmen wollen.

Zwar ist die Förderpolitik der EG durchweg teilräumlich auf Problemräume bzw. auf Projekte bezogen und nicht gesamträumlich orientiert, wie dies bei entsprechenden nationalen Politikansätzen, insbesondere der Raumordnung, vielfach der Fall ist; wegen ihrer Finanzausstattung, aber auch ihrer größeren Konkretheit haben aber diese von der EG-Ebene ausgehenden förderpolitischen Rahmenbedingungen indes besondere Durchschlagskraft gegenüber Raumplanungskonzeptionen, die für ihre Umsetzung nicht unmittelbar mit Finanzmitteln ausgestattet sind.

Insoweit läßt jedoch der durch die EEA eingefügte Art. 130d EWGV jetzt eine in die Zukunft weisende Neuorientierung der bisher verfolgten Handlungsansätze insofern erkennen, als das System der europäischen Strukturfonds in einen konzeptionellen Gesamtzusammenhang fortentwickelt werden soll. Dies ist inzwischen durch die VO über Aufgaben und Effizienz der Strukturfonds und über die Koordinierung ihrer Interventionen sowie mit denen der Europäischen Entwicklungsbank und der anderen vorhandenen Finanzierungsinstrumente (VO (EWG) Nr. 2052/88 vom 24.07.88, ABl. L 185 S. 9 ff.) in Angriff genommen worden. In Art. 1 der genannten VO werden 5 vorrangige Ziele ausformuliert, die die in Art. 130a und c enthaltenen Rahmenvorgaben ausfüllen; diese Ziele werden in den Art. 8-11 weiter ausdetailliert.

Das Folgende sind die 5 in Art. 1 genannten Ziele:

(1) Förderung und Entwicklung der strukturellen Anpassung der Regionen
(2) Umstellung der Regionen, Grenzregionen oder Teilregionen (einschließlich Arbeitsmarktregionen und städtische Verdichtungsräume), die von der rückläufigen industriellen Entwicklung schwer getroffen sind
(3) Bekämpfung der Langzeitarbeitslosigkeit
(4) Erleichterung der Eingliederung von Jugendlichen in das Erwerbsleben
(5) im Hinblick auf die Reform der gemeinsamen Agrarpolitik
     a. beschleunigte Anpassung der Agrarstrukturen
     b. Förderung der Entwicklung des ländlichen Raums.

Von diesen Zielen sind für die Bundesrepublik allerdings nur die Ziele (2) und (5) räumlich (regionalpolitisch) relevant.

Es liegt auf der Hand, daß mit diesen Zielvorgaben und deren Handhabung durch die EG Anpassungsnotwendigkeiten auf nationaler Ebene ausgelöst werden, wenn Fondsmittel aus den betreffenden europäischen Fonds in Anspruch genommen werden sollen. Das trifft für die

Bundesrepublik bekanntlich nur für einzelne Subventionstatbestände zu. Die Organisation der EG-Kommission wird dem voraussichtlich insofern Rechnung tragen, als die bisherige Organisation nach Aufgabenbereichen (der Fonds) ersetzt werden soll durch eine länderweise Organisation, wobei dann in den neugebildeten Organisationseinheiten übergreifend jeweils die für einen bestimmten Mitgliedsstaat laufenden Fördermaßnahmen zusammengefaßt bearbeitet werden sollen.

Es ist nicht zu verkennen, daß ein Zusammenhang besteht zwischen der sich hier abzeichnenden zunehmenden Querschnittsorientierung der europäischen Regional-/Strukturpolitik und früher, außerhalb der EG mit Unterstützung des Europarates unternommenen Bemühungen um eine Europäische Raumordnungscharta (Europäische Raumordnungscharta - verabschiedet am 20.05.1983, Europarat, Straßburg CEMAT (83)4 -). Diese ist von der Europäischen Raumordnungsministerkonferenz verabschiedet worden und hat ihren Geltungsgrund ausschließlich im nationalen Recht und nicht etwa im Gemeinschaftsrecht. Durch die EEA (Art.130a ff. EWGV) tritt die EG in die durch die Europäische Raumordnungscharta ausgelöste (Ziel-)Diskussion ein und betreibt ihre gemeinschaftsrechtliche Verfestigung.

4. Konsequenzen der EG-Integration für Regelungen des Finanzausgleichs

Unter Finanzausgleich versteht man in der Finanzwissenschaft die Bemühungen, die unterschiedliche Finanzkraft einzelner Gebietskörperschaften mit Hilfe von horizontalen und vertikalen Verteilungsmechanismen so zu korrigieren, daß sie die ihnen übertragenen Aufgaben erfüllen können. Zum Finanzausgleich im weiteren Sinne sind nicht nur die Finanzkraftangleichung, sondern auch die Aufgaben-, Ausgaben- und Einnahmenverteilung insgesamt zu rechnen.

Im folgenden beziehen sich die Thesen auf die Finanzkraftangleichung. Bereits die bisherige Finanzierung der EG zeigt erhebliche Finanzströme zwischen der EG und den Mitgliedstaaten (vgl. Tabelle 3). Neben Zöllen, Agrarabschöpfungen und Mehrwertsteuer-Eigenmitteln steht ein BSP(Bruttosozialprodukt)-abhängiger Beitrag als vierte Finanzierungsquelle. Ausgaben der EG, die als Subventionen privaten Unternehmen zufließen, berühren nationale öffentliche Haushalte

Tab. 3: EG-Haushalt 1989 (Soll): 44.841 Mio. ECU (= 92.649 Mio. DM)

Zusammenstellung der Zahlungsermächtigungen:		*Zusammenstellung der Einnahmen zur Deckung der Zahlungsermächtigungen:*	
Agrarbereich	71,3 vH	Agrarabschöpfungen	2,8 vH
Regionalbereich, Verkehr	7,3 vH	Zuckerabgaben	2,6 vH
Sozialbereich	6,5 vH	Zölle	22,2 vH
Forschung, Energie und Industrie	2,5 vH	Mehrwertsteuer-Eigenmittel	58,5 vH
Erstattungen an Mitgliedstaaten, Reserve	5,8 vH	BSP-Eigenmittel	8,7 vH
Entwicklungshilfe und Zusammenarbeit	2,0 vH	Überschüsse aus dem Vorjahr	4,5 vH
Verwaltungsmittel	3,1 vH	Verschiedene Einnahmen	0,6 vH
andere Organe als die Kommission	1,6 vH		

Quelle: Bundesministerium der Finanzen: Finanzbericht 1990, Bonn 1989

und sind damit nicht nur formal dem Finanzausgleichssystem zuzurechnen, zumal diese EG-Leistungen oftmals gekoppelt sind mit Ausgaben des Bundes und der Länder.

Die EG wäre überfordert, ein europaweit gültiges Ausgleichsniveau der Finanzkraft zu definieren (vgl. GEBAUER 1983). Außerdem fehlt ihr ein entsprechendes Finanzvolumen, um ein solches Ziel angesichts der regional unterschiedlichen Finanzkraftniveaus erreichen zu können. Diese Aufgabe wird zunächst mit nationaler Zielsetzung weiter den einzelnen Staaten überlassen bleiben. Jedoch herrscht der Eindruck vor, daß die EG über ihre sektoralen und funktionalen Aktivitäten zentralistisch organisierte direkte Eingriffe den dezentralen und indirekten Eingriffen vorzieht und damit finanzausgleichswirksam wird (vgl. BIEHL 1981).

So nimmt die EG mit ihrer Subventionspolitik in der Regel Abstimmungen mit dem Bund und mit den Ländern vor, ohne aber ihr Fördersystem nach Gebietskulisse und Kriterien der Subventionsvergabe dem deutschen anpassen zu können (vgl. PFEIFER 1989). In manchen Fällen gibt es auch direkte Kontakte zwischen der EG und den Bundesländern, am Bund vorbei. Da aber nationale regionalpolitische Aktivitäten verstärkt unter dem Aspekt der Wettbewerbsregeln der EG bewertet werden, jedoch zwischen den einzelnen Trägern der Politik Mängel der fachlichen Abstimmung auftreten, ist damit zu rechnen, daß sich die finanziellen Hilfen der einzelnen Staaten an Private tendenziell vermindern werden zugunsten von Finanzausgleichsmaßnahmen für die nachgeordneten Körperschaften.

Diese Substitution von unternehmensbezogenen Subventionen durch Infrastrukturmaßnahmen im weitesten Sinne könnte dem eigentlichen Finanzausgleich in Zukunft eine größere Bedeutung zukommen lassen. Aber auch bei einer stärkeren Umschichtung der sektoralen und regionalen direkten Subventionierung der Staaten auf Instrumente des Finanzausgleichs wächst der Koordinationsbedarf zwischen sektoralen, regionalen und finanzausgleichspolitischen Maßnahmen. Dabei ist mittelfristig die Abstimmung der Zielsetzungen erforderlich, um die Ablösung nicht effizienter sektoraler Politiken zu erreichen und Konzepte einer regionalen Unterstützungspolitik mit Hilfe allgemeiner regionalpolitischer Instrumente, insbesondere Infrastrukturpolitik, und des Finanzausgleichs zu erarbeiten.

Die dabei erhobene Forderung, die sektorale Politik eher zugunsten der Regionalpolitik zu beschneiden und verstärkt die Instrumente des Finanzausgleichs in Anspruch zu nehmen, ist allerdings nicht nur als Reaktion auf die EG-Politik zu sehen. Sie zeigt auch die erhebliche Skepsis gegenüber den Erfolgen der bisherigen sektoralen Strukturpolitik.

Der Versuch der EG, mehr Kompetenzen und eine stärkere ausgleichspolitische Wirksamkeit über sektorale und regionale Politiken zu gewinnen, führt zu Problemen mit dem Selbstverständnis der Nationalstaaten, löst Gefahren der Erhaltungssubventionen aus und verstärkt die Zentralisierung. Dagegen erfordert eine wirksame Raumordnungs- und Regionalpolitik eine Hierarchie von Trägern der Politik, die das Setzen von regionalen Prioritäten und damit die Durchsetzung von notwendigen Diskriminierungen einiger Teilregionen ermöglicht, andererseits aber die regionalen ''endogenen'' Entwicklungskräfte nicht demotiviert. Spätestens dann kommt die Diskussion über die Grenzen eines Finanzausgleichs-Systems auf, das mit einigen Teilen integriert ist, das aber in wesentlichen Elementen weiter nationalstaatlich geführt wird.

Es ist deshalb davon auszugehen, daß es weniger die erklärte Finanzausgleichspolitik der EG, sondern vor allem diffuse finanzausgleichs-äquivalente Wirkungen der EG-Politik sein werden, die das gebietskörperschaftliche Handeln und die Planungssysteme beeinflussen. Sie im einzelnen auszumachen und zu prognostizieren, übersteigt den Rahmen dieser Vorüberlegungen. Die folgenden Überlegungen können deshalb auch keinen expliziten Bezug darauf nehmen.

5. Thesen zu Funktions- und Kompetenzverschiebungen zwischen den föderalen Ebenen

5.1 Bundesebene

(a) Die Sog-Kraft der EG wird sich verstärken als Folge

- der Internationalisierung der Wirtschaft,

- der Selbstbindung nationaler Regierungen,

- der eigendynamischen Kräfte der EG-Institutionen, insbes. Kommission und Europäisches Parlament; so will das Europäische Parlament der EG-Kommission mehr Kompetenzen übertragen, z.B. in der Städtebaupolitik (Entschließung des Europ. Parlaments zur ''Umwelt in städtischen Gebieten'', BT-Drucks. 11/3900 vom 23.01.1989),

- der zunehmenden finanziellen Verteilungsmasse der Kommission, insbesondere im Gefolge der Reform der Strukturfonds per 1.01.1989 (engere Koordination der Fonds; Aufstockung von rd. 7 Mrd. ECU (1987) auf 14,3 Mrd. ECU (1992), vgl. EG-VO Nr. 2052/88 vom 24. Juli 1988). Zudem sind die Ambitionen der EG-Regionalpolitik wegen ihres konzeptionellen Wandels von der Refinanzierung nationaler Programme zu einer ''real European Regional Policy'' (MILLAN 1989, 9) in den letzten Jahren gewachsen. Auch wenn die Bundesrepublik von den Mitteln des Regionalfonds kaum Nutzen haben wird (außer industriellen Umstellungsgebieten wie Bremen, Emden, Ruhrgebiet, Saarland gehören keine Regionen zu den Fördergebieten), so wird die EG-Strukturpolitik doch spürbar. Denn nach KoordinationsVO (EG-VO 4253/88 vom 19.12.1988) sind dafür in den Nationalstaaten Koordinationspläne zu erarbeiten, die in der Bundesrepublik Kreise und kreisfreie Städte umfassen sollen (vgl. LANGE 1989, 204).

Unter dieser ''Sog-Kraft'' leidet in erster Linie der Bund. Zwar muß es im Verhältnis EG-Kommisson/Bund kein Nullsummen-Spiel der Kompetenzverteilung geben. Es können für den Bund neue Funktionen und Kompetenzen entstehen, und aus der Komplexität der Problembearbeitung können für beide Ebenen neue Rechte und Pflichten erwachsen. Sofern die EG jedoch nationale Funktionen und Kompetenzen an sich zieht, geht das primär und offener zu Lasten des Bundes, während Länder und Gemeinden über ihre komplementären Vollzugsfunktionen eher und verdeckter Funktions- und Kompetenzzuwächse erhalten können. Diese Vermutung leitet sich ab

- aus der sehr ähnlichen Konstruktion des Verhältnisses EG-Kommission/Mitgliedsstaaten zum Verhältnis Bund/Länder (SCHARPF 1985, 325),
- aus dem Tatbestand, daß es sich bei der EG-Integration primär um die Harmonisierung von Regelwerken handelt (Art. 100 EWGV).

(b) Wo die EG-Kommission nationale raumbezogene Steuerungs-Funktionen lediglich koordinierend überlagert, mindert sie die nationalen Steuerungspotentiale, weil

- oberhalb des Bundes eine weitere Ebene Steuerungsfunktionen wahrnimmt, die mit nationalen Ebenen hinsichtlich Abgrenzung der Räume und Kriterien der Förderung schlecht koordiniert ist (Beispiel: Regionalpolitik, vgl. PFEIFER 1989, 21 f.);

- die EG-Koordination in bestimmten Aufgaben faktisch zur Aushöhlung der entsprechenden Bundesfunktionen führen kann, so daß die EG-Kommission direkt mit den Ländern in Beziehung tritt. Das kann den Einfluß der Länder auf die EG-Politik mindern, wenn der Bund sich auch materiell aus diesen Aufgaben zurückzieht (PFEIFER 1989, 28).

(c) Die einseitig sektorale Ausrichtung der EG (mit geringer übersektoraler Koordination, z.B. durch Einrichtung einer eigenständigen Abteilung Raumordnung), die faktische Einstimmigkeitsregel der Beschlußfassung und die institutionellen Eigeninteressen der EG-Mitglieder intensivieren die vertikale Politikverflechtung. Das wird verstärkt durch Strategien der EG-Kommission,

- EG-Vorlagen vorab mit den relevanten Behörden der Mitgliedsstaaten abzustimmen (formale Verpflichtung seit 1966),
- bürokratische Unterhändler der Mitgliedsstaaten in die EG-Arbeit informell zu kooptieren (HEY/JAHNS-BÖHM 1988, 54)

Nach SCHARPF (1985, 346 f.) führt die Politikverflechtung in Verbindung mit der Abhängigkeit der EG-Kommission von der Kooperation der Mitgliedsstaaten jedoch zur "Politikverflechtungsfalle". Diese impliziert, daß größere Veränderungen in den Aufgaben-, Kompetenz- und Ressourcenstrukturen zwischen den Ebenen erheblich behindert werden und institutioneller Änderungsbedarf über Sachkompromisse im Einzelfall immer wieder aufgeschoben wird, d.h. struktureller Veränderungsbedarf durch prozessuale Lösungen verdeckt wird.

(d) Der Handlungsspielraum nationaler Fachpolitiken sinkt bei den im EWGV als "Gemeinschaftsaufgaben" definierten Aufgabenfeldern: Landwirtschaft, freier Ressourcen- und Güterverkehr, Verkehr, Energie, Umwelt, Wirtschaftspolitik (Stabilitäts-, Wettbewerbs- und Ausgleichspolitik), Sozialpolitik. Das gilt aber nur, soweit Harmonisierungsbedarf nach Art. 100 a und 130 r(4), i.V.m. 235 EWGV besteht.

Wie aus der Föderalismustheorie bekannt ist, gibt es keine eindeutigen Grenzziehungen für "föderale Gemeinschaftsaufgaben". Zu erwarten ist, daß die nationalen Regierungen und Bürokratien sich Gestaltungsspielräume vorbehalten und insbesondere den Bereich der übernational regelungsbedürftigen Aufgaben oder deren Regelungstiefe beschränken werden.

(e) Andererseits werden die nationalen Regierungen und Bürokratien - nicht zuletzt aus Gründen der regierungspolitischen Darstellungsbedarfe - vor allem die Politikbereiche und Ressorts mit größerem nationalem Gestaltungsspielraum aufwerten. Insbesondere werden Ressorts mit indirekter Wirtschaftsförderungsfunktion an Bedeutung gewinnen, weil sie nationale Handlungsspielräume ("Verbesserung des nationalen Standortes") verschaffen, ohne dem Harmonisierungszwang der EG zu unterliegen: Dazu gehören z.B. Forschungs-, Bildungs-, Städtebauaufgaben ("Infrastrukturpolitik" im weiteren Sinne) sowie "Aufgaben der räumlichen Potential-Entwickung" (Raumordnungspolitik).

5.2 Länderebene

(f)Die Aufwertung solcher Fachpolitiken, welche die regionale Wettbewerbsfähigkeit stärken und die gesellschaftliche Integration fördern sollen, wird auf subnationaler Ebene noch intensiver ablaufen; Gründe sind:

- Die subnationalen Entscheidungsspielräume im Vollzug von EG-Normen werden extensiv genutzt werden. Zentrale EG-Vorgaben für nationale Handlungsprogramme setzen lediglich Rahmenbedingungen, die - wegen der starken Heterogenität nationaler Besonderheiten - subnational/regional anzupassen und zu differenzieren sind.

- Der internationale Regionen-Wettbewerb wird im Zuge der "Modernisierungs" und Strukturwandelungs-Kampagnen von Ländern und Verdichtungsräumen intensiver wahrgenommen; das wertet vor allem die Ressorts für Wissenschaft, Bildung, Wirtschaft und Landwirtschaft auf (vgl. die baden-württemberg. Forderung nach "Regionalisierung der Agrarpolitik"; die Konzeption der Bulling-Kommission (BULLING 24), innovationsfördernde "Landesagenturen" zur Integration der Wirtschaftsförderung, Technologiepolitik und Außenwirtschaftsförderung einzusetzen).

(g) Die mit der EG-Integration einhergehende Stärkung der Sektorpolitiken kann subnationale Querschnittsfunktionen (Raumplanung, integrierter Umweltschutz) schwächen. Jedoch wird diese Entwicklung durch einen anderen Wirkungsstrang abgeschwächt: die Länder und Gemeinden werden gezielt die territoriale Dimension ausspielen, um

- die Fachpolitiken stärker zu regionalisieren (Disparitäten-Diskussion, regionale Besonderheiten-Symbolik etc.),
- im Regionenwettbewerb "Standortvorsorgepolitik" zu betreiben,
- über eigene Regionalprogramme den faktischen EG-Finanzausgleich über die zum 1.01.89 neugestalteten Strukturfonds zu ihren Gunsten umzuverteilen (s. unter (a)).

(h) Ein wachsender Schwerpunkt der Landespolitik wird sich auf Kultur- und soziale Integrationspolitik richten. Das geschieht in Reaktion auf den mit Einkommenswachstum zunehmenden Kulturbedarf, auf Wertewandel, auf "Regionalismus", auf "Staats- und Institutionenverdrossenheit", auf zunehmende soziale Spannungen, die sich wählerwirksam niederschlagen, u.ä. Land und Gemeinde werden als Ebenen zur Loyalitäts- und Legitimationsgewinnung bei zu weiter Distanz der EG-Kommission zur Bevölkerung an politischer Bedeutung gewinnen. In welchem Maße davon auch die Raumplanung profitieren kann, hängt von ihrer Chance ab, sich der Bevölkerung wahrnehmbar machen zu können. Hier entwickelt sich auch ein Aufgabenfeld der Regionalplanung.

5.3   Kommunalebene

(i) Das Gemeinschaftsrecht ist ein Teil des Rechtes, das nach Artikel 28 Abs. 2 GG den Gestaltungsspielraum der lokalen Selbstverwaltung in der Bundesrepublik Deuschland begrenzt (SIEDENTOPF 1988, 983 ff.). Zu erwarten ist, daß die Arbeitsteilung der Kommunen mit dem Land schärfer konturiert wird: Die Kommunen werden intensiver in Funktionen der lokalen Wohn-, Umwelt- und Freizeitwertsicherung eingebunden (einschl. Stadt- und Dorferneuerung), während das Land stärker strukturpolitische Aufgaben in den Bereichen Wirtschaftsförderung, Infrastrukturpolitik und Umweltpolitik wahrnimmt und der Bund auf ordnungspolitische sowie transferpolitische Rahmensetzungen in Fachpolitiken zurückgedrängt wird (mit Schwerpunkten im Umwelt-, Verkehrs-/Kommunikations-, Forschungs- und Sozialpolitik-Bereich).

(j) Gemeinden, die sich dem EG-Regionenwettbewerb ausgesetzt fühlen, werden sich stärker überlokal und zum Teil Verwaltungsgrenzen überschreitend institutionell verankern müssen (regional abgestimmte Kommunalpolitik, vgl. dazu die gegenwärtig von allen kommunalen Spitzenverbänden ständig vorgetragenen Empfehlungen und Warnungen). Teilweise werden solche Kooperationen vom Land initiiert resp. gefördert (Hessen, Niedersachsen, Nordrhein-Westfalen mit dem ZIM-Programm), teilweise von der Privatwirtschaft der Region angestoßen (Hamburger Region, Göttinger Region, Ruhrgebiet u.a.). Das Kooperationsverhalten bezieht sich dabei nicht nur auf die Beziehung Gemeinden/Land, sondern immer häufiger auch auf das Verhältnis Gemeinden/Private resp. halbstaatliche Institutionen (''public-private partnership'').

6.   Folgerungen für die deutschen politisch-administrativen Entscheidungsstrukturen

(a) Als Gegengewicht zur Dominanz der sektoralen Komponente in der EG-Integration sollte die territoriale Komponente in der Politikformulierung auf subnationaler Ebene aufgewertet werden. Aber offen ist, welche Institution davon profitiert. Es spricht vieles dafür, daß als Handlungsträger die Landesebene ein größeres Gewicht bekommt (zu Lasten des Bundes und der Gemeinden), und zwar
- als direkte Umsetzungsebene der EG-Vorgaben (Rahmenregelungen und Programme),
- als Ebene mit dem vergleichsweise größten verbleibenden Handlungsspielraum.

Diese Aufwertung der Institution Land kann einhergehen mit einer Abwertung der Landesparlamente, sofern deren gesetzgeberischer Entscheidungsspielraum über den Zentralisierungssog der EG verringert wird. Allerdings dürfte diese Gefahr eher gering sein, weil die EG mehr allgemeine, regional noch differenzierungsbedürftige Rahmenregelungen und -programme erlassen wird.

Innerhalb der Landespolitik wird die Aktions-Ebene eher die Region (unterhalb der Landesebene) sein, und zwar

- als Ansprechebene für Unternehmer und Verbände,
- als politische Identifikationsebene regionalistisch eingestellter Wählergruppen.

''In einem Europa, das nicht nur ökonomisch, sondern sozial und politisch immer mehr zusammenwächst, kommt den europäischen Regionen immer mehr Bedeutung zu. Konfrontiert mit dem Komplex Europa wird sich der Bürger auf seine engere Heimat, auf seine regionale Identität stützen'' (SCHMIDHUBER 1989, 9).

Daraus leitet sich ab, daß erstens der Verlust an landesparlamentarischer Kompetenz im Vollzug durch verbesserte partizipative Strukturen (partiell) kompensiert und zweitens die Beziehung zwischen der Region (unterhalb Landesebene) und dem Land intensiviert werden sollte. Das erfordert, sowohl die Arbeitsteilung zwischen Land und Regionen (Regionalplanung, Bezirksregierung) neu zu überdenken als auch die Kommunalpolitik wirksamer in die ''Regionalpolitik'' (= im Sinne der Politik für die Region) zu integrieren. Denn die Gestaltungsspielräume der Kommunen dürften im wirtschaftspolitischen Bereich weiter zurückgehen.

(b) Die Länder werden zudem gezwungen, die Querschnittfunktionen gegenüber den dominanten Sektorpolitiken zu stärken, nicht zuletzt, um Fachpolitiken wirksamer regionalisieren zu können. Denn die Länder geraten in den Sog der sektoralisierten Politiken auf EG-Ebene durch

- intensivierte Politikverflechtung im Gefolge dichter werdender Regelsysteme aus Brüssel: Die Trennung von Rahmensetzung auf EG-Ebene und Vollzug auf Landesebene erzwingt eine größere Regelungsdichte, um die EG-Politik durchzusetzen;

- den auf EG-Ebene dominierenden Einfluß französischer Verwaltungsstrukturen: Die damit verbundene enge sektorale Politikbearbeitung, der zentralistische Weisungsdurchgriff nach unten, die Vorliebe für regulative Instrumente u.ä. harmonieren in gewissem Maße mit deutschen Verwaltungsstrukturen;

- die Neigung der EG-Kommission, nach französischem Vorbild Politik über Verträge mit Gebietskörperschaften unter Überspringen der föderalen Zwischenebenen zu machen. Das zwingt die Länder/regionalen Zusammenschlüsse von Gemeinden (GV) zu regionalen Entwicklungskonzepten (so im Ansatz das Vorgehen nach dem neuen Konzept der Strukturfonds);

- die (systemlosen) sektoralen Politikprioritäten: Sie bilden sich aufgrund supranationaler politischer und (stärker noch:) verwaltungsinterner Einflüsse, beeinflussen aber die nationale und subnationale Politikgestaltung in erheblichem Umfange.

Solche Einflüsse drohen in unserem föderalen System, ''die Strukturen zu sprengen und sogar administrativ Chaos zu erzeugen'' (PFEIFER 1989, 33). Als notwendig erscheint, auf Bundesebene die Kompetenzzuordnung der Ministerien zu überdenken und dabei das französische Modell in die Erwägung einzubeziehen. Es geht dabei nicht um die Kompetenzabgrenzung der Bundes- zur Landesebene, sondern um interorganisatorische Veränderungen zwischen den Ministerien, um die regionale Koordination der Fachpolitiken zu erleichtern und regionale Belange gegenüber der EG wirksamer zu vertreten.

(c) Möglicherweise werden die vorhandenen institutionellen Voraussetzungen der Länder für eine stärkere Gewichtung der territorialen gegenüber den sektoralen Belangen nicht ausreichen. Zwar werden auf EG-Ebene nur Rahmenbedingungen für Fachpolitiken definiert, da die EG-Ebene kaum eigene Steuerungskompetenz und keine Sanktionsmacht besitzt, sie zudem im ordnungspolitischen Bereich lediglich Mindestnormen setzt (die national verschärft werden können). Für die Umsetzung sind primär die Länder zuständig. Aber hier wirkt sich die vertikale Politikverflechtung aus, indem auf Bundesebene, von den sektoralen Fachbruderschaften beeinflußt, länderübergreifend einheitliche Vollzugsregelungen getroffen werden. Zudem ist zu erwarten, daß sich die Fachpolitiken im Vollzug gegenüber den Querschnitt-Akteuren durch engere Kooperation mit betroffenen Verbänden stärken.

Das könnte es für die Länder attraktiv machen, intermediäre Organisationen außerhalb der Verwaltung mit querschnittbezogenen Integrationsaufgaben zu beauftragen. Ansätze dazu finden sich im bayerischen "Teilraumgutachten" (vgl. BUCHNER 1988) sowie in den hessischen und niedersächsischen "Regionalkonferenzen". Solche intermediären Funktionen könnte in verstärktem Maße die Regionalplanung übernehmen (s. unter 7).

(d) Von deutscher Seite wird man auf EG-Ebene stärker auf den regionalen Differenzierungsbedarf bei sektoralen Instrumenten und Programmen hinweisen müssen. Zur Zeit besteht die Gefahr, daß die EG-Integration die regionale Differenzierung erheblich einschränkt. Das gilt nicht nur für Maßnahmen der kommunalen und regionalen Wirtschaftsförderung und der Umweltpolitik - bei letzterer werden begründete Befürchtungen vorgetragen, daß die EG-Kommission umweltpolitische Maßnahmen auf dem kleinsten gemeinsamen Nenner harmonisieren könnte (vgl. HEY/ BÖHM 1988, 46 f.; WEIDNER 1989, 48 m.w.Zit.). Diese Nivellierungseffekte könnten auch die restriktiv wirkenden Instrumente einer auf präventive Umweltpolitik setzenden "ökologisch orientierten Raumordnungspolitik" treffen.

(e) Möglicherweise folgen aus der EG-Integration auch Restriktionen gegenüber dem - der zunehmenden Komplexität angepaßten - wachsenden problembezogenen Differenzierungsbedarf bei den Steuerungs-Instrumenten. Denn dem hoheitlichen Steuerungs-Konzept mit dirigistischem Einschlag der EG-Kommission sind Steuerungs-Konzepte, die auf Delegation an Selbstverwaltungskörperschaften (Kommunen, Kammern, Verbände etc.) oder auf Anreizsteuerung über Märkte und Marktsurrogate setzen, eher fremd. Hinzu kommt, daß ökonomische Steuerungsinstrumente Subventionselemente erzeugen können und infolgedessen dem Harmonisierungszwang der EG unterliegen, sofern nicht die Erfordernisse übergeordneter Schutzgüter (z.B. EuGH-Urteil im dänischen Pfandflaschenfall, PERNICE 1989, 6) resp. die Sonderregelung von Art. 85 (3) EWG-Vertrag gelten.

(f) Aus (b) bis (e) läßt sich ableiten, daß Raumplanung aufgewertet werden sollte, indem sie stärker in Vollzugsfunktionen eingebunden wird. Allerdings würde sie sich damit planungssystematisch verändern:

- Ausbau der Raumplanung auf Regionalebene, bei intensivierter Arbeitsteilung zur Landesplanung, mit landesplanerischen Hauptfunktionen in

  - ordnungspolitischen Vorgaben für die Regionalebene
  - Regionalisierungsanstrengungen gegenüber Fachplanungen

- weniger ordnungspolitische Planungskonzepte auf Regionalebene, mehr projektbezogene Ansätze, mit einer ausgeprägten Komponente des "Regionalmanagement".

Die mit der Novellierung des Raumordnungsgesetzes vorgenommene Aufwertung des Raumordnungsverfahrens kann als Beispiel einer in diesem Sinne gelungenen Reaktion auf Veränderungen der EG-Integration gewertet werden.

7. **Folgerungen für das System der Raumplanung,**
    insbesondere auf regionaler Ebene

Da man in Europa von keinem einheitlichen Verständnis von Raumordnung und Raumplanung und auch nicht von einer auch nur in Ansätzen vergleichbaren Organisation oder Strukturierung der durch Raumplanung in unserem Sinne zu erledigenden öffentlichen Aufgaben sprechen kann, soll lediglich eine Einschätzung aus deutscher Sicht vorgenommen werden. Als Ausgangspunkte sollen dabei die perspektivischen Überlegungen im vorangegangenen Abschnitt und die von EG-Aktivitäten am stärksten tangierten Elemente unseres Raumplanungssystems dienen.

Für das deutsche Raumplanungssystem i.w.S. ist einmal kennzeichnend die rechtliche und tatsächliche Zu- bzw. Einordnung der vier Ebenen Bund, Länder, Regionen (Bezirke) und Kommunen als Aufgabenträger einer jeweils gesamträumlichen und überfachlichen Raumordnung (vertikal) und die Verknüpfung dieser Ebenen integrierender Planung mit den sektoralen Fachplanungen (horizontal). Zwar hat dieses System in seiner tatsächlichen Ausformung Lücken und auch zum Teil systembedingte Schwächen, aber es steht zunächst einmal in seiner Geschlossenheit prinzipiell zur Verfügung, um neue regionalpolitische Aufgaben i.w.S. zu übernehmen. Im Gegensatz hierzu bestehen in den europäischen Partnerländern wesentlich ''offenere'' Verhältnisse, von Ausnahmen abgesehen, wie z.B. die Niederlande. Zwangsläufig ist überwiegend die sektorale Planung noch stärker gegenüber gesamtplanerischen Ansätzen als in der Bundesrepublik Deutschland.

Die vom Ansatz her und zunächst von der partiellen Aufgabenstellung der EG-Regional- und Strukturpolitik her auch verständliche Einengung auf sektorale und punktuelle Problemlagen erfährt offenbar zunehmend eine Ausweitung auf eine Querschnittsorientierung hin. Ein organisatorischer Beleg dafür ist der Ausbau der Direktion A ''Conseption et lancement des politiques régionales'' in der Generaldirektion XVI ''Politiques régionales'' bei der EG-Kommission in Brüssel.

Vom erreichten und mühsam genug ''erkämpften'' Stand der deutschen Raumplanung her gesehen, müßten diese Tendenzen eher gefördert werden, wenn die nationalen Mißstände und Fehlentwicklungen der Vergangenheit in der räumlichen Entwicklung, die u.a. auch auf zu sehr insulare und sektorale Betrachtungsweisen zurückzuführen sind, im europäischen Rahmen nicht noch eine Verstärkung erfahren sollen.

Andererseits wäre sicher auch der Wirkungsgrad des deutschen Raumplanungssystems zu erhöhen, wenn die nationale, regionale und kommunale Planungspolitik ihr Gewicht noch stärker auf die Einordnung von Projekten und Einzelplanungen in gesamthafte, raumstrukturelle Zusammenhänge, auf die praktische stufenweise Realisierung von längerfristigen Zielvorstellungen und auf die raumordnerische Ausrichtung aktueller, die Entwicklung wichtiger räumlicher Faktoren beeinflussender Fachpolitiken legen würde. Dies gilt z.B. für die Verkehrspolitik und die Agrarpolitik.

Es sind also Aktivitäten in zweierlei Richtung gefragt: zum einen die bewußte Förderung integrierender Politikansätze bei von der EG ausgehenden regional- und strukturpolitischen Maßnahmen, und zwar sowohl auf der "Veranlasser"-Ebene, also der EG-Organe, als auch auf der Empfänger- oder Adressatenebene in den Ländern und Regionen. Und zum anderen müssen sich diese Aktivitäten auf die Überprüfung und möglicherweise Änderung und Ergänzung unseres raumplanerischen Instrumentariums richten und dies mit dem Ziel, die vermuteten oder gar drohenden Verluste der integrierenden, querschnittsorientierten Raumplanung zu mindern oder zu verhindern.

Was das deutsche Raumplanungssystem betrifft, so stellt sich damit die Frage nach einer wirkungsvollen Anpassungsstrategie. Sie müßte sich auf die Bezugsfelder Programmatik, Organisation und Verfahren richten, die je nach Planungsebene von unterschiedlichem Gewicht sind.

Es bieten sich grundsätzlich zwei Wege an: Die Anpassung an die neuen Anforderungen der EG-Regional/Strukturpolitik erfolgt durch gezielte Ad-hoc-Reaktionen oder durch eine Reform des Planungssystems an seinen wichtigsten Scharnierstellen.

Der erste Weg bedeutet nicht mehr als die Fortsetzung dessen, was jetzt schon geschieht: Fordern die EG-Behörden ein Programm als Voraussetzung für eine bestimmte Projektförderung, wird - fehlende Eigenkapazität unterstellt - ein Planungsbüro ad hoc beauftragt. Fehlt ein regionaler Aufgabenträger, tritt der Staat subsidiär ein und bildet einen "Beirat" in Ermangelung einer regionalen Aktionseinheit, um die Beteiligten und Betroffenen in der betreffenden Region in das Verfahren einzubeziehen.

In diese Aktivitätsgruppe ist auch einzuordnen die in vielfältigen Formen praktizierte staatsgrenzenüberschreitende Zusammenarbeit auf kommunaler und regionaler Ebene. Für alle kennzeichnend ist ihr Sonderstatus, ihre Sonderregelungen, ihr Ausnahmecharakter gegenüber den innerstaatlichen Programm-, Organisations- und Verfahrensstrukturen. Auch wenn sich dieser Weg als Übergangslösung anbietet, sollte doch mehr versucht werden, im Hinblick auf die dauerhaft angelegte europäische Integration Formen der Anpassung des gesamten Planungssystems zu finden, um die Voraussetzungen für eine Implementierung europäischer Instrumente der Regional/Strukturpolitik zu schaffen.

Zu fordern wäre deshalb auf allen Ebenen eine kritische Analyse der Defizite im Programmatischen bezüglich der Rezeption gesamteuropäischer Orientierung, etwa in Gestalt der europäischen Raumordnungscharta oder der Politik zur Förderung peripherer Gebiete und der Grenzregionen, der Verkehrspolitik u.a.m. Dies geht nicht nur die Bundesebene (Bundesraumordnungsprogramm), sondern auch die Länderebene und die Rollenbestimmung der Regionen und ihrer Zentren an.

Was nach der Reglementierung der bundesdeutschen regionalen Wirtschaftsförderungspolitik nach EG-Maßstäben zunächst nur die betroffenen Regionen zu spüren bekamen, hat sich inzwischen bundesweit durch die Auswirkungen der EG-Agrarpolitik in mehr oder weniger allen Regionen als unübersehbar erwiesen und wird durch die Großprojekte im Verkehrsbereich, vor allem aber über die schrittweise Aktualisierung der vier EG-Freiheiten noch allgemein bewußt werden: die Rahmenbedingungen für regionale Entwicklungen werden in zunehmenden Maße auch von der Politik auf der europäischen Ebene gesetzt, d.h. auch positiv und negativ beeinflußt.

Deshalb wird es künftig mehr denn je auf eine Durchdringung der Analysen, Positionsbestimmungen, Entwicklungsalternativen und Zielkonzepte mit europäischen Kriterien i.w.S. und der von dort zu erwartenden Auswirkungen ankommen. Dies betrifft aber nicht nur die materiellen Elemente in den einzelnen Stufen des Planungsprozesses bei den Raumordnungskonzepten auf Bundes-, Landes-, regionaler und örtlicher Ebene, sondern auch die Planungsverfahren. Insbesondere die Anwendung des Prinzips der Partizipation der Beteiligten und Betroffenen muß also mindestens im jeweiligen - nicht zu eng zu bemessenden - nachbarschaftlichen Bereich über die Staatsgrenzen forciert werden.

Viele Beispiele ganz unterschiedlicher Intensität gibt es hierfür schon seit vielen Jahren. Die zahlreichen Veröffentlichungen grenzüberschreitender Abstimmungsbemühungen und Organisationen belegen dies. Wichtig ist aber, daß künftig nicht nur die raumplanerische Problematik an den geographischen Nahtstellen, den Staatsgrenzen, "aufgearbeitet" werden muß, sondern daß es um neue Standortbewertungen im Gesamtraum des EG-Binnenmarktes geht und deshalb auch nur binnenländisch orientierte Regionen Informations- und Entscheidungsbedarf unter europäischen Aspekten haben werden.

In organisatorischer Hinsicht müssen sich die Überlegungen nach innen, d.h. auf die entsprechende Qualifizierung der Aufgabenträger selbst, aber auch auf die Organisationsstruktur im Lande und nach außen zu den Nachbarn und Partnern, die auch Konkurrenten sind, und schließlich auf die europäische Ebene selbst erstrecken. Bewußtseinsveränderung, Informationsbeschaffung, Sprachkenntnisse, wechselnder räumlicher Einsatz, Erweiterung der regelmäßigen Kontaktbeziehungen, Bereitschaft und neue Formen der Kooperation sind nur wenige Stichworte, die die neuen Anforderungen an die Funktionsträger in Behörden, Verbänden und wissenschaftlichen Organisationen umreißen.

Ob die supranationale Entscheidungsebene längerfristig dazu führen muß, die innerstaatlichen Institutionsebenen zu verändern, kann dahingestellt bleiben. Entscheidend wird es sein, die Auswirkungen auf die Aufgabenstruktur im Auge zu behalten und ggf. neue Formen der horizontalen und vertikalen Kooperation auf und zwischen den Ebenen zu finden, wie sie bereits aus aktuellen Anlässen praktiziert werden (Lenkungsausschüsse bei grenzüberschreitenden Aktionsprogrammen, Gotthard-Komitee, Aktionsgemeinschaft für Schienenschnellbahn-Trassen u.v.a.m., die Länder, Regionen, Kommunen und Wirtschaftskreise einschließen). Mit einiger Sicherheit wird die Maßstabsveränderung unter EG-Aspekten Städte und Gemeinden im Zuge des Standortwettbewerbs näher zusammenrücken lassen, wenn es gilt, sich auf Konkurrenz in einem von künstlichen Schranken nicht mehr behinderten, gemeinsamen Markt mit Niederlassungsfreiheit und mit einem ungehinderten Austausch von Waren, Dienstleistungen und Kapital einzustellen.

Die interkommunale Kooperation einerseits und die Notwendigkeit regionsspezifischer Förderung von "oben" her andererseits müssen zwangsläufig der regionalen Ebene neue Chancen eröffnen. Dies gilt sowohl ganz allgemein für die regionale Programmierung (Regionalplanung), insbesondere aber für die immer wichtiger werdende Aufgabe des "regionalen Managements" (horizontale und vertikale Bündelung der Kräfte) als auch für die regionale Außenwerbung. Daraus ergibt sich die Notwendigkeit zur Ergänzung der herkömmlichen Regionalplanung durch umfassend angelegte regionale Arbeitsprogramme, auch durch regionalspezifische problemorientierte Fachprogramme, die maßnahmen-, zeit- und mittelorientiert sind.

Was die Anpassung bzw. Reformierung der Planverfahren betrifft, wird an zwei ganz unterschiedlichen Beispielen deutlich, um welche Spannweite es dabei geht. Die Verpflichtung durch die EG-Richtlinie vom 27.6.85 zur Umweltverträglichkeitsprüfung hat schließlich im Jahre 1989 durch Ergänzung des Raumordnungsgesetzes zur Zusammenfassung der ersten Stufe der Umweltverträglichkeitsprüfung mit dem Raumordnungsverfahren geführt (s. ausführlich Akademie für Raumforschung und Landesplanung 1986 und 1988). Dies zeigt, wie - wenn auch in einem mühsamen Prozeß - europaweite Verfahrensanforderungen in nationales Planungsrecht umgesetzt werden können. Dieses Beispiel für eine unmittelbare Anpassung bestehender Planungsinstrumente wird nicht die letzte Regelung dieser Art sein können.

Am anderen Ende der denkbaren und auch schon praktizierten Verfahrensregelungen stehen die Modalitäten im Zusammenhang mit EG-Programmen, etwa im Falle der "grenzüberschreitenden Aktionsprogramme". Deren Ablauf ist folgendermaßen vorgesehen:

"- Einigung der beteiligten Stellen (Regionen bzw. Landesregierungen mit ihren Regierungsbezirken in der Bundesrepublik Deutschland, Provinzen in den Niederlanden, Regionen in Frankreich, stets die Wirtschaftsminister der beteiligten Länder und die EG),
- Vergabe des Untersuchungsauftrages durch die beteiligten Stellen,
- Erarbeitung einer sozio-ökonomischen Analyse der Grenzregionen (Stärken - Schwächen) incl. vergleichbarer Daten und detaillierter Karten,
- Entwicklung von Strategien und Zielvorstellungen,
- Erstellung eines Maßnahmekataloges incl. Angaben über angesprochene Behörden, Kosten und politische Prioritäten,
- Abstimmung und Konsultation aller beteiligten Stellen,
- Veröffentlichung des Programms und Übermittlung an zuständige Stellen."

Dazu kommt ein Lenkungsausschuß, der sich aus den Vertretern der betroffenen Grenzregionen zusammensetzt. Dieser hat auch das Aktionsprogramm zu beschliessen.

Sicherlich wird es kurzfristig unrealistisch sein, die nationalen Planungssysteme, damit auch das deutsche Raumplanungssystem, so zu gestalten, daß es gleichzeitig auch zur Vorbereitung von Entscheidungen auf EG-Ebene ausreicht. Für spezielle Probleme, Aufgaben und regionale Besonderheiten wird man nicht an Ad-hoc-Lösungen, d.h. Spezialprogrammen vorbeikommen. Trotzdem erscheint es aber erstrebenswert, das deutsche Planungssystem so anzupassen, die Planungsgrundlagen und Entscheidungskriterien so aufzuarbeiten und die Planungsorganisationen so einzurichten und für auch plötzlich auftretende Kooperationserfordernisse so zu öffnen, daß sich ein neues, zusätzliches Planungssystem, ein europäisches nämlich, neben dem bereits etablierten weitgehend erübrigt.

Verwendete Literatur

Akademie für Raumforschung und Landesplanung, Hg., Umweltverträglichkeitsprüfung im Raumordnungsverfahren nach Europäischem Gemeinschaftsrecht, Hannover 1986

Akademie für Raumforschung und Landesplanung, Hg., Novellierung des Raumordnungsgesetzes, Hannover 1988
(Bulling 1985): Bericht der Kommission Neue Führungsstruktur Baden-Württemberg, Bd.II: Leitbilder, Vorschläge und Erläuterungen, Stuttgart Juli 1985

Biehl, Dieter, Die Reform der EG-Finanzverfassung aus der Sicht einer ökonomischen Theorie des Föderalismus, in: Streit, Manfred, Hg., Wirtschaftspolitik zwischen ökonomischer und politischer Rationalität, Wiesbaden 1988, 63-84

Biehl, Dieter, Europäische Regionalpolitik - eine ziel- und handlungsorientierte Analyse, in: Dieter Pohmer, Hg., Probleme des Finanzausgleichs III: Finanzausgleich im Rahmen der Europäischen Gemeinschaften, Berlin 1981 (Schriften des Vereins für Socialpolitik, NF Bd. 96/III)

Bleckmann, Europarecht, 4.Aufl., 1985

Bruha, Thomas, Wolfgang Münch, Stärkung der Durchführungsbefugnisse der Kommission, in: Neue Juristische Wochenschrift, 1987, 543 ff.

Buchner, Werner, Das Teilraumgutachten - ein neues Instrument der bayerischen Landesentwicklungspolitik, in: Raumforschung und Raumordnung, 46(1988), 166-71

David, Carl-Heinz, Rechtliche Grundlagen europäischer Raumordnungsbestrebungen - Möglichkeiten und Grenzen in: Ansätze zu einer europäischen Raumordnung, Hannover 1985 (ARL, FuS Bd.155), 5 ff.

Feick, Jürgen/Klaes/Lex/Seebach, Regulative Politik und politisch-administrative Kultur. Ein Vergleich von fünf Ländern und vier Interventionsprogrammen, Köln 1982

Frowein, Jochen Abr., Bundesrat, Länder und europäische Einigung, in: Bundesrat, Hg., Vierzig Jahre Bundesrat, Baden-Baden 1989, 285-302

Gebauer, Chr., Die Regionalpolitik der EG. Eine Untersuchung zur optimalen Kompetenzverteilung anhand der Theorie des Finanzausgleichs, Berlin 1983

Haas, Evelyn, Die Mitwirkung der Länder bei EG-Vorhaben, in: Die Öffentliche Verwaltung, 41 (1988), 613-623

Hey, Christian, Jutta Jahns-Böhm, Ökologie und Freier Binnenmarkt. Die Gefahren des neuen Harmonisierungsansatzes, das Prinzip der Gleichwertigkeit und Chancen für verbesserte Umweltstandards in der EG. Studie für das Europäische Umweltbüro, Freiburg und Frankfurt 1989

Klepsch, Egon Alfred, Tendenzen des Eurozentrismus und wachsende Regionalisierung in der EG, in: Eigenständige Entwicklung von Regionen und Gemeinden und die Politik der Europäischen Gemeinschaft, Hannover 1988 (ARL, Beiträge Bd. 105), 77-84

Krautzberger, Michael, EG-Binnenmarkt: Bedeutung für den Städtebau, Bonn-Bad Godesberg 1989 (Manuskript)

Kreile, Michael, Politische Dimensionen des europäischen Binnenmarktes, in: Aus Politik und Zeitgeschichte, B24-25/89 v. 9. Juni 1989, 25-35

Malchus, Viktor Frhr. v., Wirkungen der fortschreitenden europäischen Integration auf Regionen und Gemeinden, in: Eigenständige Entwicklung von Regionen und Gemeinden und die Politik der Europäischen Gemeinschaft, Hannover 1988 (ARL, Beiträge Bd. 105), 11-38

Lange, Hans Georg, Europäischer Binnenmarkt 1993. Strukturreform und Aufgabenwandel der Kommunen, in: die niedersächsische gemeinde, 41(1989), 203-07

Millan, Bruce, Regional policy in Europe of the 1990s, Madrid 1989 (Manuskript)

Mombaur, Peter Michael, Europäischer Binnenmarkt: Kommunalpolitik und Wirtschaftsförderung im Wettbewerb der Standorte, in: Die öffentliche Verwaltung, 42(1989), 243 ff.

Neupert, Helmuth, Regionale Strukturpolitik als Aufgabe der Länder: Grundlagen, Verknüpfungen, Grenzen. Eine Untersuchung wirtschaftsrechtlicher und wirtschaftspolitischer Aspekte der regionalen Strukturpolitik im Verhältnis der Länder zum Bund und zu den Europäischen Gemeinschaften, Baden-Baden 1986

Pernice, Ingolf, Kompetenzordnung und Handlungsbefugnisse der Europäischen Gemeinschaft auf dem Gebiet des Umwelt- und Technikrechts, in: Die Verwaltung, 22(1989), 1-54

Pfeifer, Manfred, EG-Regionalpolitik und Regionalpolitik in Bayern. Referat auf der Sommertagung 1989 der Gesellschaft für Regionalforschung in Eichstätt, München 1989 (Manuskript)

Püttner, Günter, Willy Spannowsky, Das Verhältnis der europäischen Regionalpolitik zur deutschen Regionalpolitik, Bonn 1986 (Schriftenreihe der Gesellschaft für Regionale Strukturentwicklung Bd.17)

Rhodes, R.A.W., European policy-making, implementation and subcentral governments: A survey, Maastricht 1986

Scharpf, Fritz W., Die Politikverflechtungs-Falle: Europäische Integration und deutscher Föderalismus im Vergleich, in: Politische Vierteljahresschrift, 26(1955), 323-56

Schmidhuber, Peter M., Die Europäische Gemeinschaft und die Gemeinden, Irsee 1989

Schmidt-Meinecke, Stefan, Bundesländer und Europäische Gemeinschaft, Speyer 1987 (Speyerer Forschungsberichte Nr. 59)

Schwarze, Jürgen, Outstanding examples of new dimensions of the present EC policy, in: Jürgen Schwarze, Henry G. Schermers, Hg., Structure and dimensions of European Community polic, Baden-Baden 1988, 61 ff.

Siedentopf, Heinrich, Europäische Gemeinschaft und kommunale Beteiligung, in: Die Öffentliche Verwaltung, 41(1988), 981-88

Spiegel: In Brüssel vordemokratische Zustände, H.23/1989 v. 5.Juni 1989, 136-41

Spiekermann, Bernd, Künftige Möglichkeiten einer regionalen Strukturpolitik in der Bundesrepublik Deutschland, in: Eigenständige Entwicklung von Regionen und Gemeinden und die Politik der Europäischen Gemeinschaft, Hannover 1988 (ARL, Beiträge Bd. 105), 51-58

Stabenow, in: Grabitz, Kommentar zum EWGV

Strohmeier, Rudolf W., Möglichkeiten der Einflußnahme auf den Entscheidungsprozeß der Europäischen Gemeinschaften durch die Deutschen Bundesländer nach Einrichtung von Länderbüros in Brüssel, in: Die öffentliche Verwaltung, 41(1988), 633-37

Strübel, Michael, Umweltpolitik in Europa - Möglichkeiten und Grenzen, in: Aus Politik und Zeitgeschichte, B27/88 vom 1.07.1988, 15-28

Voigt, Rüdiger, Europäischer Regionalismus und föderalistische Staatsstruktur, in: Aus Politik und Zeitgeschichte, B 3/89 vom 13.01.1989, 19-29

Wäldchen, Paul, Neuere Überlegungen zur Fortentwicklung der EG-Regionalpolitik vor dem Hintergrund der wirtschaftlichen Entwicklung von Regionen und Gemeinden, in: Eigenständige Entwicklung von Regionen und Gemeinden und die Politik der Europäischen Gemeinschaft, Hannover 1988 (ARL, Beiträge Bd. 105), 39-50

Weidner, Helmut, Die Umweltpolitik der konservativ-liberalen Regierung im Zeitraum 1983 bis 1988: Versuch einer politikwissenschaftlichen Bewertung, Berlin: WZB FS II 89-304

Weißbuch der EG-Kommission an den Rat: Vollendung des Binnenmarktes, Luxemburg 1985

Zumschlinge, Konrad, Die Informationsbüros der Bundesländer in Brüssel. Zu den verschiedenen Informations- und Mitwirkungsmöglichkeiten der Bundesländer in Angelegenheiten der Europäischen Gemeinschaften, in: Die Verwaltung, 22(1989), 217-36

FORSCHUNGS- UND
SITZUNGSBERICHTE

Regionalentwicklung im föderalen Staat

Wissenschaftliche Plenarsitzung 1988

AUS DEM INHALT

Hans Kistenmacher
Begrüßung und Eröffnung

Heinrich Hövelmann
Grußworte

Hans-Friedrich Eckey
Zukünftige Erfordernisse der regionalen Strukturpolitik

Dietrich H. Hoppenstedt
Entwicklungsperspektiven Norddeutschlands

Gerard Beukema
Konzepte der Regionalentwicklung in den Niederlanden

Hans-Jürgen von der Heide
Vorschläge zur Entwicklung der ländlichen Regionen

Einführungen und Diskussionsberichte zu den Arbeitsgruppen
Ländliche Problemräume
Räume im Strukturwandel
Grenzräume innerhalb der EG

Werner Buchner
Schlußwort

1989, Band 181, 80 S.,18,- DM, Best.-Nr. 3-888 38-007-3
Auslieferung
VSB-Verlagsservice Braunschweig

AKADEMIE FÜR RAUMFORSCHUNG UND LANDESPLANUNG

ARL

BEITRÄGE

Stadtforschung in Ost und West

Perspektiven und Möglichkeiten der Kooperation der großen Zentren in Europa

AUS DEM INHALT

Eröffnung und Begrüßung (Hans-Jürgen von der Heide)

Grußworte (Michaele Schreyer)

Zum Stand der Wissenschaft und am Beispiel der Stellung von Berlin (West) im Städtesystem der Bundesrepublik Deutschland

Strukturprobleme und Entwicklungsperspektiven der Metropolen Zentraleuropas mit Beiträgen über Berlin (Ost), Prag, Warschau, Budapest und Moskau

Strukturprobleme und Entwicklungsperspektiven großer Zentren in der Bundesrepublik Deutschland mit Beiträgen über Berlin (West), Hamburg, München und Frankfurt

Strukturprobleme und Entwicklungsperspektiven der Metropolen Westeuropas mit Beiträgen über die Schweiz, Wien und die Randstad Holland

Kooperationsmöglichkeiten der großen Zentren in Europa

Schlußwort (Hans-Jürgen von der Heide)

Stellungnahme: Überlegungen zum Leitbild der räumlichen Entwicklung in der Europäischen Gemeinschaft

1990, Band 116, 199 S., 33,- DM, Best.-Nr. 3-888 38-209-2
Auslieferung
VSB-Verlagsservice Braunschweig

AKADEMIE FÜR RAUMFORSCHUNG UND LANDESPLANUNG

FORSCHUNGS- UND SITZUNGSBERICHTE

AKADEMIE FÜR RAUMFORSCHUNG UND LANDESPLANUNG